도덕경

노자 사상의 새로운 해석

老子思想新釋
LAO ZI SI XIANG XIN SHI

Copyright ⓒ 2000 by Global Publishing Co. Inc.
All rights reserved. This book, or parts thereof, may not be reproduced in any form or by any means, electronic or mechanical, including photocopying, recording or any information storage and retrieval system now known or to be invented, without written permission from the Publisher.

Korean translation copyright ⓒ 2023 by The Blue Bird Media
Korean translation rights arranged with Global Publishing Co. Inc, an imprint of World Scientific Publishing Co. Pte Ltd., Singapore through EYA Co.,Ltd.

이 책의 한국어판 저작권은 EYA Co., Ltd를 통하여
Global Publishing Co. Inc.와 독점 계약한 파랑새 미디어가 소유합니다.
저작권법에 의하여 한국 내에서 보호를 받는 저작물이므로
무단 전제 및 복제를 금합니다.

도덕경_노자 사상의 새로운 해석
원제: 老子思想新釋
초판발행 | 2023년 03월 20일
저자 | 정홍(鄭鴻, David H. Cheng)
역자 | 양재오 신부
발행인 | 박찬우
편집인 | 우 현
펴낸곳 | 파랑새미디어

등록번호 | 제313-2006-000085호
서울특별시 마포구 서교동 357-1 서교프라자 318
전화 | 02-333-8311
팩스 | 02-333-8326
메일 | adam3838@naver.com

가격 : 15,000원
ISBN : 979-11-5721-177-7 03140

도덕경 老子

노자 사상의 새로운 해석

저자 · 정홍(鄭鴻)
역자 · 양재오

역자 일러두기

    이 책의 저자가 채택한 노자 원문은 왕필본(王弼本)이다.

    이 책의 각 장은 노자 원문→본문(번역문)→해석의 차례로 실었다.

    한편 여타 중국 고전이 그러하듯이, 본래 띄어쓰기가 되어있지 않은 노자의 책(도덕경) 원문에는 오늘날 우리에게 익숙한 문장의 마침표나 쉼표 혹은 느낌표나 물음표 등의 구두점도 없다. 그 대신에 원래 대나무 조각(竹片)에 새긴 문장이나 비단폭(帛)에 조밀하게 쓰인 문장에서 也·乎·哉·兮·矣 등과 같은 허사(虛詞)가 오늘날의 구두점을 대신했다. 그럼에도 그러한 것에 더하여 후대의 주요 연구자들이 저마다 원문을 해석하고 이해하는 과정에서, 해당 원문에 좀 더 세밀하게 구두점을 찍었다. 구두점을 찍는 것은 원문 해석의 첫걸음이다. 여기서는 물론 이 책의 저자 정홍(鄭鴻)이 한 그대로 따랐다.

    저자가 역사 인물 가운데 해당 인물의 출생연도 혹은 사망연도를 추정하기 곤란하다고 판단하여, 해당 연도를 '물음표'로 표기한 것을 그대로 존중하였다. 보기) 노자(老子, 기원전 약 570~ ?), 한비자(韓非子, 기원전 ?~223년)

    노자의 책에 빈번히 나타나는 '성인'(聖人)이라는 호칭에 대하여:

요(堯)·순(舜)·대우(大禹) 같은 이들은 성군(聖君)으로 여겨졌다. 곧 이들이 훗날 성인으로 여겨지는 이상적 군주이다. 그러나 노자 시대에는 성인으로 불릴 수 있는 이상적 군주가 이미 자취를 감추었다. 그럼에도 노자의 책에서 여전히 군주를 성인(聖人)이라 호칭하는데, 이것은 그때까지 이어온 습속에 따른 것으로 볼 수 있다. 본문(번역문)에서는 맥락에 따라서, 이를 때로는 '성인'으로 때로는 '군주'로 옮겼다.

노자(老子)를 비롯하여, 전통적으로 우리에게 잘 알려진 역사적 인물의 이름은 이미 익숙한 한국어 독음에 따라서 표기하고, 그 밖의 인물은 모두 현대 중국어(보통화) 독음에 따라서 표기하였다.

이 책의 몇 군데 '각주' 가운데서, 저자의 각주는 **으로, 역자의 각주는 *으로 표기하여, 구별하였다.

목차

역자 일러두기 · 4
서문 ― 노자 사상의 새로운 해석에 대하여 / 탕더강(唐德剛) · 10
들어가며 · 23
노자 개관 · 28

1. 역사 배경 · 28
2. 노자 ― 그 사람과 그의 책 · 30
3. 노자가 후대 철학자에 미친 영향 · 36
4. 유학과 선불교와 도교에 영향을 준 노자 · 44

제1편 우주의 시작에 대한 사색 (우주론) · 도와 만물	제1장 '도'와 '이름' · 46
	제4장 도는 비어있다 · 49
	제6장 하늘과 땅의 근원 · 51
	제7장 하늘과 땅은 영원하다 · 53
	제11장 '있음'과 '없음' · 55
	제14장 '없음'의 정의 · 도의 원리 · 57
	제21장 태초의 우주는 오직 도를 따를 뿐이다 · 59
	제25장 하늘과 땅의 어머니 · 네 가지 위대한 현실 · 61
	― 우주의 시작에 대한 사색의 요점 · 63
	제32장 도는 영원하고 이름이 없다 · 67
	제39장 '하나'를 부여함 · 71
	제40장 도의 순환 · '없음'에서 비롯된 '있음' · 74
	제42장 도와 만물 · 음과 양 · 76
	제51장 도 · 덕 그리고 깊은 덕 · 79
	제62장 도에 만물의 비밀이 담겼다 · 81
	제34장 크나큰 도가 온 세상에 넘친다 · 83
	제35장 큰 형상을 확고히 파악한다 · 85

	제47장 성인은 원리를 안다 · 87
	― '도'와 '만물'에 대한 사색의 요점 · 88

제2편 변증법	제2장 변증법 · 성인의 선택 · 91 제22장 내맡겨서 온전히 보전할 수 있다 · 95

제3편 순환론	제16장 생명의 순환 · 98 제58장 세상사의 주기적 변화 · 101

제4편 덕	제10장 도의 실행 · 깊은 덕 · 104 제28장 자연과의 조화 · 무사무욕 · 소박한 덕 · 107 제38장 덕 · 인 · 의 그리고 예 · 111 제54장 덕의 평가 · 116 제55장 갓난아기를 통해서 보는 덕 · 118 제56장 깊이 있는 조화 · 120 제63장 덕으로 원수를 갚는다 · 122 ― '덕'의 요점 · 124

제5편 '하늘의 도'와 '사람의 도'의 비교	제9장 극단과 오만을 피하기 · 126 제41장 인간 지능의 한계 · 129 제45장 인식과 실재 ― 외적 인상과 내적 현실 · 132 제70장 세상으로부터 이해받지 못함 · 134 제71장 품격의 흠결 · 138 제73장 하늘의 도 · 140 제77장 '하늘의 도'와 '사람의 도' · 143 제79장 하늘의 도는 중립이다 · 145 제81장 '하늘의 도'와 '성인의 도' · 147 ― '하늘의 도'와 '사람의 도'를 비교한 요점 · 149

| 제6편 상반철학 | 제8장 최상의 선은 물과 같다 · 152
제20장 도학자와 보통사람의 비교 · 155
제76장 상반철학의 몇 가지 사례 · 159
제78장 반어적으로 실재를 드러냄 · 162
— 상반철학의 요점과 추론 · 163 |

| 제7편
· 전쟁
· 방어전
· 위장 | 제30장 전쟁과 평화 · 166
제31장 병기와 전쟁 · 169
제36장 전략적 상식 · 171
제69장 위장과 유격전 · 175
제46장 전쟁의 주요한 원인 · 178
제67장 세 가지 보배 · 180
제68장 하늘의 이치를 따른다 · 184
— 전쟁 · 방어전과 위장에 대한 요점 · 185 |

| 제8편 정치철학 | **가. 부패한 정권** · 188
제53장 부패한 정권 · 188
제72장 통치자에 대한 경고 · 190
제74장 극형으로 다스림 · 192
제75장 부패한 정권의 최후 · 194
— 부패한 정권의 요점과 추론 · 195
나. 이상 사회 · 함이 없이 다스림 · 197
제15장 현명한 통치자의 모습 · 197
제17장 통치자 · 함이 없이 다스림 · 200
제37장 도는 영원히 함이 없다 · 202
제43장 말이 없이 가르치고, 함이 없이 얻는다 · 204
제48장 배움의 추구와 도의 실천 · 207
제80장 하나의 이상 사회 · 210
— '이상 사회'와 '함이 없이 다스림'의 요점 · 212 |

제8편 정치철학	다. 정치철학 · 민주사상 · 서로 돕고 함께 번영하는 외교 · 213
	제3장 현명한 통치자는 함이 없이 다스린다 · 213
	제18장 사회의 쇠퇴 현상 · 215
	제19장 덕이 있는 사회의 기초 · 218
	제26장 자연의 교훈 · 223
	제29장 세상은 복잡한 생물이다 · 225
	제49장 민주 사상 · 227
	제57장 공정한 다스림·기발한 병법·함이 없이 세상을 얻음 · 231
	제59장 절약으로 얻은 자원 · 235
	제60장 도가 세상에 널리 퍼지면 · 237
	제61장 서로 돕고 함께 번영하는 외교 · 239
	제66장 백곡의 왕과 백성의 왕 · 242
	제64장 통치자에게 주는 충고 · 245
	제65장 국가 경영의 예술 · 248
	— 정치철학의 주체를 다룬 요점 · 256

제9편 인생철학	제5장 중심에 머물라 · 259
	제12장 유혹 · 262
	제13장 근심 걱정들 · 264
	제23장 자연은 거의 말하지 않는다 · 신심 · 267
	제24장 자연스럽고 객관적이고 겸손하라 · 269
	제27장 탁월한 성취 · 271
	제33장 지혜에서 나온 격언 · 274
	제44장 삶에 대한 태도 — 인생철학 · 276
	제50장 삶과 죽음의 개연성 · 278
	제52장 자연의 이치에 따른다 · 280
	— 인생철학의 요점 · 282

참고 자료 · **284** | 감사의 글 · 285
역자 후기 — 노자는 단순한 '형이상학자'가 아니다 · 286

서문

노자 사상의 새로운 해석에 대하여

(1)

 내 친구·내 동창·내 동료·내 옛 상사·내 옛 전우·내 동갑내기, 뉴욕 시립대학교(CUNY) 공과대학 학장을 역임한 정홍(鄭鴻) 박사가 몇 년 전에 나와 함께 정년 퇴직을 했다. 그런 그가 최근에 나를 무척 놀라게 한 일이 있다. 그는 정년 퇴직을 한 뒤, 한가한 시간을 이용하여, 부인과 함께 여행을 하지도 않고, 골프를 치지도 않고, 마작을 하지도 않고, 집에 머물러 글을 썼다. 무려 5년에 걸쳐 중국어와 영어로 동시에 《老子思想新釋》(노자 사상의 새로운 해석)을 완성한 뒤, 그가 내게 아주 묵직한 책 두 권 분량의 원고를 보내 왔다. 그 원고를 읽고 있던 나에게 그가 책의 서문을 써달라고 하는데, 그 부탁을 받고 놀라움을 금치 못하고 식은 땀이 났다. 비록 내가 가진 지식이 적을지언정 미국 학계에서 한학(漢學)으로 수십 년을 보냈기에, 그래도 뭔가 좀 알 수 있는 정도는 된다. 정홍 박사가 중국어와 영어로 저술한 이 원고는 여러 대학교의 인문대학에서 통용되는 상당한 분량의 석사, 심지어 박사논문에 해당한다. 한 사람의 연구자가 이 정도의 논문을 완성하여, 해당 분야 연구의 디딤돌을 마련하려면, 대개 한평생을 보낼 수도 있다. 정 형(鄭兄)은 과학을 전공하여 그 분야에서 큰 성취를 이루고 공과대학 학장을 역임했는데, 그가 지난 날 실험실과 강의실 그리고 공장에서 한평생을 보냈다고 생각할 수 없을 정도다. 나이가 들어 은퇴했으나 한가함을 멀리하고, 자신의 전공분야를 뛰어넘어 매진하더니, 눈 깜짝할 새 어느 날 홀연히 노자 전문가가 되었다. 그런 정홍 박사를 보고 역사학자로서 고전어 연구를 했다고 자부하는 내가 크게 놀라지 않을 수 없다. 책 두 권 분량을 다 읽고 나니, 내가 이런 글을 쓸 수 있을까 하는 생각에 스스로 부끄러워지고, 참으로 얼굴이 다 붉어진다. 오랜 친구의 요청을 거절할 수 없어서, 이제 그의 뜻대로 본문과 관련하여 서문을 쓰기 전에, 먼저 전설적인 걸작의 저술가로 최근에 노자 해석 길드(guild)에 가입한 노자 전문가 정홍 선생에 대하여 좀 더 언급해야겠다.

정홍 박사와 나는 1950년대 컬럼비아 대학교 동창이다. 우리 두 사람은 동갑내기로 둘 다 원숭이 띠다. 제2차 세계대전이 끝난 뒤 미국에 유학하여 컬럼비아 대학교 박사과정 학생으로, 둘 다 가난하여 의기소침한 젊은이였다. 어릴 때부터 영특한 정 형은 컬럼비아 대학교의 의기소침한 유학생들 가운데서 박사학위를 빨리 받아서 앞서 나갔다. 그때는 사회주의가 흥기하던 시절로, 1957년에 옛 소련(러시아)이 위성을 발사하여 달 위에 안착시켰다. 이 사건으로 미국인들은 경악하고 안절부절못했다. 그 뒤 젊은 케네디 대통령은 할 수 있는 방법을 다 모색했다. 과학 부문에서 이를 따라잡기 위하여, 유관 분야의 연구자들을 찾아서 대책을 세웠다. 이렇게 미국보다 한 걸음 앞 선 러시아와 우주과학 경쟁이 시작되었다. 이때 정홍 박사도 선발되어 그 대열에 합류했다. 그와 관련하여 언급하려면 너무 많아서 더 이상 부연할 수 없는데, 이런 정황을 통하여 이 책의 저자가 최고 수준의 과학자였다는 것을 언급하고 싶다.

(2)

　나는 컬럼비아 대학교에서 수년간 봉직하다가 1972년에 뉴욕 시립 대학교로 옮겨서, 그곳의 아시아학과에서 봉직했다. 그때 정홍은 뉴욕 시립대학교에서 충분한 보수와 지위를 갖고 있었다. 그가 그 대학교 공과대학 학장으로 재직할 때, 뉴욕주는 말할 나위 없고 미국 전역의 공학 교육계에서 인정을 받았다. 그리고 그는 뉴욕 시립대학교 공과대학을 캘리포니아 대학교 버클리 공과대학에 버금가는 수준으로 끌어올려서, 세계적 수준의 과학 학부가 되게 하였다.
　그때 나는 비록 아주 작은 아시아학과를 담당하고 있었지만 포부가 컸는데, 그것은 뉴욕 주립대학교(세계에서 학생수가 가장 많은 대학교)와 뉴욕 시립대학교(세계에서 학생수가 세 번째로 많은 대학교) 가운데 유일하게 아시아학과를 담당하고 있었기 때문이다. 다소 거창하게 말하면, 서방에서 중국문화를 선양하는 제일 좋은 교두보라 여겼기 때문이다. 그런데 그때 미국 교육계에서는 신·구 교육관념이 충돌하고 첨예하게 대립했는데, 그것이 갈수록 심해지고 저항도 갈수록 거세졌다. 당시 이런 상황 아래 이렇게 큰 대학교에서 제일 작은 신생 학과를 운영해 나가는 것이 참으로 감당하기 쉽지 않았다. 교내에서 발생하는 계파 간 경쟁의 격랑을 헤쳐 나가는 일도 감내하기 어려웠다. 작은 실례를 들면, 그 당시 통상적인 학과 운영비를 분배하는데, 해당 학과 등록 학생 수의 비율에 따라서 분배했다. 당시 다른 학과에 비하여 아시아학을 전공하는 학생 수는 그리 많지 않았기 때문에, 이와 같은 경제 조건과 환경에서 경쟁하고 성장하는 기회를 확보하기가 쉽지 않았다.
　이와 같이 해당 학과에 등록하는 학생 수의 비례에 따라 정해지는 재정 확보가 학과 발전의 설계를 하는 데 있어서 고려해야 할 주요 사항 가운데 하나이다. 그때 단과대학 내 각 학과는 치열하게 경쟁했는데, 이런 상황에서 나는 내가 담당한 과목이 전교생의 필수선택과목이 되기를 희망했고, 그렇게 되면 내 학과는 다른 인문학 교과목(아시아 문화, 언어, 역사, 사회경제 등의 과목) 가운데서 약간의 필수나 필수 선택을 배정받게 되고, 그러면 매 학기 등록 학생 수가 1천 명 이상은 될 수 있을 것이었다. 그렇게 되면 해당 부문의 교수를 증원하거나 전공 과목을 늘릴 수 있게 된다. 미국은 어느 곳이든 자유 경쟁하는 시장이 아닌 곳이 없다. 어느 것이든 스스로 부딪히고 싸워서 쟁취해야 한다. 당시 뉴욕 시립대학교에서 공과대학의 학생 수가 제일 많았는데, 공학을 전공하는 학생이라면 누구나 필수 선택해야 하는 학과가 있었고, 인문학과에서 부전공을 선택하도록 했다. 당시 이러한 교육 정책을 수립하고 시행한 사람이 당시 공과대학 학장이었다. 그는 이러한 정책을 세울 권력이 있었고 실제로 그 영향력이 대단히 컸다. 아시아인의 후예로서 우리는 할 수 있는 대로 아시아의 언어와 문화를 미국 교육제도 안에 뿌리내리고 성장하도록 힘을 쏟는다. 그렇게 하는 것이 내 작은 개인의 생존과 번영도 가능하게 해주는 시급하고 적절했던 조치였던 것이다. 이렇게 말하고 나니 웃음이 나온다. 정 형의 오랜 협조와 보살핌 덕분에 내 학과에 있는 한학(漢學) 과목은 뉴욕 시립대학교에서 한때 학생들이 밀려들어 성세를 구가했다. 이제 우리 모두 나이 들어 은퇴했다. 고개 돌려 지난날을 회고하니 감개가 무량하다.

    우리 정 박사가 은퇴했으나 영원히 쉬지 않는 사람이라는 것을 생각지 못했다. 그는 뉴욕 시립대학교에서 은퇴한 뒤, 곧바로 뉴저지 주립 윌리엄 패터슨 대학교(William Paterson University) 이사회 이사로 초빙되었다. 이것은 미국 동부 화교 교육계에서 얻기 힘든 영향력 있는 직위이다. 미국 교육계에서 지속적으로 한학을 장려하기 위하여, 정 형은 큰 힘을 쏟아 직접 노자 연구를 할 뿐 아니라, 돌아가신 후스(胡適) 선생의 장남 후주왕(胡祖望) 형에게 권고하여, 그 집에서 소장하고 있는 한학 전적 수 백 종 ─ 특히 현재 출판 중인 《胡適全集》(후스 전집)과 그 수량이 엄청난 《胡適選集》(후스 선집) 그리고 각종 관련 저작─ 을 모두 패터슨 대학교에 기증하도록 했다. 주왕(祖望) 형이 장서 기증식에서 말하기를, 후스(胡適) 가문 삼대에 걸쳐 모두 코넬대학교를 졸업했기 때문에, 그런 점에서 보면 마땅히 모교 코넬대학교에 기증해야 하겠지만, 코넬대학교는 이미 미국에서 유명한 한학의 중심 가운데 하나가 되어서, 수많은 한학 전적을 갖추고 있기 때문에, 그런 곳에 기증하는 것은 일종의 낭비라고 생각한다며, 그래서 이번에 개인 장서를 모두 패터슨에 기증하게 되었다고 밝혔다. 그리고 패터슨은 앞으로 또 하나의 한학 중심으로 점차 발전해 갈 것이라고 희망했다. 과연 패터슨 이사회는 이런 기대에 부응하여, 예산을 편성하고 교내에 중국연구센터(中國研究中心)를 설립하여, 그 계획을 실현해가도록 추진하고 있다. 정 형은 우리 시립대의 옛 동료를 다시 규합하여, 이 새로운 일에 여력을 쏟게 하였다. 그렇게 우리는 정 형에게 설득되어 중국연구센터의 자원봉사자로 센터의 고문을 맡게 되었다. 우리가 할 첫 번째 과제는 최고의 과학기술을 이용하여 인터넷 설비를 갖추고, 중국에서 발행하는 《四庫全書》(사고전서) 등 한학 연구 자료를 디스크(disk)로 만들어 출판하여, 앞으로 이 대학에 한학의 기초를 마련하는 디지털 도서관(digital library)을 세우는 것이다. 이로써 한학 연구에 있어서 세계적 수준으로 향상시킬 수 있을 것이다. 입버릇처럼 늘 말하듯 이런 일을 통하여 중국문화를 점차 해외에 선양하게 된다. 정훙 선생이 필요한 때에 나타나 신흥 과학이 나아가는 길에 전문가의 입지를 이용하여 기여하니, 이 얼마나 좋은 일인가!

(3)

앞에서 이 책의 저자가 과학기술 교육자의 신분으로, 중국문화가 미국에서 점차 발전하고 사랑받도록 하는데 기여한 배경을 간략히 소개하였다. 과학기술 영역에 있던 그가 그 영역을 넘어서 어느 날 갑자기 노자 연구 전문가로 돌변한 사실이 내게는 큰 이변으로 다가온다.

후스(胡適) 선생과 같은 예전의 선배 노자학(老子學) 연구자들의 입장에서 보면, 노자는 우리 동방에서 가장 오래된 최초의 철학자이다. 그의 《道德經》(도덕경) 5천 자는 동방의 각종(各宗)·각파(各派)·각가(各家) ― 유가(儒家)·도가(道家)·명가(名家)·법가(法家)·병가(兵家)·음양가(陰陽家)·종횡가(縱橫家) 그리고 현대의 각 종교가(宗敎家) 등등 ― 철학사상의 시조이다. 당신의 전공이 형이상학(玄學)이든 과학이든, 당신이 신봉하는 것이 유심론이든 유물론이든 혹은 물심이원론이든 그 연원을 소급해 보면 모두 노자 사상에서 비롯된다. 작은 실례를 들어보자:

철학의 각 학파 가운데, 청정한 마음으로 자연에 순응하고, 유순하고 부드러우며, 겸허하게 참거나 양보하고, 역경을 거스르지 않고, 다투거나 쟁취하지 않는 은둔철학(退避哲學, negativism)과 법가·병가·종횡가처럼 진취적으로 앞서 타개해 나가고, 적을 물리쳐 승리하고, 정치·외교 등에 있어서 합종연횡(合縱連橫)으로 유연하게 대처하며, 기회가 없으면 도모하지 않는 실제적인 투쟁철학(鬪爭哲學, aggressiveness)

과 서로 비교하면, 이 둘은 물과 불처럼 서로 섞일 수 없는 절대로 상반되는 철학의 두 유파이다. 그러나 친구여, 당신이 청정한 마음으로 자연에 순응하는 유순함과 부드러움을 '목적'으로 삼지 않고, 그것을 모종의 목적을 달성하기 위한 '수단'으로 삼는다면, 그것은 '유순함'으로 '강직함'을 이기고, 물이 바윗돌을 뚫고, '음'이 '양'을 제압하고, 여성이 남성을 부리고, 바깥 세력(野)이 도모하여 집권 세력(朝)을 몰아내는 대단한 실용철학(實用哲學)을 신봉하는 것이다. 그러므로 적을 물리쳐 승리해야 하는 것과 같은 공리(功利)적 입장은 곧 법가·병가·종횡가 그리고 더 나아가서 검은 고양이와 흰 고양이를 판별하는 실험주의자, 그리고 오직 목적만을 염두에 두고 수단과 방법을 가리지 않는 마키아벨리주의자들(machiavellists)은 단지 노자 저 아래에 있는 각 지파의 계승자들일 뿐이다. 덕이 재주에 앞서는 것은 군자에 해당하고, 재주가 덕에 앞서는 것은 소인에 해당한다. 그러나 군자든 소인이든, 그들의 조상의 위를 계속 거슬러 올라가면 결국 노자에 이른다.

　중국 역사에서 제일 유명한 노자 추종자로서 동한(東漢)의 옌즈링(嚴子陵) 선생을 앞서는 사람은 아무도 없다. 그의 오랜 친구 한(漢)의 광무(光武)가 황제로 즉위했을 때, 그는 어떤 관직도 얻지 않았고, 오히려 더운 여름에 양가죽 옷을 걸치고 푸춘(富春) 강에서 낚시를 하다가, 오랜 친구 휘하의 관원의 눈에 띄었다. 마침내 그 관원은 이 은둔 거사를 황궁으로 모셨고, 그의 이름은 영원히 후세에 남았다. 후세 문학가 판종옌(范仲淹)은 그를 이렇게 칭송했다. "옌(嚴) 선생이 없었으면 한나라 광무제의 위엄을 이룰 수 없었고, 한나라 광무제가 없었으면 어찌 옌 선생의 청렴·고결을 뽐낼 수 있었을까?" 이렇듯 명성과 재물에 무심한 이 고결한 사람이 중국 역사에서 사람들에게 가장 칭송을 받는 노자 추종자가 되었다. 그런데 어떤 사람은 은둔 거사 옌 선생의 기괴한 행위와 관련하여 이러한 의문을 품는다. "그때 그가 만일 도롱이를 입었으면, 자욱한 물안개가 피어나는 강가 어느 곳에서 그를 찾을 수 있었을까?" 옌 선생이 여름이 아닌 계절에 양가죽 옷을 입고 낚시를 했다면, 그의 오랜 친구 광무제가 아마 그를 찾지 못했을 것이다. 친구여, 옌 선생이 노자의 추종자로서 도가(道家)인 것이 맞는가? 그렇지 않으면 그 어떤 속물이 훈련을 받고, 앞으로 나가기 위하여 일시 한걸음 물러선 종횡가인가? 물론 그렇다고 종횡가의 발원지 또한 '노자의 도가'였다고 우리가 굳이 말할 수는 없지 않은가?

음은 부드럽고 양은 단단하다는 실용 철학의 관점에서 비교해보자. 과연 그러하다. 추상적으로 유심과 유물로 크게 둘로 나뉜 철학 진영에서 당신이 '유심'이라는 낱말을 취하는 쪽에 서서 노자의 '유물' 진영을 깔끔하게 배척할 수 있을까? 그럴 수 없다. 이것을 믿지 못하겠거든 이 책의 제2편을 한 번 읽어보라. 맑스의 변증유물론과 노자의 변증법은 불가분의 관계를 가지고 있지 않은가. 그 둘은 끊어버릴 수 없이 서로 얽혀있다. 중화민국 건국 첫 해에 중원(中原)에서 그 위세를 떨친 청나라 말기(晚清) 수재(秀才) 출신 우페이푸(吳佩孚) 장군이 당시 레닌의 밀사가 그에게 제3인터내셔널(코민테른, 第三國際)에 가입하여, 공산주의가 효력을 발휘하도록 설득했을 때, 일찍이 《老子》를 숙독한 그는 오히려 그 러시아 밀사가 중국을 위해서 일해주도록 설득을 시도했다. 왜냐하면 그때 그는 당시 세계를 풍미하는 공산주의가 실제로는 후세에 물려준 노자철학 유산의 일부라고 여겼기 때문이다. 그의 견해를 따르면, 노담(老聃)이 일찍이 검은 소(青牛)를 타고 함곡관(函谷關)을 넘어 서쪽으로 향해 갔다고 하는데, 그 종착지가 어디인지는 몰랐다. 그런데 그가 아마 유럽에 가서, 거기서 노자 자신의 사상을 전파 했을 것이다. 나중에 그것이 점차 후세에 전해져서 현대의 공산주의가 되었을 것이다. 우페이푸 장군이 당시 이런 식으로 말한 것은 실제로 거의 무지의 산물로 웃음을 자아낸다. 그러나 그의 견해에 따르면, 노자 철학 가운데 공산주의 사상이 이미 배태되어 있다는 것이다. 그런데 흥미로운 것은 오늘날 공산주의 철학자도 모두 이 점을 인정한다는 것이다.

 요컨대, 노자를 평면에서 바라보면 산등성 같아 보이고, 측면에서 바라보면 산봉우리 같아 보인다. 당신의 신념이 어느 계열 철학으로 편중되어 있든지 상관없이, 노자 5천 자를 잘근잘근 곱씹어 보고, 수많은 출중한 이들이 노자를 해석하여 남긴 주소(註疏) ― 실례로 2천 년 전 전국시대의 법가 한비자(韓非子, 기원전 ?~233년)에서 부터 삼국시대 형이상학(玄學)의 대가 왕필(王弼, 226~249년) 그리고 내 친구인 이 책의 저자요 과학자인 정홍(鄭鴻, 1920~)에 이르기까지, 그들이 남긴 주석이나 해설 등 ― 를 거듭 숙독해 보면, 아마 깊이 공감하게 될 것이다. 당신이 그들을 평면에서 바라보든 측면에서 바라보든, 혹은 형이상학의 입장에서 바라보든 과학의 입장에서 바라보든, 당신 스스로 자신의 사상이 노자의 정통 사상과 직결되어 있다는 것을 스스로 깨닫게 된다. 한비자도 그랬고, 왕필도 그랬고, 정홍 또한 그랬다. 수천수백 년을 이어오는 동안 노자를 해석해 온 사람들이 이와 같지 않은가! 각자 자신이 할 수 있는 만큼 최선을 다해 노자를 해석했고, 각자 필요한 만큼 섭취했다. 이것이 바로 사마천(司馬遷)이 말한 대로, 각자 자신이 '한 분야에서 권위를 가지고 체계를 세운다'는 것에 다름이 아니다.

(4)

그러므로 노자 5천자(五千言)는 동방 철학에 심대한 영향을 주었을 뿐 아니라, 주(註)·소(疏)·전(箋)·증(證)이 제일 많이 붙은 전적으로, 각 주소가(註疏家, commentaries)들 간에 논쟁이 가장 극렬한 철학 사상이다. 여기서 우리가 한비자, 사마천, 후스, 그리고 － 현재 하와이 대학교 철학교수로 봉직하는 또 한 명의 내 친구 청중잉(成中英)을 포함하여 － 정홍에 이르기까지, 이들의 노자 해석을 긍정한다면, 노자가 공자에 비하여 더 오래 되었다는 고증을 받아들이는 것이다. 그렇다면 춘추전국시대의 공자에서 시작하여, 그 뒤에 등장한 제자백가 모두 노자의 영향을 받지 않았다고 할 수 없다. 노자 5천 자에 대하여 주석을 붙인 학자마다, 각자 자신의 견해를 표방하는데, 그것은 노자 5천 자에 대하여 각자 달리 보고 이해했기 때문이다. 이와 같이 그들 사이에 관점에 따라 서로 다른 해석이 존재한다. 나는 학식이 깊지 못하지만 일찍이 중국 문헌학(目錄學)을 가르쳤는데, 내가 아는 한, 한평생 현대 과학에 깊이 천착한 사람으로서 동시에 상당한 노자 연구 성과를 내고, 더욱이 노자 전체에 대하여 주석을 한 과학자는 찾아보지 못했다. 그러한 가운데 바로 그런 사람이 나타났으니, 그가 바로 정홍 박사이다. 실제로 이와 같은 사람은 거의 없을 것이라 여긴다. 그래서 우리는 그를 장난스럽게 정홍즈(鄭鴻子)라 부른다. 노자 5천 자를 가지고 각종 해석과 주장이 난무하는 가운데, 현대 과학의 관점에서 이 모든 것을 흩뜨리고, 그것을 다시 조합해 냈으니, 이것은 하나의 과학이론에 따른 작업이고 '새로운 해석(新釋)'으로, 절대로 필요한 작업이었다. 당신이 내세우는 이론이 어떠하고, 그 깊이가 어떠한지를 막론하고, 이것은 지금까지 긴 세월에 걸쳐 이어져 온 노자 해석에 대하여 참신하게 새로운 방향으로 접근(a new approach)하게 해주었기 때문이다.

양전닝(楊振寧) 박사의 관찰에 의하면, 이른바 '현대과학'의 흥기가 오늘에 이르기까지 벌써 몇 백 년이 되었는데, 우리 화교 엘리트가 지난 20세기의 1백 년 동안 이 흐름을 따라 잡았다고 한다. 실제로 이른바 현대 과학자는 바로 후스 선생이 제창한 '증거가 없으면 믿지 않는다'(無徵不信)는 현대적 '학문 방법'(治學方法)에 입각해 있다. 그런데 실제로 역대 노자 해석 전문가들이 이와 같은 실증주의 학문 방법을 자주 소홀히 했었다. 이런 배경에서 정홍의 《老子思想新釋》은 지금까지 몇 백 년 동안 발전하고 축적되어 온 현대과학의 관점에서 노자 철학을 전부 정리한 것이다. 이것은 또한 지난 1백 년 이래, 우리 과학자가 후스가 제창한 과학의 방법으로 국가의 학술 유산을 정리(整理國故)한 하나의 참신한 시도이다.

내가 석가모니의 《金剛經》(금강경)을 읽을 때, 불타가 큰 제자 수보리(須菩提)에게 이렇게 묻는 장면이 나온다. "동쪽이 텅 비었다고 생각하느냐? …… 서북·서남·동북·동남과 위·아래가 텅 비었다고 생각하느냐?" 내가 볼 때 불타가 이 물음을 던질 때, 그 어르신은 분명히 자기 머리 위의 하늘을 '생각하여 헤아릴 수 없는 것'이라 여겼을 것이다. 그래서 그의 큰 제자는 이렇게 대답한다. "아닙니다. 세존이시여." 그러므로 2천여 년 전에 우리 머리 위의 '하늘'을 불타와 같은 큰 지혜를 가진 분도 '생각하여 헤아릴 수 없는 것'으로 여겼을 것이다. 그러나 오늘날 우주 과학이 이룬 업적 덕분에 우리는 '위와 아래가 텅 비어있다'는 또 다른 과학적 '헤아림'(思量)을 한다. 그러므로 오늘날 과학적인 새로운 해석에 따라 불경을 다시 읽으면 많은 새로운 깨우침이 있을 것이다. 마찬가지로 오늘날 과학의 눈부신 빛 아래서 《道

德經》을 다시 읽을 때 오는 새로운 깨우침도 이루다 헤아릴 수 없을 것이다. 이렇게 하여 나는 정형이 노자를 위하여 시도한 과학적인 새로운 해석을 읽고 또 읽는다. 그러면서 생각하여 헤아릴 수 없는 것을 헤아려 보는데, 그것이 그리 부족하다고 여기지는 않으며, 이것으로 서문을 삼고 싶다.

(5)

나는 예전에 지금은 고인이 된 우지엔슝(吳健雄) 교수와 《易經》(역경)과 《道德經》에 대하여 긴 시간 대담을 나눈 일이 있다. 지엔슝(健雄)은 이 두 권에 대하여 매우 새롭게 해석했다. 그녀는 현대 물리학과 수학의 원리에 따라 이 두 권에서 여러 가지 새로운 뜻을 찾아냈다. 예를 들면, 팔괘(八卦)에서 양효(陽爻)의 대수(代數)를 왜 9라고 하는지, 음효(陰爻)의 대수를 왜 6이라고 하는지? 그리고 현대 물리학에서 발견한 직선은 다만 원호(arc)의 한 부분일 뿐이고, 현대 수학의 발견에 의하여 하나(1) 더하기 하나(1)가 꼭 둘(2)이 아니라는 등등, 새로운 이론과 오늘날 과학철학의 범주에서 그동안 축적된 현대 과학기술이 직면한 문제들과 우리나라의 고전 철학과 불교경전(佛藏)과 도교경전(道藏) 등, 종교 경전을 이해하기 위하여 도움이 되는 많은 새로운 뜻을 찾아 냈다. 고대의 저술가와 사상가는 모두 어느 수준 이상의 큰 지혜를 가진 성인(聖人)이고 철인(哲人)이다. 그들이 당면한 시대의 문제를 통찰하고 성찰한 것을 담은 그 경전에서, 우리는 때때로 우연히 우리 시대가 직면한 문제에 대한 답을 발견한다. 또한 우리는 현대 학문의 새로운 원리나 법칙을 종종 고대 사상가들의 통찰과 성찰이 담긴 저술에서 우연히 찾아내기도 하는데, 그것들이 대개 매우 소박하고 질박하게 설명이 되어 있어서, 수 천 년이 지나는 동안에 아무도 그것의 진수(眞髓)를 제대로 알아채지 못하는 경우가 많았다. 그 때문에 우리 현대 과학자들이 협력하여 그 보화를 제대로 발굴해 낼 필요가 있다. 정홍즈는 자기 전문 분야에서 은퇴한 뒤에 마작을 즐기며 만년을 한가하게 보내지 않고, 노자에 깊이 몰입하여 마침내 새로운 해석을 해냈으니, 모자를 벗고 삼가 경의를 표할 일이다. 우리는 참으로 대단한 지혜로 대단한 성취를 이룬 과학자 출신으로 출중한 리더십을 발휘한 그가 여전히 건강함에도 불구하고, 은퇴해야 할 때 누리던 권력에 연연하지 않고 법에 따라 은퇴한 뒤에, 다시 인문학의 상아탑에 들어와서 과거 수년 간 그가 현장에서 발휘한 리더십 경험으로 새로운 기여를 하게 되어 고맙기 그지없다.

  인생은 짧고 고통의 바다와 같은데, 그 와중에 수단과 방법을 가리지 않고, 파리떼처럼 그 무엇을 쫓아 이리저리 분주히 날아다니고, 먹이를 찾아 저잣거리를 어슬렁거리는 개처럼 세상의 명리를 쫓기에 바쁜 사람들과 달리, 수십 년의 시간(光陰)을 허비하지 않고, 자연으로 회귀할 때까지 노자의 양성(養性)·양생(養生)의 방법(道)을 익히고, 후학에게 혜택을 베푸는 것이 쉬운 일이라고 그 누가 가벼이 말하겠는가? 이로써 정홍즈(鄭鴻子)의 책의 서문으로 갈음한다.

2000년 3월 20일
미국 뉴저지 주에서
탕더강(唐德剛) 삼가 쓰다

들어가며

　이 책《老子思想新釋》(노자 사상의 새로운 해석)은 새로운 '관점'과 '구성'에 따라 해석한 노자의 책(老子之書)이다. 일찍이 한나라(漢.기원전 207년~기원후 220년)를 건국한 첫해에 이미 노자의 책은 도덕경(道德經)으로 높혀 불렸다. 이 책은 중국이 세계에 기여한 중요한 철학과 문학 저작물 가운데 하나이다. 학자들이 중국 문헌 가운데 외국어로 가장 많이 번역하고 주해(註解)를 한 것도 바로 이 책이다. 이로써 국제 사회에서 갖는 이 책의 위상과 그 중요성을 알 수 있다. 이 책이 처음으로 책으로 묶이고 나서 오늘에 이르기까지, 2천여 년 동안 중국문화와 중국인의 성격을 함양하는데 얼마나 깊은 영향을 미쳤는지 참으로 헤아리기 어렵다.

　외국어로 번역된《道德經》가운데, 영어로 번역된 것이 제일 많다. 유럽과 미국에서 한학(漢學)을 하는 학자들이 비교적 많은 편이다. 영국의 저명한 한학자 조지프 니덤(Joseph Needham, 1900~1995)은 2차 세계대전 와중에 여러 해 동안 중국에서 일하고 여행했다. 그의 거작 《중국의 과학과 문명》은 확실히 불후의 역작이다. 그 책에 뒤이어 나온 또 한 권이《과학사상사》인데, 그 가운데 일부를 번역해 소개하면 다음과 같다:

　　"누구나 예외 없이 도덕경이 중국 문헌 가운데
　　가장 심오하고 아름다운 저작이라고 인정한다.

그 책의 저자는 노자이고,
중국 역사상 내력이 불분명한 인물 가운데 한 사람이다.
그의 출생 연대에 대하여 오늘(1956년)에 이르기까지
이미 오랫동안 광범위한 토론이 있었다.
펑여우란(馮友蘭)의 권위 있는 의견에 따르면,
사기(史記, 司馬遷 지음)에서 언급한 바,
노자가 기원전 6세기에 태어났고,
공자와 같은 시대에 태어났다는 전통은 마땅히 포기돼야 한다.
도덕경은 전국시대(기원전 480~221년)의 저작으로 봐야 마땅할 것이다.
이 시대를 다시 그것보다 후대로 옮길 수는 없다.
그 책에 대한 한비자(韓非子, 기원전 ?~223년)의 주석이 있고,
순자(荀子, 기원전 315~230년)의 평(評)이 있다.
그리고 장자(莊子, 기원전 369~286년)의 사상과 병행한다.
펑여우란은 사마천이 하나의 신화적 인물 노담(老聃)을
그 책의 저자로 잘 못 알고 있었다고 여긴다. 그러나
도덕경의 저자는 마땅히 한 명의 역사적 인물 이이(李耳)임에 틀림없다."

 이와 같은 연대에 대한 착오는 노자의 출생 연대를 2백여 년이나 뒤로 옮긴 것이며, 20세기 초엽 30여 년 동안 중국과 외국 학자들이 이것에 대하여 논쟁을 했다. 그러나 역사자료의 부족·결핍으로 그 논쟁에서 그 어떤 것도 분명한 사료의 증거에 의거하지 않았기 때문에, 결과적으로 공인할 수 있는 그 연대를 확정할 수 없었다. 아무튼 한때 지나간 이러한 풍파는 중국철학 역사에서 발생한 하나의 작은 에피소드라 할 수 있다.
 1960년대 이후 중국 학자 두 명이 이 시대착오에 대한 문제를 독립

적으로 연구했고, 대략 같은 결론에 이르렀다. 그들은 전통적 관점이 정확하다고 보았다. 노자는 6세기에 태어났고, 공자와 같은 시대를 살며, 공자와 여러 차례 만나기도 했다. 그들이 그렇게 파악한 이유는 아래 <노자 개관>에서 간략히 소개한다. 다행히도 조지프 니덤이 그의 책에서 노자의 책에서 취한 명문을 많이 인용했다. 이 시대착오와 관련하여 내가 영어로 저술한 《On Lao Tzu》(노자에 대하여)에서는 지면의 제약으로 자세히 서술하지 못했는데, 역사의 진실을 지키고 장래 학자들이 노자 사상을 아는데 편리하도록, 이 시대착오 문제는 반드시 바로 잡아야 한다고 본다.

   노자의 책은 문장이 아름다우나 읽기가 쉽지 않다. 그 전체 내용을 처음부터 끝까지 제대로 이해하는 것은 더더욱 어려운 일이다. 그 주요한 원인 가운데 하나가 당시에 붓과 먹과 종이(筆墨紙)가 아직 발명되지 않아서 대나무 조각(竹片)이나 나무 조각(木片) 위에 글자를 새기고, 그것들을 다시 끈으로 꿰어 연결했다. (그런데 이렇게 연결된 조각과 조각 사이의 끈이 시간이 지나며 떨어져 나가고, 그 조각들을 모아 다시 끈으로 꿰는 과정이 수차례 반복되면 조각들의 순서가 뒤바뀌는 경우가 있었을 것이라는 점을 추정해 볼 수 있다.*역주) 또한 당시 현존하는 글자 가운데서 사용하여 뜻을 전달할 수 있는 글자가 많지 않았다. 거기에 더하여 그렇게 많지 않은 글자 가운데서 저자가 전달하려는 뜻을 담아낼 글자 선택(選字)의 어려움이 가중되었을 수 있다. 비록 후대 연구자들의 노력을 통하여 어느 정도 교감(校勘)하여 바로잡았다고 해도, 오늘날 통용되는 도덕경의 문장과 단락의 구조상의 연관성이 여전히 결핍되어 있다. 또한 문장과 단락이 매우 짧기 때문에 후세 사람들이 빈번히 그릇되게 해석한다. 원문에는 구두점(標點)이 없고, 더욱이 도편(道篇,1장~37장)과 덕편(德篇, 38장~81장)으로 구분하지도 않았다. 이렇게 편(篇)으로 나누는 것은 이 책의 참된 의도를 반영하지 못할 뿐 아니라, 오히려 원문의 내용을 파악하는데 혼란스럽게 한다. 예를 들면, 39장과 40장은 분명히 도의 성질과 효용을 서술한 것인데, 어떻게 덕편(德篇)에 귀속시킬 수 있는가?

　오늘 우리가 사용하는 '노자의 책'은 저명한 도학자(道學家) 왕필(王弼, 226~249)의 교정본(校正本)이며, 그는 삼국시대(三國時代, 221~265년)의 인물이다. 왕필의 교정본과 한(漢)나라의 묘(墓) 마왕퇴(馬王堆)에서 1973년에 출토된 백서(帛書)의 내용을 서로 대조해 본 결과 그 차이가 크지 않았다. 결국 이와 같이 마왕퇴에서 출토된 비단 위에 쓰인 노자의 책의 내용이 발견되어, 오늘날 우리가 사용하는 '왕필 교정본'의 진가가 입증되었다.

　노자의 책을 읽으면, 우리는 노자가 참으로 위대한 사상가라는 것을 알게 된다. 또한 그의 학문의 방법이 매우 과학적이다. 도(道)와 무(無) － 이 둘의 형이상학 관념은 그의 우주론, 변증법 사상, 자연의 변천과 진화의 관찰과 추론, 상반철학, 자연을 모범으로 삼은 덕, 부드러움으로 강함을 이기는(以柔克剛) 철학, 나아가 소수의 인원으로 다수의 적을 상대하는 유격전, 위장술의 발명, 함이 없이 다스리는(無為而治) 이상, 풍부한 민주사상에 입각한 정치철학, 심지어 호혜 원칙에 따른 외교로 국제 분쟁을 해결하자는 제안, 인생철학과 불멸의 격언 등을 포함하여, 그의 공헌이 얼마나 크고 넓고 깊은지를 알게 된다. 노자는 5천여 글자로 시대를 초월하여 오늘에 이르기까지 여전히 깊은 영향을 미치는 그의 사상을 표현해 냈는데, 이는 참으로 쉽게 할 수 없는 일을 이루어 낸 고귀한 업적이다. 그가 책을 만든 이래 이미 2천여 년이라는 시간이 흘렀는데도, 현대의 관점에서 깊이 연구해 보면,

그의 사상의 정확성과 시의성(時宜性)을 여전히 잃지 않고 있다. 우리는 의심의 여지없이 노자 사상이 세계의 사상과 문화의 중요한 일환이라는 것을 공인한다.

이 책에서 나는 무엇보다도 구성(배열)을 새롭게 하는 것에서부터 시작했다. 먼저, 책에서 노자의 사상 혹은 철학 개념들을 하나하나 분류하고, 그 뒤 특정한 사상 혹은 개념과 연관되는 것들끼리 모아서 각 장(各章)을 편성하고, 그 뒤 다시 각 장을 관통하는 공통 개념과 주제에 따라서 각 편(各篇)을 편성했다. 그 뒤 노자 원문을 현대 한어로 새롭게 번역하고, 그 뒤 노자의 원래의 뜻(原意)을 재해석 하였다. 독자의 편의를 고려하여, 오랫동안 통용되어 온 원래의 장수(모두 81장)는 변함없이 그대로 유지했고, 장별로 작은 표제를 붙였다. 매 편(篇), 매 장(章)의 차례는 ― 아주 작은 예외를 제외하고 ― 바꾸지 않았다. 원문 가운데서 쉽게 이해되지 않고 일관되지 않은 구절은 할 수 있는 대로 노자의 책 안에서 그 실마리와 암시를 찾았고, 필요한 참고 자료를 찾아 대조하여 확인했다. 그 결과 사전에 미처 생각지 못한 놀라운 일은 원래 쉽게 이해되지 않거나 이해할 수 없는 구절들이 지금은 일관되게 이해가 되고 납득이 된다는 점이다. 가장 기쁜 일은 우리가 온전하게 그리고 분명하게 일관된 노자 사상의 전모를 발견했다는 것이다.

이 책이 세상에 모습을 드러내어, 심오한 내용을 알기 쉽게 표현한 노자 사상이 널리 알려지고, 나아가 학자들의 연구와 토론이 이루어져서, 좀 더 발전적이고 건설적인 비평이 이루어지기를 희망한다. 아무튼 이러한 나의 소박한 기대에 부응하는 호응이 있을 것이라 희망하는 것으로 만족하고자 한다.

노자 개관

1. 역사 배경

　전 세계의 주요 문화 가운데, 중국 문화는 3천여 년을 지속해 왔다. 비록 여러 차례에 걸친 정치 변동과 혼란으로, 중국 문화 가운데서 많은 저작과 문헌을 잃어버렸지만, 다행히도 민간에서 암송하여 그 기억이 전승되고 문화를 존중하는 이들이 보존해 온 덕분에, 중국 문화가 전부 훼손되지 않고 오늘날까지 면면히 이어져 온다. 또한 바깥의 강한 세력이 침입하여 왕조를 세운 시기에도 중국 문화는 뒤집히거나 섬멸되지 않고, 오히려 그 세력들이 세운 왕조가 기존의 중국 문화를 받아들여 계속 발전시켰다. 그 주요 원인은 중국 문화가 일찍이 주나라(周,기원전 1030~221년) 후기의 춘추(春秋, 기원전 722~480년)와 전국시대(戰國時代, 기원전 480~221년)를 거치며 충분한 기반을 다져서 고도의 발전을 이루었기 때문일 것이다.
　주나라(周) 무왕(武王)이 상나라(商)를 무너뜨리고 천하를 얻은 뒤에, 수백 명의 공신과 혈족에게 논공행상으로, 각각 작위를 하사하고 영토를 여럿으로 나누어 나라(邦)가 세워졌는데, 이것이 봉건제도의 시작이다. 그리고 그 수백 명의 방주(邦主)를 일러 제후(諸候)라고 불렀다. 그들은 각자 자신이 하사 받은 영토 안에서 통치를 했으나, 반드시 주 왕실에 충성해야 했다. 그러나 제후들은 세습제도를 받아들였고, 그들의 후손 가운데 어떤 이들은 강성해지고 있었고, 어떤 이들은 무능하여, 정치는 대체로 매우 부패하고 암울해졌다. 때에 따라 수시로 강한 나라가 약한 나라를 점령하고 멸망시켰기 때문에, 전쟁의 참화가 해를 거듭하여 계속되었고, 백성은 안심하고 살 수 없었다. 춘추전국시대에 여러 명의 출중한 사상가가 나왔는데, 그들의 공통 목표는 바로 당시 사회문란의 근본 원인을 파악하고, 그것을 근절할 수 있는 책략을 제공하는 것이었다. 그러므로 이 5백 년 동안 많은 사상과 학설이 세상에 나와서, 갖가지 학문과 예술이 함께 꽃을 피웠다(百花齊放)고 말 할 수 있으니, 이때가 확실히 중국 사상과 철학 발전의 황금시대였다.

전통에 의하면, 중국 철학의 시조는 노자(老子, 기원전 약 570~ ?)이고, 곧 바로 이어서 공자(孔子, 기원전 551~474년)이다. 공자는 중국 역사상 처음으로 학교를 시작하여 학생을 가르친 역사적 위인이며, 역대로 제일 존경받는 만세(萬世)의 사표(師表)이다. 노자·공자 모두 춘추시대의 중요한 사상가이다. 전국시대의 중요한 철학자는 묵자(墨子, 기원전 약 496~426년), 맹자(孟子, 기원전 약 372~289년), 장자(莊子, 기원전 약 369~286년), 순자(荀子, 기원전 약 315~230년), 한비자(韓非子, 기원전 ?~233년)와 손자(孫子, 기원전 약 ?~496년)가 있다. 그들에 대한 노자의 영향은 아래에서 간략히 소개한다.

진시황(秦始皇, 기원전 ?~210년)은 기원전 221년에 중국을 통일했는데, 그는 독재를 주장한 사람이다. 그는 승상(丞相) 이사(李斯, 기원전 ?~208년)의 말을 듣고, 사상을 포함하여 모든 인위적 행동을 통일하고 표준화하도록 명령을 내렸다. 따라서 중국사상 발전의 황금시대가 갑자기 멈추었다. 이것은 또한 분서갱유(焚書坑儒)의 주요 원인이다. 그러나 진나라(秦朝, 기원전 221~207년)는 14년 만에 끝났고, 중국사상이 피해를 입었지만, 그래도 치명상에 이르지는 않았다. 그리고 백 년 뒤에 한나라(漢)의 무황(武皇, 기원전 141~87년)이 동중서(董仲舒, 기원전 179~104년)의 건의를 받아들여, 오직 공자의 사상만을 받들고 다른 사상은 모두 금지하는 '사상의 통일'을 명령했다. 그 후 각 왕조는 대부분 이 전통을 따랐는데, 그것이 20세기에 중국에서 공화국(중화민국)이 성립되고 점차 변화했다. 한 나라 무황(한 무제)이 공자의 학문(孔學)을 유일하게 받든다는 역사적 결정을 함으로써, 다른 사상의 원천이 단절하게 된 것은 중국 사상의 발전과 과학의 발전에 큰 피해를 입혔다.

무황 이전에, 노자의 책에 대한 연구와 해설은 상당한 성취를 이루었다. 이를테면, 《呂氏春秋》(여씨춘추)는 진나라(秦) 재상 여불위(呂不韋, 기원전 ?~235년)가 소집한 학자들이 함께 기여하여 만든 책이다. 그리고 《淮南子》(회남자)는 유안(劉安, 기원전 ?~122년)이 고용한 연구자들의 집단에서 만든 저작이다. 유안은 한나라(漢)의 개국 황제의 손자로, 황제가 하사한 회남(淮南)에 거주했다. 이 두 권은 모두 노자의 도를 기조(基調)로 하였기 때문에, 노자 사상이 많이 포함되었다. 여불위와 유안이 모두 나라를 다스리고 민생을 돌보는 철학을 모색했음에도 성공하지 못했고, 그것에 성공한 것은 동중서(董仲舒, 기원전 179년~104년)이다. 그런데 이 두 권에 들어있는 내용 가운데 어떤 것들은 노자 사상을 해석하는 데 도움을 준다.

2. 노자 – 그 사람과 그의 책

노자에 대한 역사 기록은 매우 적다. 사마천(司馬遷, 기원전 145~85년)이 저술한 《史記》(사기)에서 공인된 믿을만한 한 단락을 소개한다:

"노자는 초나라(楚)의 고현(苦縣) 여향(厲鄉) 곡인리(曲仁里) 사람이고,
성은 이씨(李氏), 이름은 이(耳), 자는 담(聃)으로,
주나라(周) 장서실(藏書室)을 관리하는 사관이었다.
공자(孔子)가 주나라에 갔을 때, 노자에게 예(禮)에 대하여 물었다.
그때 노자가 말하기를,
'그대가 말하는 사람들은 그 육신과 뼈가 모두 이미 썩어버리고,
단지 그 말만 남아 있소.
또한 군자는 그때를 만나면 관직에 나아가지만,
때를 만나지 못하면 이리저리 날리는 쑥대처럼 굴러다니는 신세가 될 것이오.
내가 듣기에 똑똑한 장사꾼은 진귀한 상품을 깊이 숨겨두어
가게에 마치 아무것도 없는 것처럼 보이고,
큰 지혜와 덕이 있는 사람의 외모는 마치 어리석은 사람 같아 보인다고 들었소.
당신의 교만하고 탐욕스러운 태도와 당신의 야심을 버리시오.
그것들이 당신에게 아무런 도움이 되지 않기 때문이오.
내가 그대에게 말할 수 있는 것은 단지 이것뿐이오.'

공자가 돌아와서 제자들에게 말하기를
'새는 잘 난다는 것을 알고,
물고기는 잘 헤엄친다는 것을 알며,
짐승은 잘 달린다는 것을 안다.
달리는 짐승은 그물로 잡을 수 있고,
헤엄치는 물고기는 낚시로 낚을 수 있고,
나는 새는 화살로 잡을 수 있다. 그러나
용에 대해서는 그것이 어떻게 구름과 바람을 타고 하늘로 올라가는지 알지 못한다.

오늘 내가 노자를 만나보니,
그는 마치 용과 같은 존재였다.'

노자가 도와 덕을 닦았다는 그 학설은
자신을 감추어 이름이 드러나지 않게 하는 것이었다.
노자는 주나라에서 오래 거주하다가,
주나라가 쇠퇴하는 것을 보고는 그곳을 떠났다."

    1918년에 후스(胡適)는 《中國哲學史大剛<卷上>》(중국철학사대강<상권>)을 출판했다. 그는 일찍이 미국에 가서 역사를 전공했고, 나중에 대학원에서 듀이(John Dewey, 1859~1952)의 지도 아래 철학을 연구했다. 그가 비록 전형적인 공자학을 연구하는 학자일지라도, 학문을 하는 태도에 있어서 성실했고 과학화했는데, 그가 스스로 일컬은 역사 연구의 원칙은 "사료를 만일 믿을 수 없으면, 역사는 믿을 가치가 없다"는 것이다. 또한 그는 중국 문학이 고문(古文)에서 해방되어야 하고, 백화(白話)를 위주로 해야 한다고 남보다 앞서 제창한 역사적 인물이기도 하다.
    그의 책이 출판되었을 때, 중국에서 공자를 존숭하는 첨단의 학자들이 항의하였다. 비록 노자가 공자보다 더 오래되었다는 사실이 일찍이 전통으로 세워졌음에도, 그들은 중국 철학의 시조가 공자가 아니라는 것을 받아들이기 어려웠다. 동시에 공자가 주나라를 방문하여 노자에게 예(禮)에 대하여 묻고, 노자가 그것에 대하여 공자에게 가르쳤다는 것을, 그들은 동의하기가 더 어려웠다. 따라서 전통파와 반전통파 연구자들이 전대미문의 필전(筆戰)을 벌였다. 그러나 쌍방이 모두 사료의 증거가 없어서 고전을 면치 못하고, 결과적으로 그것은 공론으로 끝나고 아무런 결과도 가져오지 못했다. 1933년에 펑여우란(馮友蘭)이 《中國哲學史》(중국철학사)를 출판했다. 그는 책에서 공자를 받들어 중국철학의 시조라고 하고, 노자의 출생 연대를 2백 년 뒤로 옮겼는데, 그것은 장자와 거의 동시대에 해당한다. 영국의 한학자 보드(D. Bodde)는 먼저 1937년에 그리고 그다음 1953년에 펑여우란이 쓴 이 책 두 권(상권, 하권)을 영어로 번역했다. 그 뒤 외국의 한학자들은 모두 펑여우란의 저술을 권위로 삼아, 노자의 책이 전국시대의 은사(隱士) 이이(理耳)가 저술한 것이라고 여겨서, 사마천이 《史記》에 기록한 사실을 전부 뒤집었다. 그러나 후스는 1918년에 그가 저술한 《中國哲學史大綱<卷上>》원저의 제목을 《中國古代哲學史》(중국고대철학사)로 바꾸고, 원저에서 발견된 잘못된 곳을 교정하여 1958년에 다시 출간했다. 이 책에서 특기할 점은 노자가 중국철학의 시조라는 전통적 관점의 정확성을 그가 여전히 견지했다는 점이다. 그는 1958년 출판본에서 펑여우란의 《中國哲學史》의 한 단락을 다음과 같이 인용한 뒤, 이어서 자신의 견해를 피력했다:

"중국철학사 안에서,
공자는 확실히 개조의 위치(開山之地位)를 점유하고 있다.
후세는 그를 유일한 사표로 존중하여 받든다.
비록 정확하지 않고 유래가 없는 것은 아니지만,
이런 이유로, 철학사는 공자로부터 말하기 시작한다."

후스는 "비록 정확하지 않고 유래가 없는 것은 아니지만"(雖不對亦非無由也) 이라는 말로, 펑여우란이 공자를 받들어 시조(始祖)라고 하는 것은 종교적 신앙의 심리 작용이고, 역사적 증거에 의거하지 않았다고 본다.

1963년 윙칫찬(Wing-Tsit Chan, 陳榮捷)이 영어로 저술한 《The Way of Lao Tzu》(노자의 도)가 미국에서 출판되었다. 그는 노자의 출생 연도 문제에 대하여 전통파와 반전통파가 유지하고 있는 각파의 이유, 그들의 견해와 논쟁의 초점에 의거하여, 지면에 구애받지 않고 상세히 소개하고 객관적 판단을 내렸다. 그의 결론은 이렇다:

"현재 노자의 출생이 춘추 혹은 전국시대라고 믿는 연구자의 수는 막상막하이다.
그가 신화적 인물이라고 여기는 사람의 수는 보잘것없다.
나는 노자가 주나라 왕실 도서관 사서였을 가능성이 매우 높다고 믿는다.
그런데 이런 근거 없는 말을 만들어 내는 동기가 어디에 있는지
참으로 이해하기 어렵다.
공자가 노자를 방문했다는 보도의 가능성은 더 크다.
만일 그렇지 않으면
공자 문하의 제자들이 이 이야기가 계속 전해지는 것을 절대로 원하지 않았을 것이다.
… 노자의 책이 만들어진 것은 아마 긴 시기가 지난 뒤였을 것이다.
그러나 그 내용은 확실히 노자의 기본 사상을 대표한다. … "

1978년 런지위(任繼愈)의 《老子新譯》(노자 신역) 증보개정판이 상하이(上海)에서 출판되었다. 그 책에 1973년 마왕퇴(馬王堆)에서 출토

된 한나라(漢) 묘실의 비단으로 만든 두 권의 노자 책의 내용이 포함되어 있다. 이 두 권의 비단 폭에 노자의 책을 베껴 쓴 연대가 기원전 206~186년 사이라는 판정이 이미 나왔다. 런지위는 노자의 출생 연도에 대하여 기본적인 연구를 진행했는데, 그의 결론은 다음과 같다:

> "노자의 연대와 관련하여,
> 나는 기본적으로 전통 연구자의 견해에 동의한다. …
> 모든 옛 전적(古籍)은 후대의 학자들이
> 마치 논어 등 여러 한유(漢儒)의 저작을 증보하거나 개정한 것처럼,
> 증보하거나 개정한 것이다.
> 그러나 그렇다고 하여 공자 등 그들이
> 그 책의 사상적 기초를 확립한 사람이라는 것을 부인할 수 없듯이,
> 노자의 책도 당연히 예외가 아니다.
> 인의(仁義)를 반대하고 법령(法令)을 반대하는 등의 생각은
> 아마도 후세에 나온 것으로 본다. 그러나
> 노자의 하늘의 도(道), 귀유(貴柔), 반전(反戰)과 변증법(辯證法) 등은
> 모두 노자 자신의 사상이다. … " (이에 대하여 상세한 논술은 원문 참고)

윙칫찬과 런지위는 철저한 연구와 분석을 거쳐, 노자 출생 시기에 대한 착오에 대하여 같은 결론에 도달하여, 앞서 인용한 사마천의 사기와 후스 등 전통파의 관점이 타당하다는 것을 증명했다. 전통파의 관점의 정확성은 본문 제8편 [가] 부분의 결론과 추론에서 좀 더 설명한다. 근래에 영어로 된 노자 책이 우후죽순처럼 출판된다. 어떤 작가들은 문학의 관점에서 출발하고, 어떤 작가들은 철학의 관점에서 시작한다. 작가들이 아마도 노자, 그 사람과 그 시대 배경에 대하여 한

번도 언급하지 않고, 여전히 계속하여 노자를 전국시대의 인물로 여기고, 장자와 동시대의 인물로 믿고 있는 것 같다. 우리는 지금 이 시대의 착오를 교정하여, 역사에 대한 믿음의 가치를 더해야 할 것이다.

3. 노자가 후대 철학자에 미친 영향

전국시대(기원전 480~221년)에 살아남은 십여 개 제후국 간의 전쟁은 이미 전반적이 되었고, 주 왕실의 권위는 진작에 이미 땅에 떨어지고 말아, 스스로 왕실을 지키기 어려운 국면이 되었다. 묵자(墨子, 기원전 496~426년)는 춘추시대 말년에 태어났고, 노자보다 75년 정도 늦다. 그는 노자처럼 전쟁의 참화가 해를 거듭하여 계속되는 탓에 백성의 어려움이 가중되는 것을 동정했다. 그는 "비공(非攻)", "겸애(兼愛)"와 "천지지상(天志至上)"의 이념을 주장했다. "비공"은 다른 나라를 침략하지 않는 것이다. "겸애"는 자기를 사랑하고 겸하여 남을 사랑하며, 자기 집이 속한 나라를 사랑하는 것처럼 남의 집이 속한 나라도 사랑하는 것이다. "천지지상"은 하늘이 의지가 있어서 인간사의 선악에 대하여 상을 내리거나 벌을 줄 수 있다는 것을 포함한다. 이러한 이념은 노자의 "반침략(反侵略)"·"순애(純愛)"·"천도만능(天道萬能)"과 궤를 같이한다. 그러나 묵자의 이념이 노자의 이상과 비교하면, 본질적으로 다르다. 그의 "천지지상"은 종교성이 있어서, 만일 거기에 묵교(墨敎)라는 이름을 붙이면, 그가 교주이다. 그는 하늘의 뜻(天志)은 사람들이 서로 사랑하고, 겸애는 바로 하늘의 뜻을 실행하는 것이고, 겸애의 결과가 바로 비공이라고 생각한다.

묵자는 열심히 세상을 구하기 위하여 분투한 실천하는 인물이다.

그는 노자와 같이 자원 절약을 주장하여, 그의 생활은 지극히 검소하고, 겸애와 비공을 외치며 달리고, 열심히 세상을 구제했다. 그는 공자의 제자들이 귀신을 믿지도 않으면서, 낭비적 상장례를 엄격히 실행하는 것을 보고, 그것은 위선이고 모순이라고 여겼다. 그의 철학은 친히 보고, 친히 듣고, 어떻게 실질적으로 현실에 응용할 수 있는지를 모색하는데, 그것을 공자 학문의 깊은 논리 및 응용과 비교하면 그 둘 사이의 거리가 멀다. 공자의 학문은 하나의 이상에 도달하는 방법을 단지 말로 할 뿐인데, 묵자는 실제로 어떻게 그 이상에 도달할 수 있는지를 말하고 있다. 묵자의 이념을 전수받은 제자들 가운데, 한 파는 자연과학에 매진하였지만, 공자의 학문을 유일하게 떠받드는 시대의 추세에 따라서, 묵가(墨家)는 뒷날 그 명맥이 끊겼다.

백여 년이 지난 뒤, 맹자(孟子, 기원전 약 372~289년)가 등장한다. 그는 공자와 2백 년 가까이 거리가 있는 사람이다. 이 2백 년 동안 공자 학문의 발전은 보잘것없었다고 말할 수 있다. 맹자의 후학들은 그를 공문아성(孔門亞聖)이라고 부르는데, 그것은 맹자가 주창한 민권사상(民權思想)이 확실히 공자 학문의 역사적인 돌파였기 때문이다. 맹자는 이렇게 말한다. "백성(民)이 중요하고, 조정(社稷)이 그다음이고, 군주(君)는 가볍다." 이러한 맹자의 견해를 이 책 노자 제8편 48장에서 "사리에 밝은 군주는 자기의 고정관념이 없고, 백성의 의견을 자기의 의견으로 삼는다"(聖人無常心, 以百姓之心爲心)고 하는 노자의 '민주사상'(民主思想)과 비교하면, 이 둘이 비록 유파는 다를지라도, 놀라울 정도로 거의 같은 견해를 표방한다는 것을 알 수 있다.

맹자가 민권을 높이 받드는데, 그것은 "처음부터 인간의 성품은 본래 선하다"(人之初, 性本善)는 신념에 기초한 철학이다. 그는 사람은 모두 하늘이 부여한 감각기능을 가지고 있고, 선의 성능과 옳고 그름을 분별하는 지능을 가지고 있다고 본다. 감각기능은 눈·귀·코·입·마음의 능력이다. 선의 성능은 부모를 사랑하는 마음, 측은지심(惻隱之心), 옳지 못함을 부끄러워하고 착하지 못함을 미워하는 마음(羞惡之心)과 지혜로운 사람을 존경하는 마음이다. 지능으로 옳고 그름을 분별할 수는 있지만, 가르침을 받을 필요가 있고, 가르침을 받고 그 목적에 이를 수 있다. 그의 정치철학은 군주가 사람의 본성이 선하다는 자세를 가지고, 어진 정치(仁政)를 하도록 권고한다. 이것은 노자 제8편 57장에서 말하는 이른바 '함이 없이 다스림'(無爲而治)의 이상과 부합한다. 그 이상은 바로 "내가 함이 없으니, 사람들은 저절로 평화로이 함께 살고; 내가 고요함을 좋아하니, 사람들은 저절로 자연스레 질서를 지키고; 내가 낭비적 행사를 하지 않으니, 사람들은 저절로 점차 부유해지고; 내가 욕심을 내지 않으니, 사람들은 저절로 자연스레 소박한 생활을 한다"는 것이다. 이 또한 서로 다른 철학 전통에 서 있음에도 놀랍게도 거의 같은 견해를 표방하는 것으로 보인다. 맹자가 공자의 뒤를 이어서 유가(儒家)의 두 번째 성인(亞聖)임에도, 그가 노자 사상의 영향을 깊이 받았다는 것을 실제로 부인하기 어려울 것 같다.

장자(莊子, 기원전 약 369~286년)는 맹자와 동시대 인물로서, 그는 노자의 사상을 따르는 이들 가운데서 가장 우수한 제자다. 그가 저술한 내편(內篇) 7장은 그가 직접 저술한 것으로 공인되었다. 외편(外篇) 15장과 잡편(雜篇) 11장은 아마도 후대 학자들이 보충하고 편집했을 것이다. 그는 노자 책 가운데서 이해되기 어려운 장구(章句)나 학설에 대하여 늘 자신의 독자적 견해를 가지고 있고, 그것들을 가지고 스스로 편집한 유머·대화·우화를 이용하여, 효과적으로 노자의 철리(哲理)를 돋보이게 드러낸다. 노자의 책 가운데서 눈에 띄는 사례를 찾아보자: "성인을 내치고 지식을 버리면, 백성이 백 배의 이익을 얻는다"(제8편 19장). "항상 백성이 무지하게 하고 탐욕에 빠지지 않게 하라"(제8편 3장). "백성을 다스리는 데 어려움이 있는 것은 지식이 너무 많기 때문이다"(제8편 65장). 이와 같은 노자의 사상은 역대 학자들이 줄곧 공격하는 초점이 되었다. 그들은 노자가 우민정책을 선도하고, 반지식·반문화를 표방한 어리석은 사람으로 여긴다. 장자의 책을 자세히 읽고 나면, 우리는 노자가 반대한 지식이 다름이 아니라 공자의 제자들이 제창한 '이기적 지식'이라는 것을 이해한다. 노자의 책 가운데서 "무지·무욕"이란 백성들로 하여금 남에게 피해를 입히는 이기적 지식과 이기적 욕망을 버리라는 것이다. 이러할 때에야, 노자가 확신하는 자연을 지배하는 '도의 법칙'과 도가 사람에게 부여한 '선한 행위의 덕'이 서로 하나로 관통한다는 것을 알게 된다.

장자는 노자의 사상을 주석(注釋)한 것 외에도, 그 자신의 철학 또한 매우 심오하다. 그는 자연사물의 변화와 진화를 중시한다. 그의 천하편(天下篇)은 잡편(雜篇)에 속하지만, 학자들은 이것이 아마도 그의 발문(跋文)일 것으로 본다. 그 가운데 몇 단락을 인용해 본다:

> "황홀하고 적막하여 아무 형체도 없고, 변화무쌍하다.
> 죽은 것인가 산 것인가?
> 하늘과 땅이 나란히 존재하는가?
> 하늘과 땅의 신령은 어디로 가는가?
> 망연한데 어디로 가는가?
> 황홀한데 어디로 변화하여 가는가?
> 만물을 다 망라하고 있지만 돌아갈 데가 없다.

옛날의 도술(道術)에도 이러한 자가 있었다. …"

"홀로 하늘과 땅의 신령과 더불어 왕래하며,
만물을 내려다보는 태도를 취하지 않고,
옳고 그름을 따지지 않고, 세속에 순응하여 살아갔다. …"

"위로는 조물주와 더불어 노닐고,
아래로는 삶과 죽음의 시작도 끝도 없는 자와 벗하였다. …"

 위에서 인용한 첫째 단락에서, 장자는 만물의 변화와 생멸을 예측할 수 없다는 점을 제시한다. 이것과 관련하여 노자 제3편 58장에서 이렇게 암시했다. "재앙 안에 행복의 암시가 들어있고, 행복 안에 재앙의 씨앗이 숨어 있다. 그 누가 최종 결말을 알겠는가? 그것은 따라야 할 관례가 없다. 정상이 바뀌어 비정상이 될 수 있고, 좋은 일이 바뀌어 나쁜 일이 될 수 있다. 사람들이 이것에 대해 시비를 가리지 못한 지 아주 오래되었다." 여기서도 놀라우리만큼 거의 같은 견해를 표방한다. 두 번째 단락은 그의 겸허한 덕과 함께 세상과 다투지 않고 달관한 인생철학을 드러낸다. 그것이 품은 뜻은 크게 출세간의 경향이 있다. 세 번째 단락은 위로는 조물주와 어울리고, 아래로는 삶과 죽음이 끊임없이 이어지는 것들과 친구가 된다는 것을 드러내는데, 이는 거의 형이상학(玄學)에 가깝다. 따라서 장자의 철학과 노자의 철학을 인생관의 관점에서 보면 크게 다른 점이 있다. 후세는 이 둘의 철학을 섞어서 흔히 노장철학(老莊哲學)이라 하지만, 이는 그리 좋은 설정이 아니다. 몇몇 외국 학자들은 흑백을 구분하지 않고, 노자와 장자를 아예 같다고 보고, 이 둘을 같은 형이상학자(玄學家)라고 여긴다.

이런 까닭에 그들은 이 두 중요한 철학자의 사상을 나누어서 깊이 있게 연구하지 않는다. 이것은 역사적인 오류가 있어서, 분명히 설명할 필요가 있다.

　장자의 연구는 자연히 증가하여, 공자 문하의 거장 순자(荀子, 기원전 약 315~230년)가 나서서 비평하기에 이르렀다. 그는 해폐편(解蔽篇) 가운데서 "장자는 하늘의 도에 가려서 사람의 도를 모른다. 그러므로 쓸모 있는 것만을 도라 하면, 이익만을 좇게 된다." 순자의 뜻은 이러하다. 오직 자연만 알고 사람을 모르면, 이런 도는 사람에게 이롭지 않다. 그는 또 천론편(天論篇)에서 노자를 비평한다: "노자는 굽어지는 것만 보고 펴지는 것은 보지 못했다. … 굽은 것만 있고 펴지는 것이 없으면, 귀하고 천한 것이 분별되지 않는다." 순자가 이해하는바, 노자는 오로지 부드러움과 물러남을 알 뿐, 상대의 공신력 혹은 지위의 귀천을 상관하지 않는다. 이는 곧 귀함과 천함을 구별하지 않는 것이다. 유가는 귀족 통치제도를 선도하는데, 순자의 평론은 노자와 장자의 학설의 영향을 받고 나타낸 반응이다.

　인성(人性)에 관하여, 순자는 사람의 본성이 본래 악하다(性本惡)고 주장하며, 선한 사람은 인위적 교육의 결과라고 본다. 이것은 사람의 본성이 본래 선하다(性本善)는 맹자의 입장과 정반대이다. 따라서 순자는 교육으로, 곧 표준을 정하여 사람을 가르쳐야 선해진다고 주장한다. 또한 그는 사람이 자연을 아는 것만으로는 부족하고 자연을 이용하는 방법을 알아야 백성을 이롭게 할 수 있다고 주장한다. 공자가 남긴 가르침은 '사람에게 전념'하는 것이고, 사람과 자연이 같은 부류가 아니어서, 자연에 대한 지식은 고려할 가치가 없다는 것이다. 순자의 학설은 자연으로 백성을 이롭게 하는 것이어서, 이 점에서 유학의 큰 약진이라고 할 수 있다. 그러나 순자의 자연으로 백성을 이롭게 하는 사상은 실제 응용에 과도하게 치우쳐 있다. 그는 지식은 반드시 표준화해야 하고, 그것은 마땅히 국가가 해야 할 일이라고 주장한다. 그리고 모든 이상한 이론(奇論)과 그릇된 주장(邪說)은 명령과 형벌을 통해서 금지해야 한다는 것이다. 그러나 이것은 단지 사상의 발전을 저해할 뿐이다. 결과적으로 이러한 순자의 사상은 법가(法家) 사상의 효시가 되었다. 그의 제자 이사(李斯, 기원전 ?~208년)는 진시황의 재상이 되어, 통일 사상을 건의하여, 쓸데없는 책은 폐기하고 부패한 학자들은 구덩이에 묻으라고 건의하여, 공전절후(空前絶後)의 분서갱유(焚書坑儒)라는 큰 재난이 발생했다. 순자의 또 다른 제자 한비(韓非, 기원전 ?~233년)는 본래 한 나라(韓國) 귀족인데, 진왕(秦王)이 그의 재능을 높이 사서, 그를 중용할 생각이었다. 그때, 한비는 진왕이 한 나라를 멸망시키지 말라고 설득하려 했으나, 결국 이사를 위해서 그를 감옥에 가두고 독살하라는 명령이 내려졌다. 순자를 추종한 또 다른 학자는 동중서(董仲舒, 기원전 약 179년~104년)이다. 그는 한 무황(漢武皇, 기원전 141년~87년)에게 제자학(諸子學)을 배제하고, 공자학(孔學)을 유일하게 받들도록 한 역사적 인물이다.

    한비 곧 한비자(韓非子)는 법가의 선구자이다. 그는 노자와 장자 사상의 영향을 받고, 역사 진화의 중요성을 깊이 믿었다. 그러나 그의 정치철학은 모두 효용을 기초로 하여, 법치(法治)를 원칙으로 삼았다. 그는 심도편(心度篇)에서 이렇게 말한다: "그러므로 백성을 다스림에는 늘 같지가 않은 것이다. 오직 법으로만 다스려야 한다. 법이 시대의 추이와 함께 개혁되면 세상이 잘 다스려지며, 정치는 시대의 추이에 따르면 더욱 효과가 있다. … 시대의 추이를 보면서 혼란을 다스리게 되는 것이다." 그는 현학편(顯學篇)에서 또 이렇게 말한다: "확실하다고 여기는 것은 미욱한 일이며, 명확할 수가 없는데, 그것을 근거로 삼는다는 것은 결국 사람을 기만할 수밖에 없는 것이다." 그는 이렇게 시대에 부합하는 법치를 중시한다. 동시에 모든 언행의 실제 효용은 실제로 비교 검증한 뒤에 결정하는데, 이러한 사상을 불합리하다고 말할 수 없다.

한비자는 역사상 제일 먼저 노자 책을 주석한 철학자이다. 장자는 비록 노자 사상에 대하여 깊은 이해를 하고 있지만, 도(道)와 덕(德)에 대하여 간명하게 정의를 내리지 않았다. 반면에 한비자의 정의는 간명하고 적확하여, 후대 연구자들의 찬동을 받았다. 노자의 "함이 없이 다스린다"(無爲而治)는 이상이 그에게 매우 인상 깊었다. 그는 비록 법치를 믿지만, "법을 세우지만 사용하지 않고, 형벌을 설정하지만 실행하지 않는다"는 이상에 도달하려고 했다. 노자 제3편 58장에서 말하였듯이, "정상이 바뀌어 비정상이 될 수 있고, 좋은 일이 바뀌어 나쁜 일이 될 수 있다"는 것은 그의 경구(警句)이다. 그래서 그는 법이 시대와 부합하지 못하면, 다스리지 못하고 혼란을 초래한다고 깊이 믿었다.

손자(孫子, 기원전 ?~496년)는 군사 철학자다. 그의 손자병법(孫子兵法)은 세계 최고의 병서(兵書)로 공인되어, 지금도 여전히 그 가치가 완전히 상실되지 않았다. 이 책은 이미 대략 전국시대에 세상에 모습을 드러냈다. 노자의 군사철학(이 책 제7편)과 정치철학(이 책 제8편)을 살펴보면, 그 책 안에 혹은 숨겨져 있기도 하고 혹은 드러나 있기도 한 노자가 남긴 가르침의 흔적을 늘 발견하게 된다. 노자의 정치철학(제8편 57장)에서 "공정한 규칙으로 국가를 통치하라. 허를 찌르는 전략으로 군사 작전을 수행하라"고 말한다. 상대가 예상하지 못한 기묘한 방법으로 상대의 "허를 찌르는 전략"은 손자병법에 일관하는 원칙이다.

4. 유학과 선불교와 도교에 영향을 준 노자

왕필(王弼, 226~249년)은 노자가 남긴 가르침에 대하여 독보적인 이해를 한 철학자로 공인되었다. 그는 노자의 책을 가지고 중요한 주석과 해설을 했는데, 이것이 바로 후세가 공인한 신도학(新道學)의 시작이다. 신도학은 후학들이 노자 사상을 이해하도록 도움을 주는 데 그치지 않고, 신공자학(新孔學)을 시작한 소옹(邵雍, 1011~1077년)과 주돈이(周敦頤, 1017~1073)와 같은 이들이 개혁을 실행하는 데 있어서, 그들에게 쉽지 않은 기회를 제공했다. 그래서 신공자학은 많은 도학의 이론과 사상을 받아들였다. 일찍이 2세기에 인도로부터 실크로드를 통하여 중국에 전래된 불교는 6세기에 이르러 점차 보편화되었다. 그리고 중국 내면의 환경에 적응하기 위하여, 신도학의 사상을 많이 차용해 썼다. 따라서 불교는 노자 사상을 많이 받아들여, 선불교(선종)를 만들었다. 선불교는 중국에서 발전하고 뿌리를 내렸고, 보통 사람들의 성격 형성과 수양에 깊은 영향을 주었는데, 그 정도가 어떠한지 참으로 헤아리기가 쉽지 않다. (선불교는 8세기 말에서 9세기 초에 신라에 전해졌다.*역주) 그리고 선불교는 12세기에 일본에 전해져서, 주요한 종교 가운데 하나가 되었다.

노자 철학이 도교에 기여한 것은 표면적인 것이다. 비록 노자의 책이 도교 경전에 수록되었어도, 노자는 철학자이고 귀신(鬼神)을 믿지 않아 기본적으로 종교와 관계가 없다. 도교의 창시자는 장릉(張陵, 약

150년~?)으로, 후세의 신도들이 그를 장도릉(張道陵)이라고 높여 받들었다. 그는 사천(四川)과 산서(山西) 경계 지역에 반독립적(半獨立的)인 거점을 마련하여, 도(道)로 병을 치료하고, 흉(兇)한 일을 만났을 때, 그 곤란을 해결할 방법(術)이 있다고 하여, 많은 신도를 끌어들였다. 그의 손자 장로(張魯, 약 188~?)는 선조의 유업을 계승했고, 그의 조부 장릉을 장천사(張天師)로 높여 부르며 받들었다. 나중에 도교는 장생불로(長生不老)·기공으로 몸을 단련하는 법 등을 공언하며, 미신(迷信)으로 과도하게 기울어, 세상을 벗어나 신선이 되고, 구름을 타고 날아다니고, 하늘과 땅 사이를 달린다고 믿었다. 이런 것들에서 장자가 일찍이 표방한 자유와 출세간의 흔적 같은 것이 엿보이지만, 노자의 철학 곧 세상과 인간사가 직면한 문제들의 해결을 추구하는 기본 책략이 보이지 않아, 노자와 아무 관계가 없다고 하겠다. 장로는 그의 조부가 만든 규정에 따라서, 입교하는 교인에게 곡물 다섯 말(五斗糧食)을 받았다. 그는 여기서 남은 식량을 극빈 구제에 사용하여, 좋은 일을 하였다. 노자가 남긴 가르침은 이러하다: "누가 그들의 잉여를 세상에 바치는가? 오직 도의 추종자만이 그렇게 한다."(노자77장). 그는 그렇게 했다.

 나는 이 책에서 평이하고 상세히 노자 사상을 논술하기 위하여, 노자 원문을 9편으로 나누었고, 각 편에 그 중심 사상을 드러냈다. 원문을 쉽게 이해할 수 있는 문자로 번역하고, 그 뒤에 해석(해설)을 했다. 이렇게 한 목적은 책 전체가 처음부터 끝까지 일관되고 일치하여, 그 뜻이 명확히 전달되게 하려는 것이다. 기타 참고 자료는 책 끝에 수록했다.

제1편. 우주의 시작에 대한 사색(우주론) · 도와 만물

제1장. '도'와 '이름'

道, 可道, 非常道. 名, 可名, 非常名.
無名, 天地之始; 有名, 萬物之母.
故常無欲, 以觀其妙;
　常有欲, 以觀其徼.
此兩者, 同出而異名, 同謂之玄.
玄之又玄, 衆妙之門.

말할 수 있는 도는 보편적이고 영원한 도가 아니다.
이름 붙일 수 있는 이름은 보편적이고 영원한 이름이 아니다.
하늘과 땅의 시작은 이름이 없고,
만물의 어머니는 이름이 붙는다.
그러므로
항상 객관을 유지하면, 놀라움을 발견할 수 있고,
항상 주관을 유지하면, 드러난 현상만 보게 된다.
이 둘은 같은 근원에서 나왔지만 이름이 다르며,
둘 다 신비롭다.
신비 가운데서 더 깊이 숨겨진 신비는
모든 놀라움을 간직한 문이다.

노자는 철학자다. 그의 사상과 연구의 대상은 진리를 찾고 실제 경험을 통해 실증하는 것이다. 그는 초자연적 인물을 대상으로 한 종교 신앙에 대하여 믿음을 두지 않는다. 그렇지만 대자연의 아름다움과 만물 곧 온갖 것이 운행되는 그 규율은 그에게 깊은 인상을 심어주었다. 우주의 시원에 대한 사색과 온갖 것이 규율에 따라 운행되는 원인에 대한 사색에 기초하여, 그는 그것을 제어하는 주제(主宰)가 존재한다고 확신했는데, 그 주제가 바로 도(道)다.

이 장에서는 그가 연구한 대자연의 근원과 그 가운데 비밀을 간직한 동기를 보여 준다. 그는 간결하고 깊이 있고 정곡을 찌르는 글쓰기로 일관하여, 책 전체의 대요를 드러내고, 그의 과학적 학문 방법의 정신을 드러내 보여 준다. 그는 말한다: 도를 말할 수 있으면, 그것은 곧 보편적이고 영원한 도가 아니고; 이름을 붙일 수 있으면, 그것은 곧 보편적이고 영원한 이름이 아니다. 여기서 보편적이지 않다는 것은 공간과 관련되어 있음을 암시하고, 영원하지 않다는 것은 시간과 관련되어 있음을 암시한다. 그러므로 도와 이름이 공간과 시간으로 전환된 것이다. 그는 계속하여 말한다. 하늘과 땅의 시작은 이름이 없고, 만물 곧 온갖 것을 생기게 한 어머니는 이름이 붙는다. 다시 말하면, 하늘과 땅의 시작은 어떤 이름으로도 나타낼 수 없다. 이름이 없다는 것은 곧 알지 못한다는 것을 말하며, 이름이 있은 후에 온갖 것이 알 수 없는 것에서 알 수 있는 것으로 전환하는 것이다. 그러므로 이름은 지식의 발단이고, 논리학(名學)은 인식론의 응용이다. 인간 존재는 우주 창조에서 기인한 결과다. 이름 붙이는 것과 그런 것이 축적되어 지식이 되는데, 그 모든 것은 사람의 노력의 결과다. 지식의 축적은 다 함이 없이 영원히 계속된다는 것을 우리 모두 인정한다.

이름이 없던 것(無名)에서 이름이 있는 것(有名)으로 나타나는 것은 새로운 지식을 발견하는 과정이고, 부분적이든 전면적이든 진리를 찾는 과정이다. 진리는 언제나 깊은 곳에 숨겨 있어서 그것을 찾아내기 쉽지 않다. 그래서 노자는 진리를 찾는 정확한 태도에 대하여 말했다. 그는 언제나 사욕 혹은 고정관념 혹은 편견을 제거하지 않으면 안 되고, 객관적 태도를 유지해야 비로소 ─ 그 오묘한 규율이 작용하는 ─ 도의 놀라움을 발견할 수 있다고 말한다. 늘 고정관념을 지니고 혹시 주관을 유지하면, 다만 드러난 현상의 특정 단면만 볼 수 있게 되고, 그것이 그러한 본래의 이치를 모른다. 이 둘 ─ 놀라움(妙)·현상(徼) ─ 이 같은 근원에서 나왔으나, 이름이 서로 다르다. 그러나 둘 다 신비에 속한다. 신비 가운데서 더 깊이 숨겨진 신비는 모든 놀라움 속으로 들어가는 문이다.
　여기서 실례를 하나 든다. 지면 위의 공간에서 모든 물체는 자연 낙하한다. 이것은 단순한 현상으로 누구나 쉽게 목격할 수 있으며, 이것 또한 신비인가 하면, 쉽게 해석할 수 없는 현상이기도 하다. 그런데 과학의 진보에 따라, 오늘날 누구든지 지면 위의 공간에서 물체가 낙하하는 원인을 알고 있으니, 물체가 지구 중심이 당기는 힘에 끌려가는 이른바 중력의 법칙 때문이다. 이것이 참으로 놀라운 진리가 아닌가!

제4장. 도는 비어 있다

道沖, 而用之或不盈.
淵兮, 似萬物之宗.
挫其銳, 解其紛, 和其光, 同其塵.
湛兮, 似或存.
吾不知誰之子, 象帝之先.

도는 비어 있고, 그것을 늘 써도 고갈되지 않는다.
깊다! 그것은 만물의 근원과 같다.

날카로움을 무디게 하고, 얽힘을 풀리게 하고,
빛을 부드럽게 하고, 세상과 조화를 이룬다.
깊고도 깊다!
그것은 영원히 존재하는 것 같다.

나는 누가 그것을 만들었는지 모르지만,
그것이 신의 개념에 앞서 존재했을 것 같다.

* * *

노자는 전쟁의 참화가 해에서 해를 거듭하며 끊이지 않아, 사람이 살기 쉽지 않은 혼란한 시대에 태어났다. 통치자와 백성은 모두 하늘과 땅의 신에게 자신들을 지켜달라고 간구했다. 그러나 그는 자연을 초월한 신령한 존재들이 위력을 발휘하여 복을 내릴 수 있다고 믿지 않았다. 그는 도를 가지고 그러한 존재들을 대신했다. 그는 도가 비록 비어있지만, 그 쓸모가 무궁무진하다고 말한다. 어찌나 깊고 깊은지, 그것은 마치 만물의 창시자 같다. 그는 날카로운 모서리를 제거하여, 만물이 편리하게 함께 어울려 살게 하고, 내부의 갈등을 해결하고, 만물이 질서 있게 순환할 수 있게 하고, 눈을 어지럽히는 강한 조명을 부드럽게 하듯이, 정도에 지나친 과분한 것을 피하도록 했다. 이러할 때, 비로소 온갖 것이 세상과 어울려 조화로움을 이룰 수 있을 것이다. 또한 그는 도의 깊이가 너무나 깊고 깊어서, 마치 하나의 영원한 존재 같다고 말한다. 노자는 그 유래를 모르지만, 그것은 사람에게 신에 대한 의식이 있기 이전에 이미 존재했을 것이라고 믿는다. '끝이 없고 다 함이 없는 시간과 공간에 도는 일찌감치 이미 존재한다'는 것이 그의 암시이다.

제6장. 하늘과 땅의 근원

谷神不死, 是謂玄牝.
玄牝之門, 是謂天地根.
綿綿若存, 用之不勤.

계곡의 신은 영원히 죽지 않으며,
그것은 신비한 여자이다.

그 신비한 여자의 문은
하늘과 땅의 근원이다.

그것은 영원히 계속되는 존재이며,
그것을 아무리 쓰고 또 써도 다 함이 없다.

* * *

이 장에서 노자는 공간의 관념을 설명한다. 그는 말한다. 계곡의 신(谷神)은 죽지 않는다. 계곡은 공간이 넓은 큰 분지로서, 그 안에 작은 계곡물이 흘러서 각종 생물에게 수분 혹은 마실 것을 제공하고 농사짓는데 필요한 물을 제공한다. 사람을 포함한 각종 생물은 모두 여기에서 태어나 자라고, 또 후세를 기르고 발전하고 번영한다. 여기서 노자의 의도를 이미 볼 수 있는데, 그것은 우주의 시작에 대한 사색이다. '계곡의 신이 영원히 산다'고 그가 말하는데, 이것은 '우주의 시간이 끝이 없고 우주의 공간이 다

함이 없다'는 것을 그가 믿는다는 것이다. 그는 사람이 낳고 기른다는 실례를 이용하여, 우주의 시작을 추론한다. 그는 영원한 생명의 계곡의 신을 헤아릴 수 없이 미묘한 여성에 비유한다. 이렇게 미묘한 여성의 비밀의 문이 바로 하늘과 땅의 근원이다. 도는 면면히 이어져 영원히 존재하고, 그것을 아무리 써도 고갈되지 않는다.

우(宇)는 광대한 공간이고, 주(宙)는 시작도 끝도 없는 시간이다. 우주(宇宙)는 공간과 시간이 교차하여 이루어진 것이니, 여기서 이 과학 개념을 볼 수 있고, 이것을 이미 오래전에 학자들이 발견했다.*

---

* 宇宙(우주)라는 낱말의 유래: 전국시대(戰國時代)의 저작으로 알려진 《尸子》에 "위·아래·사방(동·남·서·북)을 일컬어 宇(우)라 하고, 예부터 지금까지를 일컬어 宙(주)라 한다"(上下四方曰宇, 往古來今曰宙)고 처음으로 언급되었다. 그 뒤 한나라 초기의 저작으로 알려진 《淮南子》의 〈齊俗訓〉 가운데서 다음과 같이 나타난다: "예부터 지금까지를 宙(주)라 부르고, 사방(동·남·서·북)과 위·아래를 宇(우)라 부르며, 道(도)가 그 가운데 있지만, 그 구체적인 곳을 모른다(往古來今謂之宙, 四方上下謂之宇, 道在其間, 而莫知其所)." 이처럼 《尸子》에서는 공간을 뜻하는 宇(우)를 먼저 정의하고 나서, 시간을 뜻하는 宙(주)를 정의한다. 반면에 《淮南子》에서는 시간을 뜻하는 宙(주)를 먼저 정의한 뒤에, 공간을 뜻하는 宇(우)를 정의한다. 그리고 이렇게 시간(宙)과 공간(宇)을 정의하고 나서, 시간과 공간을 나타내는 우주 가운데서 道(도)의 운행을 넌지시 알리지만, 그것의 구체적인 곳(所)을 모른다고 하여, 그것이 인간의 인식 영역 밖에 있음을 넌지시 가리킨다. 그리고 《莊子》의 〈齊物論〉 가운데, 전통적으로 '공간'을 뜻하는 '宇'와 '시간'을 뜻하는 '宙'가 합쳐서 이루어진 '宇宙'라는 낱말이 처음으로 등장한다: "旁日月, 挾宇宙(해와 달을 곁에 두고, 우주를 품는다)." 이와 같은 우주는 또한 만물의 총칭이기도 하며, 시간과 공간의 통일체이다. 존재하는 모든 것은 바로 이 우주에 포함되며, 우주가 없으면 그 어느 것도 존재할 수 없다.

제7장. 하늘과 땅은 영원하다

天長地久.
天地所以能長且久者, 以其不自生, 故能長生.

是以聖人: 後其身而身先, 外其身而身存.
非以其無私邪? 故能成其私.

하늘은 영원하고, 땅은 영원하다.
하늘과 땅이 영원하고 영원한 까닭은
그것들이 그들 자신을 위해 존재하지 않기 때문이다.
그러므로 그것들은 영원히 지속된다.

따라서 성인은
사람들 뒤에 서지만, 결국 앞서 나가고,
사심을 몸 밖에 두고, 삶을 지속한다.
이것은 그가 사심이 없어서가 아니라,
그렇게 함으로써 원하는 결과를 얻을 수 있기 때문이 아닌가?

...

노자는 이 장에서 하늘과 땅이 영원하다는 관념을 제시하고, 그 원인을 설명한다. 하늘과 땅이 한데 모인 것이 곧 우주다. 그러므로 우주도 영원한 생명이다(제6장 참조). 그는 하늘과 땅이 영원한 까닭은 그것들이 자기의 이익을 위해 존재하지 않기 때문이라고 말한다. 하늘·땅 그리고 사람이 모두 대자연의 진화로 생겨났으나, 그는 하늘과 땅이 사람이 정한 표준에 따라 움직일 수 있을 것으로 사람들이 기대할 수 없다고 생각했다. 그와 달리 그는 오랜 세월 전쟁의 참화로 도탄에 빠진 백성의 고통을 보고, 사람이 규정한 표준에 대하여 깊이 생각하게 되었다. 그것은 반드시 안녕과 규율이 있는 대자연을 모범으로 삼아야 한다는 것이다. 하늘과 땅이 자기를 위하여 존재하지 않는 것을 배우기 위하여, 성인은 사람들 뒤에 서지만 결국 앞서 나가고, 사심을 몸 밖에 두는 삶을 지속하게 된다고, 그는 말한다. 여기서 '성인'은 '현명한 통치차(군주)'를 가리킨다. 그가 만일 매우 공평하고 사심이 없으며 어질고 너그러운 행실로 사람을 다스리면, 그는 현명한 통치자가 되고, 위기를 평안히 넘길 수 있을 것이다. 그런데 노자가 남긴 이 가르침은 이미 대를 거듭하여 지식인들이 받아들여 실천했다. 겸손한 자세로 양보하고 남의 뒤에서 걸어가는 것은 단지 형식일 뿐이다. 노자의 이상은 사람들이 모두 매우 공평하고 사사로움이 없는 삶을 실천하는 것이다. 그렇게 다스려지는 국가는 안녕한 가운데 다스려지고, 세상은 함께 평화와 안녕을 누릴 수 있다.

제11장. '있음'과 '없음'

三十輻共一轂, 當其無, 有車之用;
埏埴以爲器, 當其無, 有器之用;
鑿戶牖以爲室, 當其無, 有室之用.
故有之以爲利, 無之以爲用.

둥근 바퀴 통마다 서른 개의 바퀴 살이 박혀 있는데,
그 바퀴 통 중심의 구멍이 그 수레를 쓸모 있게 한다.
항아리를 만들기 위해 찰흙을 빚는데,
그렇게 빚어진 항아리 속이 비어있어
그것을 쓸모 있게 한다.
방을 만들 때 문과 창을 만드는데,
방의 쓸모는 그 문과 창이 뚫려 있기 때문이다.
따라서,
그 무엇이 '있음'으로 편리하고,
'없음'으로 그것이 쓸모 있다.

* * *

노자는 이 장에서 하나의 중요한 철학 개념, 없음 — 무(無) — 을 소개한다. 고대 그리스 철학자들은 아무것도 없는 것을 무(無)라 하고, 그것은 곧 존재하지 않을 가능성을 가리킨다. 그러나 노자는 이와 다른 견해를 가지고, 실용적이고 구체적인 실례로 무의 존재와 그 작용을 증명했다. 그는

말한다: 하나의 수레바퀴는 바퀴통을 중심으로 서른 개의 바퀴 살이 박혀 있다. 여기서 그 바퀴 통 중심의 빈 구멍 — 무(無) — 은 바퀴축 — 유(有) — 을 받아들이기 위해서라는 것이다. 만일 바퀴통에 구멍이 존재하지 않으면 결국 바퀴 축을 설치할 수 없게 되어, 수레로서 쓸모가 없다. 그는 또 말한다. 찰흙을 빚어 그릇을 만들고, 벽을 뚫어 문과 창을 만드는 것은 모두 그것들의 공간 — 無 — 을 이용하려는 것이다. 따라서 그는 간단하지만 깊이 있는 결론을 내린다. 그 무엇이 '있음'(有)으로 편리하고, '없음'(無)으로 그것이 쓸모 있다.

제14장. '없음'의 정의 · 도의 원리

視之不見, 名曰夷; 聽之不聞, 名曰希; 搏之不得, 名曰微.
此三者不可致詰, 故混而爲一.
其上不皦, 其下不昧. 繩繩不可名, 復歸於無物.
是謂無狀之狀, 無物之象, 是謂惚恍.
迎之不見其首, 隨之不見其後.
執古之道以御今之有, 能知古始. 是謂道紀.

보아도 보이지 않으면, 이를 '형태 없음'이라 하고,
들어도 듣지 못하면, 이를 '소리 없음'이라 하고,
잡아도 잡히지 않으면, 이를 '실체 없음'이라 하는데,
이 세 가지를 더 규명할 수 없으니,
함께 섞여 '하나'가 된다.

위도 밝지 않고, 아래도 어둡지 않다.
형언할 수 없을 정도로 무한하고, 없음으로 되돌아간다.
형태 없는 형상, 실체 없는 표상,
이것이 이른바 '모호함'이다.
그것을 마주하면 머리가 보이지 않고,
그것을 따라가도 뒤가 보이지 않는다.

옛 도를 이용하여 새로운 발견을 이해하고,
옛날에 '어떻게 시작되었는지' 추론하여 짐작할 수 있다.
이것이 바로 도의 원리의 응용이다.

노자는 이 장에서 '없음'(無)에 대하여 정의를 내렸다. 그는 보아도 보이지 않고, 들어도 듣지 못하고, 잡아도 잡히지 않는다고 하는데, 이것이 바로 '없음'이다. 그리고 여기서 그의 '없음'의 정의는 좁은 의미로 쓰인 정의다. 모든 타고난 오관(五官)이 볼 수 없고, 들을 수 없고, 촉감을 느낄 수 없으면, 이것은 모두 '없음'에 속한다. 이 장의 끝에서 세 번째 구절에서, 그는 옛 도를 이용하여 새로운 발견을 해석해서, 옛날에 만물이 어떻게 시작되었는지 추론할 수 있다고 한다. 이것이 도의 원리의 응용이다. 그리고 도의 원리에 따르면, 보지 못하고, 듣지 못하고, 잡지 못하는 것은 '없음'의 정의에 부합한다. 그리고 여기서 열거된 것들이 '없음'의 실례이다.

'없음'의 정의는 이미 성립 되었고, 노자는 그것과 '하나'(一)를 함께 섞어서, '하나'의 상황을 묘사한다. 이를테면, 그 위도 밝지 않고, 아래도 어둡지 않다면, 그것은 상상할 수 없을 정도로 끝없이 넓어, '없음'으로 돌아갈 수 있다는 것을 암시한다. 그것은 형태의 상이 없고, 물체의 상이 없어서, '모호'하다고 말할 수 있다. 그 앞에 서도 그것의 머리를 보지 못하고, 그것을 쫓아가도 그것의 뒤를 볼 수 없다. 여기서 묘사한 '하나'와 '없음'은 매우 가까워서, 그것을 분별할 수가 없을 정도다. 그러나 도의 원리인 '없음'과 서로 비교하면, 서로 완전히 같지도 않다. 여기서 '하나'가 실제로는 초기의 원시우주이다. 이 개념은 제21장과 제25장에서 좀 더 설명한다.

제21장. 태초의 우주는 오직 도를 따를 뿐이다

孔德之容, 惟道是從.
道之爲物, 惟恍惟惚. 惚兮恍兮, 其中有象;
恍兮惚兮, 其中有物;
窈兮冥兮, 其中有精; 其精甚眞, 其中有信.
自今及古, 其名不去, 以閱衆甫.
吾何以知衆甫之狀哉? 以此.

위대한 우주 창조의 내용은 오로지 도를 따른다.
도가 창조한 물질적 우주는 불분명하고 흐릿해 보인다.

너무 흐릿하고 너무 불분명하지만 그 안에 이미지가 있다.
너무 불분명하고 너무 흐릿하지만 그 안에 무언가가 있다.
너무 희미하고 보이지 않지만 그 안에 본질이 있다.

그 본질은 매우 진실한데, 그 안에 증거가 있기 때문이다.
옛날부터 지금까지 이름 붙이는 일은 결코 멈추지 않는다.
이로써 사람이 만물의 시작을 이해할 수 있다.

만물이 시작되었을 때의 상황을 내가 어떻게 알 수 있는가?
그것은 바로 위에서 말했듯이 이름 붙이기 덕분이다.

* * *

이 장은 "위대한 우주 창조의 내용은 오로지 도를 따른다"(孔德之容,

惟道是從)로 시작한다. 여기서 원문의 "공덕(孔德)"은 "위대한 덕"이라는 뜻이고, 덕(德)은 각종 물품의 종류를 가리키며, 도가 부여해서 얻은 것이다. 모든 것은 도에서 비롯되었고, 그것으로부터 얻은 위대한 것들의 총화가 우주, 곧 시간과 공간의 시작이다. 동시에 위대한 덕, 곧 위대한 우주 창조의 내용은 오로지 도를 따른다. 이어서 노자는 이렇게 말한다: 도가 창조한 물질적 우주는 불분명하고 흐릿해 보인다. 너무 흐릿하고 너무 불분명하지만 그 안에 이미지(象)가 있고, 그 안에는 무언가(物)가 있다. 비록 너무 희미하고 보이지 않지만 그 안에 본질(精)이 있다. 그 본질은 매우 진실하고 현실적이며, 그 안에 믿을 만한 증거를 찾을 수 있다. 여기서 노자가 먼저 이미지(象)를 묘사하고, 그 다음에 무언가(物)를 묘사하고, 그리고 나서 본질(精)과 믿을만한 증거의 존재를 기술한다. 이렇게 그는 자연의 진화를 통하여 발육·성장하는 과정 중에 있는 원시 우주를 나타냈다.

제14장에서 언급한 "하나"(一): '그 위는 밝지 않고, 그 밑은 어둡지 않다'는 것은 바로 묘사할 수 없을 정도로 끝없이 넓고 광활한 존재로서, 아무것도 없음(無物)으로 회귀할 수 있다는 것을 상징한다. 그것은 형태 없는 형상(無形之狀), 아무 것도 없는 상(無物之象) 그리고 "없음"(無)과 비교적 가깝다. 이 장에서 서술한 것은 진화한 원시 우주로서, 없음(無)에서부터 진화하여 있음(有)의 상태까지 도달한 것이다.

노자는 자연 진화의 원칙을 분명하게 깊이 알고 있었다. "옛날부터 지금까지 이름 붙이는 일은 결코 멈추지 않는다. 이로써 사람이 모든 것의 시작을 이해할 수 있다." 이는 곧 상고시대부터 노자 시대에 이르기까지 우주의 기원에 대한 새로운 발견을 결코 멈춘 적이 없고, 따라서 모든 것이 어떻게 시작되었는지 이해될 수 있다는 것을 말하는 것이다.

제25장. 하늘과 땅의 어머니 · 네 가지 위대한 현실

有物混成, 先天地生. 寂兮寥兮, 獨立而不改,
周行而不殆, 可以爲天地母.
吾不知其名, 字之曰道, 强爲之名曰大.
大曰逝, 逝曰遠, 遠曰反.
故道大, 天大, 地大, 人亦大. 域中有四大, 而王居其一焉.
人法地, 地法天, 天法道, 道法自然.

하늘과 땅이 형성되기 전에,
혼돈 상태의 어떤 물체들의 무리가 있었다.
아무 소리도 없고, 홀로 외롭다.
그것은 홀로 있고 변함이 없으며,
계속 쉼 없이 운행하는데,
모름지기 하늘과 땅의 어머니일 수 있다.

나는 그 이름을 모르지만, 그것을 도라 부르는데,
마지못해 붙인 그 이름이 위대한 현실이 되었다.
위대하다는 것은 물러남으로 오히려 멀리 도달하고,
멀리 도달하여 극에 달하면, 다시 원점으로 회귀한다.

그러므로
도는 위대하고, 하늘도 위대하고,
땅도 위대하고, 사람도 위대하다.
우주에는 네 개의 위대한 현실이 있다.

사람이 그 가운데 하나다.

사람은 땅의 법칙을 따르고,
땅은 하늘의 법칙을 따르고,
하늘은 도의 법칙을 따르고,
도는 자연의 법칙을 따른다.

* * *

"하늘과 땅이 형성되기 전에, 혼돈 상태의 물체의 무리가 있었다. 아무 소리도 없고, 홀로 외롭다. 그것은 홀로 있고 변함이 없으며, 계속 쉼 없이 운행하는데, 모름지기 하늘과 땅의 어머니일 수 있다." 여기서 노자는 제21장에 비하여 더욱 진화된 우주를 묘사하고 있고, 그 가운데서 모름지기 하늘과 땅을 생기게 한 어머니에 대해서도 언급한다. 그는 그 이름을 모른다고 스스로 인정하며, 그것을 도라고 부른다. 그리고 마지못해 그것에 이름을 붙였는데, 그 이름은 위대하다고 본다. 여기서 위대하다는 것은 물러남으로 오히려 멀리 도달하고, 멀리 도달하여 극에 달하면, 다시 원점으로 회귀한다. 그러므로 도는 위대하고, 하늘도 위대하고, 땅도 위대하고, 사람도 위대하다. 우주에는 네 개의 위대한 현실이 있다. 사람이 그 가운데 하나다. 이와 같이 서술하여, 노자는 순환적인 운행이 자연의 규율이라고 깊이 믿는다. 만일 우리가 그의 생각이 정확하다고 믿는다면, 그 네 개의 현실은 모두 하나의 확장된 단계를 거치니, 그다음에 진행되는 것은 수축의 단계이다. 지금에 이르기까지 우리는 인간이 확실히 이러한 순환·변천의 과정을 경험하였고, 다만 그 주기가 상당히 단축되었다는 것을 알고 있다. 그런데 도·하늘 그리고 땅의 주기는 어떠한지 예측할 방법이 없다. 노자는 말한다: "사람은 땅의 법칙을 따르고, 땅은 하늘의 법칙을 따르고, 하늘은 도의 법칙을 따르고, 도는 자연의 법칙을 따른다." 그러므로 이런 점에서 보면, 도는 사람이 생각하는 것처럼 그렇게까지 신비하지 않고, 대자연의 법칙과 도의 원리는 완전히 부합한다. 우주는 바로 도가 구체적 형태로 구현된 것이고, 또한 대자연이다.

우주의 시작에 대한 사색의 요점

우(宇)는 광대한 공간이고, 주(宙)는 시작도 끝도 없는 시간이다. 노자는 제6장에서 계곡의 신(谷神)은 죽지 않는다고 하여, 자신이 '우주의 공간이 끝이 없고, 시간이 다함이 없다'는 것을 믿는다고 암시한다. 공간과 시간이 교차하여 우주(宇宙)가 형성되었다. 그는 제7장에서 다시 하늘과 땅이 영원하다고 하는데, 그것은 우주의 영원한 생명을 암시한다. 영원한 생명의 주요 원인은 우주가 자기를 위해서도 사사로움을 위해서도 존재하지 않기 때문이라는 것이다. 동시에 노자는 우주의 기원과 관련하여, 있음(有)은 없음(無)에서 생겨났다고 깊이 믿는다(제40장 참조). 따라서 그는 제11장에서 없음(無)에 대하여 쉽게 이해할 수 있는 정의를 내린다. 노자는 비록 도와 하나(一)와 우주를 분명하게 구별하지 않지만, 자연 진화의 원칙에 대하여 깊이 있는 이해를 하고 있고, 이 셋의 진화 과정 가운데서 원시 우주에 대하여 다른 방식으로 묘사하는데, 대단히 설득력이 있어서 놀라움을 자아낸다. 그의 책이 저술된 후 2

천여 년 사이에, 노자의 책을 연구한 중국 국내외 학자의 수가 수만 명에 이른다. 지금에 이르기까지 모든 사람이 그가 우주의 시작에 대하여 성취한 놀라운 사색에 대하여 소홀했는데, 참으로 애석한 일이다. 그러나 이 역사의 잘못을 탓할 수는 없다. 그것은 자연과학이 세상에서 발전한 지 3백 년 정도의 역사밖에 되지 않았기 때문이다. 대폭발(Bing Bang) 우주론은 1978년에 이르러서야 과학계가 정설로 받아들였다.

이제 우리는 노자의 사색과 현대 우주과학자가 이미 받아들인 우주 시작의 상황을 서로 비교해 본다. 대폭발이 발생한 후 3분에서 3십 만 년 사이에, 우주는 신속히 확장했고, 동시에 그 온도는 급속히 내려갔다. 우주 사이에 자유 활동 등이 충만했는데, 자욱하게 짙은 플라즈마(Plasma) 안개 때문에 빛이 투과할 수 없었다.

노자는 제14장에서 말한다: "위도 밝지 않고, 아래도 어둡지 않다. 형언할 수 없을 정도로 무한하고, 없음(無)으로 되돌아간다. 형태 없는 형상, 실체 없는 표상, 이것이 이른바 '모호함'이다. 그것을 마주하면 머리가 보이지 않고, 그것을 따라가도 뒤가 보이지 않는다. …" 이것은 의심의 여지없이 그가 상상한 가장 원시적인 우주로서, 물체 없는 상(이미지), 형태가 없는 형상과 보이지 않는 황홀이다.

대략 3십만 년에서 7십만 년 사이에, 일부 원자가 나타났다. 우주 안에 원자 물질이 모여 무리를 이루었는데, 밀도가 다르고, 온도도 서로 달랐다. 온도가 높은 구역은 점점 엉키기 시작하여, 그 크기가 비할 수 없는 가스 구름이 되었는데, 이제 빛이 투과할 수 있다.

노자 제21장에서 말한다: "… 도가 창조한 물질적 우주는 불분명하고 흐릿해 보인다. 너무 흐릿하고 너무 불분명하지만 그 안에 이미지(象)가 있다. 너무 불분명하고 너무 흐릿하지만 그 안에는 무언가(物)가 있다. 너무 희미하고 보이지 않지만 그 안에 본질(精)이 있다. 그 본질은 매우 진실한데, 그 안에 증거가 있기 때문이다. …" 이것은 그가 상상한 비교적 더 진화된 원시 우주를 나타내는데, 그 가운데 상(象)이 있고, 물체(物)가 있고, 본질(精)이 있다. 비록 여전히 황홀하지만, 이제 그 가시적인 증거를 보여 준다.

대략 2억 년이 된 이후에, 물체의 흡인력의 영향으로, 대형 가스 구름층이 점차 분열되어 비교적 작은 천체들의 무리와 은하의 구조가 형성되어, 우주 안에서 각자 운행하게 된다.

이 장(제25장)의 첫 부분에서 그는 이렇게 말한다: "하늘과 땅이 형성되기 전에, 혼돈 상태의 어떤 물체들의 무리가 있었다. … 모름지기 하늘과 땅의 어머니일 수 있다. …" 이것은 그가 상상한 더 진화된 우주로서, 하늘과 땅이 생기기 전의 모습이다.

대략 2억 년에서 1백 5십억 년(현재) 사이에, 천체는 은하계에서 대체로 완성되어, 자연 규율에 따라서 운행된다. 생명은 우리의 천체 태양계 안에서 나타나기 시작했다. 현재의 통계에 의하면, 모든 은하계 천체 무리가 차지하는 체적의 총합이 우주 공간의 약 1백분의 1을 차지하고 있다. 노자 제4장에서 일찍이 이렇게 말했다: "도는 비어 있고, 그것을 늘 써도 고갈되지 않는다. 깊다! 그것은 만물의 근원과 같다. …" 동시에 우주는 계속 진화하고 확장되고 있다. 따라서 제1장에서 이렇게 말하는바, "말 할 수 있는 도는 보편적이고 영원한 도가 아니다"라는 것은 우주가 정태적 존재가 아니라는 것을 그가 믿는다는 것을 뜻한다.

우주의 시작에 대한 노자의 사색이 비록 상세하고 과학적인 서술이 아니지만, 현재 우주 과학자의 관념과 서로 비교해 봐도 조금도 손색이 없어서, 참으로 놀랍기 그지없다.

제1장을 해석할 때, 우리는 사람이 축적한 지식은 이름 붙이는 것에서부터 시작되었다고 했다. 노자 제14장에서는 도의 원리에 대하여 언급했다. 제21장에서는 예부터 지금(노자 시대)까지 새로 발견하여 이름 붙이는 일은 결코 멈추지 않고, 이로써 만물 곧 온갖 것의 유래를 안다고 했다. 노자는 추상적으로 깊이 생각하고, 과학적인 논리를 이용하여 자연 진화를 객관적으로 관찰하고, 자연 현상을 이용하고, 그것을 통하여 서로 추론했는데, 결과적으로 한 명의 위대한 사상가의 미증유의 탁월한 성취를 보여주었다.

요컨대, 노자가 이해하는 바, 도의 원리가 대자연의 규율을 제어한다. 곧 하나(一)가 창조 초기의 원시 우주이고, 물체의 그 형상을 멀리 앞선다. 자연 진화를 거쳐서 물체가 나타나고, 그것은 서로 끌어 당겨서 천체를 형성하고, 그러고 나서 다시 천체들이 서로 끌어 당겨서 은하를 형성한다. 이것이 하늘과 땅 곧 세계의 유래에 대하여 노자가 구체적으로 사색한 내용이다. 비록 노자가 도, 하나, 우주와 대자연을 구별하지 않았어도, 우리는 이 네 가지가 서로 통용된다는 것을 안다.

제32장. 도는 영원하고 이름이 없다

道常無名.
樸雖小, 天下莫能臣. 侯王若能守之, 萬物將自賓.
天地相合, 以降甘露, 民莫之令而自均.
始制有名, 名亦旣有, 夫亦將知止, 知止可以不殆.
譬道之在天下, 猶川谷之於江海.

도는 영원하고 이름이 없다.
그 존재의 본원은 극히 작고 미미하지만,
세상의 누구도 그것을 제어할 수 없다.
왕과 제후가 그것을 믿으면
만물은 저절로 규율을 따른다.

하늘과 땅이 협력하여 단비를 내릴 때,
고루고루 내려달라는 요구가 필요치 않다.

사람이 인위적인 규정과 제도를 만들면
반드시 이름을 붙인다.
그러나 이미 정해진 규정과 제도의 한계를 알아야 한다.
그것을 적용할 때,
때에 따라 멈출 줄 알아야 위험을 피할 수 있다.

도는 세상의 공덕으로 가득 퍼졌는데,
그것은 마치 계곡의 물이 강과 바다로 흘러드는 것과 같다.

노자는 이 장의 서두에서 "도는 영원하고 이름이 없다"고 말한다. 이름이 없으면 사람이 알지 못한다. 역사상 노자의 책을 제일 먼저 주해(註解)한 학자가 한비자(韓非子)다. 그는 또한 공자 문하의 큰 스승 순자(荀子)의 학생이고, 법가(法家)를 선도한 사람이다. 도에 대한 그의 해석은 다음과 같다:

"만물은 도에 따라서 그들의 존재와 형상을 얻는다.
그것은 도와 만물의 원칙이 모두 일관되게 통하기 때문이다.
원칙은 모든 것의 운행과 형상을 제어하고,
도는 그것들 존재의 주요한 원인이기 때문이다.
따라서 도는 만물이 질서를 지키도록 한다.
모든 사물과 개체는 모두 자기의 원칙이 있으며,
그것은 다른 사물과 개체의 원칙과 다르다.
그러나 도와 모든 서로 다른 원칙은 모두 일관되게 통할 수 있다.
… 일정한 원칙에 따르므로, 그런 까닭에 있음과 사라짐,
생명과 죽음, 번영과 쇠퇴가 있다.
… 무릇 영원한 것은 불변하고 일정한 원칙이 있다.
일정한 원칙이 없으면 일정한 공간의 제한을 받지 않는다.
이것이 도를 해석할 수 없는 원인이다."

한비자는 도가 우주 운행의 법규라고 생각한다. 그것은 모든 것의 규율과 작용을 제어한다. 도에 대한 그의 이해는 매우 정곡을 찌른다고 말할 수 있다. 후세 학자들은 이에 대하여 이견이 없다. 그런데 그가 말하는바, 영원한 도를 해석할 수 없다는 원인에 대하여 여전히 논의하고 개선할 여지가 있다. 무릇 영원한 것은 영원히 변화하지 않는다고 그가 말했는데,

이것은 기본적으로 자연 진화의 원칙을 위배했다. 노자는 제1장에서 도는 시간과 공간에 따라서 바뀐다고 암시한다. 동시에 우주에서 천체로부터 생물에 이르기까지, 어떤 것은 빠르고 어떤 것은 느리지만, 모두 변한다고 우리는 믿는다. 그리고 변화하는 어떤 것은 쉽게 볼 수 있고, 어떤 것은 관찰하기 어렵다. 요컨대, 도가 비록 영원하지만 자연 진화 원칙의 예외일 수가 없다. 또한 도는 원리가 있고(제14장 참조), 자연법칙을 따르므로(제25장 참조), 한비자가 말한 '원인'은 성립하기 어렵다. 도를 해석할 수 없는 원인은 제62장에서 설명하겠다.

노자는 이 장에서 모든 것(만물)에 대한 도의 영향을 계속 묘사한다. 그는 말한다. 도 — 그 존재의 본원은 극히 작고 미미하지만, 세상의 그 누구도 그것을 제어할 수 없다. 만일 통치자가 그러한 도의 작용을 믿으면, 모든 것은 저절로 그 규율을 따른다. 예를 들어, 하늘과 땅이 협력하여 세상에 없어서는 안 되는 단비를 내려줄 때, 그 빗물은 사람들의 요구가 필요하지 않고, 스스로 고루고루 분배한다. 이것은 하늘과 대자연이 평등의 원칙을 지키는 것에 대한 노자의 믿음을 나타낸다.

인위적인 통치에 대해서는 다른 기회에 별도의 상세한 논의가 필요할 것이다. 한 사회가 통치자가 정한 규율을 지키도록 하기 위하여, 통치제도를 구체적으로 만들고, 그 제도에 이름을 붙인다. 당시에 노자가 볼 때, 그러한 이름은 이미 충분하기 때문에, 통치자는 적당한 선에서 멈추어야 한다. 적당할 때 멈출 줄 알아야 실패를 모면할 수 있다. 이것은 통치자에 대한 그의 일관된 충고로서, 극단적으로 혹은 과도하게 선을 넘어 백성을 통제하지 말라는 것이다(제8편 57장 참조). 노자는 우주 창조의 결과 가운데 하나인 사람은 마땅히 도의 통제를 받아야 한다고 믿었다. 없는 곳이 없는 도는 세상을 위하여 '복'을 짓는데, 그것은 마치 온 세상에 두루두루 있는 계곡의 물이 모여서 강을 이루어 바다에 이르는 것과 같이 위대한 일이라고 생각한다.

제39장. '하나'를 부여함

昔之得一者:
天得一以淸; 地得一以寧; 神得一以靈;
谷得一以盈; 萬物得一以生; 候王得一以爲天下眞. 其致之也.
天無以淸, 將恐裂; 地無以寧, 將恐發; 神無以靈, 將恐歇;
谷無以盈, 將恐竭; 萬物無以生, 將恐滅;
候王無以高貴, 將恐蹶. 故: 貴以賤爲本, 高以下爲基.
是以候王自稱孤・寡・不穀. 此非以賤爲本邪? 非乎?
故數譽無譽. 不欲琭琭若玉, 珞珞若石.

옛날에 하나를 부여 받았는데, 그것으로:

하늘은 맑아지고,
땅은 평온해지고,
신은 신령해지고,
골짜기는 가득 차고,
모든 것이 생명을 얻어 번영하고,
왕과 제후가 세상의 존경을 받는 규범이 되었다.
이 모든 것은 하나를 얻었기 때문이다.

그렇지 않으면,
하늘은 맑지 않아, 붕괴될 수 있고,
땅은 평온하지 않아, 흔들릴 수 있고,
신은 신령하지 않아, 사라질 수 있고,

골짜기는 가득 차지 않아, 마를 수 있고,
모든 것이 번성하지 못하여, 사라질 수 있고,
왕과 제후가 존경 받지 못하여, 몰락할 수 있다.

그러므로
겸손은 존귀함의 기초이고,
낮음은 높음의 기초이다.

그래서
왕과 제후는 스스로 일컬어 고아, 덕이 적은 사람,
가치 없는 사람이라고 한다.
이것은 겸손이 존귀함의 기초가 된다는 것을 증명하지 않는가?
그렇지 않은가?

그러므로
너무 지나치게 명예를 추구하다가,
결과적으로 오히려 명예를 잃게 된다.
따라서
반들거리는 옥이 되기를 바라지 말고,
그저 소박하고 단단한 돌멩이가 되라.

...

이 장을 자세히 읽으면, 이것이 노자 사상의 출발점이라는 것을 깨달을 수 있다. 그는 대자연의 아름다움과 오묘함을 감상하고, 그 완전한 질서에 그만 무릎을 꿇는다. 예를 들어, 하늘이 맑고 땅이 평온하고, 골짜기가 가득 차서 번성하는 것 등이 모두 질서정연하다. 인간 사회의 추악과 혼란을 되돌아 보면, 그 느낌이 참으로 깊어진다. 대자연이 촘촘히 잘 짜인 것은 하나(一) 혹은 도의 작용이라고, 그는 깊이 믿는다. 그렇지 않으면, 모든 생명의 원천은 모두 헐어지고 사라지게 될 것이다. 만일 인간 사회가 대자연을 모범으로 삼는다면, 인간이 스스로 일으킨 전쟁의 참화와 고통을 근본적으로 해결할 수 있을 것이다. 그러므로 그의 책 대부분이 도의 효용과 도가 전변하여 덕이 되는 가르침으로 일관하는 것은 결코 우연이 아니다.

끝으로, 그는 통치 계급에게 이렇게 충고한다: 겸손은 존귀함의 뿌리이고, 아래는 위의 기초이다. 지나치게 명예를 추구하면 오히려 명예를 잃는다. 사람의 도(人之道)를 위하여, 반들거리는 아름다운 옥이 되려고 해서는 안되고, 오히려 자유자재의 단단한 돌멩이가 되어야 한다. 이 단락은 개인의 덕과 통치자가 마땅히 지녀야 할 덕성(德性)에 대한 노자의 관점을 정확히 반영한다.

제40장. 도의 순환 · '없음'에서 비롯된 '있음'

反者道之動; 弱者道之用.
天下萬物生於有; 有生於無.

도의 변화는 순환적이고,
도는 부드럽고 약한 것을 이용하여 진리를 드러낸다.
세상의 모든 것은 있음에서 나왔고,
있음은 없음에서 나왔다.

...

이 장에서는 형이상학에 대한 노자의 또 다른 공헌을 서술한다. 그는 도의 변화가 순환적이고, 도는 부드럽고 약한 것을 이용하여 진리를 드러낸다고 말한다. 한비자의 주해에 따르면, 각종 사물과 개체는 자기의 원칙을 가지고 있고, 다른 사물과 개체의 원칙과 다르다. 그러나 도와 모든 서로 다른 원칙은 모두 하나로 관통할 수 있다. 이러한 추론에 따르면, 각종 사물과 개체는 모두 순환적인 변화를 하는데, 그것은 도가 순환적이기 때문이다. 만일 순환의 주기가 길면, 그 변화를 관찰하기 어렵다. 그러나 그 주기가 짧거나 특이할 때, 그 변화는 빠르거나 혼란한 파동을 일으키는 것으로 드러난다. 노자는 부드럽고 약한 것이 강하고 센 것을 이긴다고 믿는데, 이것은 상식에 반하는 관점이다. 이에 대하여 제6편의 상반철학에서 상세히 논의하겠다.

노자는 계속해서 또 이렇게 말한다: "세상의 모든 것은 있음에서 나왔고, 있음은 없음에서 나왔다." 처음에 이 구절을 보면, 너무 간단한 서술로 보이지만, 그 철학의 의미는 매우 깊다. 여기서 "있음"이 존재에 해당한다면, "있음"에서 나온 그 모든 것은 쉽게 볼 수 있는 것이다. "없음"에서 "있음"이 나왔다는 그의 관념은 그리 간단하지 않아서 해석이 필요하다. 우주의 시작에 대한 그의 사색은 완전히 "없음"에서 "있음"이 나왔다는 관념에 기초한다. 대폭발 이론(Big Bang theory)이 과학자들에게 받아들여지기 전에, 대다수의 과학자들은 우주가 정태적(static)이라고 공인했다. 다시 말하면, 우주는 원래 이와 같이 존재했다는 것이다. 노자가 비록 대폭발 이론을 언급하지 않았지만, 그는 우주가 존재하지 않는 것(無)에서 진화하여 존재하는 것(有)이 되었다고 믿는다. 내 개인적인 관점으로는 "있음(有)"이 존재를 대표하지만, "없음(無)"은 기본적 존재이다. 그러므로 "없음"이 "있음"에 비하여 더 중요하다.

제42장. 도와 만물 · 음과 양

道生一, 一生二, 二生三, 三生萬物.
萬物負陰而抱陽, 沖氣以爲和.
人之所惡, 唯孤 · 寡 · 不穀, 而王公以爲稱.
故物或損之而益, 或益之而損.
人之所敎, 我亦敎之. 强梁者不得其死, 吾將以爲敎父.

도에서 하나가 생겨났고,
하나에서 둘이 생겨났고,
둘에서 셋이 생겨났고,
그리고 셋에서 만물이 생겨났다.

만물은 '음'을 짊어지고 '양'을 품고,
이 두 기운이 상생하고 상극하여,
평형과 조화를 이룬다.

사람들은 고아가 되고, 덕이 적은 사람이 되고,
가치 없는 사람이 되기를 원하지 않는다.
그러나 왕과 제후는 이러한 용어로 스스로를 지칭한다.

그러므로,
혹여 먼저 손해를 보더라도 나중에 이득이 되고,
혹여 먼저 이득을 보더라도 나중에 손해가 된다.

다른 사람이 가르친 것을 나도 가르칠 수 있다.

"횡포한 사람은 천수를 누리지 못 하리라."
이것이 내가 가르치는 첫 번째 교훈이 될 것이다.

...

노자는 이 장에서 만물이 어떻게 시작되었는지에 대한 개념을 말한다. 그는 말한다: "도에서 하나가 생겨났고, 하나에서 둘이 생겨났고, 둘에서 셋이 생겨났고, 그리고 셋에서 만물이 생겨났다." 이 단락에 대한 해석에 대하여, 아주 긴 역사적 과정에서 학자들 마다 각자 의견이 분분하여, 하나의 정설을 확정할 수 없었다. 그러나 그렇다고 하여, 이것이 학자들의 의견이 서로 갈린다는 것은 아니고, 다만 노자 사상을 분명히 분별하여 이해하는 것이 어렵다는 것을 말해준다. 그러나 제25장을 자세히 읽어보면, 거기에서 노자는 도·하늘·땅·사람이 우주 안에 있는 네 가지 현실이라고 분명히 말한다. 따라서 그것에 대한 나의 이해는 이러하다. 하나가 우주를 나타내고, 둘은 우주를 구성하는 하늘과 땅의 형성을 나타내고, 셋은 하늘·땅·사람을 나타낸다. 하늘과 땅 그리고 사람은 도가 이끄는 대로 따라서 모든 것을 만들어 냈다.

역경(易經)은 본래 민간에서 점을 봐 의문을 해소하는 책으로 쓰였는데, 노자 시대에 이미 매우 유행했다. 역경의 저자는 알려지지 않았는데, 아마도 주나라(기원전 1030~221년) 초기에서 춘추시대(기원전 722~480년)에 역대 성현들의 공동 창작이었을 것이다. 역경은 우주에 두 개의 큰 힘의 원천이 있다고 본다. 하나는 양(陽)으로, 예컨대, 하늘·남자·적극적 혹은 주도적·강하고 단단한 것·빛과 관련된 것 등등, 모두 양에 속한다. 다른 하나는 음(陰)으로, 예컨대, 땅·여자·잘 수용하는 것·피동적·유연한 것·

애매한 것 등등, 모두 음에 속한다. 노자는 대자연의 조화는 이 두 개의 힘이 서로 다투고 서로 어울리며 평형에 도달하는 결과를 낳는다고 생각했다. 역경은 지금도 여전히 많은 추종자들이 있다. 풍수·운세와 운수 보기·관상 보기 등등, 동아시아 각지에서 여전히 매우 성행한다. 이러한 것은 모두 역경에서 나온 것이다.

노자와 공자 모두 점을 보는 역경에 대하여 관심을 기울이지 않았다. 비록 그 시대에 민간에서 성행했어도, 그 둘은 초자연적 현상과 주재(主宰)에 대하여 믿지 않고, 오로지 이성을 사용하여 모르는 모든 것을 이해하려 했다. 따라서 그들은 철학자이다. 그러나 역경이 그 둘에게 아무런 영향도 주지 않은 것은 아니다. 노자는 대자연의 조화가 음과 양, 이 두 개의 큰 힘이 어울려 평형에 이른 것으로 믿었다. 공자의 제자들은 많은 시간을 쓰고 정력을 쏟아서 점을 봐 의문을 해소하는 역경을 그들 시대의 언어로 번역하고 주해하여, 그것을 역전(易傳)이라 이름 붙여서, 유가 철학의 하나로 발전시켰다. 이러한 작업은 대개 전국시대(기원전 480~221년) 후기에 이뤄졌고, 한나라(기원전 206~기원후 220년) 초기에 이르러, 그 새 역경은 이미 유가 경전에서 첫 자리를 차지했다. 노자는 이 장에서 계속하여 사람이 하는 일에 대하여 말한다. 통치자는 자신을 고아·덕이 적은 사람·가치 없는 사람 등으로 칭한다. 아마 그들은 먼저 손해를 보더라도 나중에 이득이 되고, 먼저 이득을 보더라도 나중에 손해가 된다는 관념을 믿는 것 같다. 그는 또 다른 사람이 가르친 것을 나도 가르칠 수 있다고 말한다: "횡포한 사람은 천수를 누리지 못 하리라." 이것이 바로 그가 가르치는 첫 번째 교훈이다. 이 교훈은 뜻이 참으로 깊은데, "콩 심은 데 콩 나고, 팥 심은 데 팥 난다"는 뜻이 함축되어 있다고 본다.

제51장. 도 · 덕 그리고 깊은 덕

道生之, 德畜之, 物形之, 勢成之.
是以萬物莫不尊道而貴德. 道之尊, 德之貴, 夫莫之命而常自然.
故道生之, 德畜之; 長之育之; 亭之毒之; 養之覆之.
生而不有, 爲而不恃, 長而不宰. 是謂玄德.

도가 만물을 낳고
덕이 만물을 기른다.
물질은 만물에게 형체를 부여하고,
환경은 만물이 성공하도록 한다.
이처럼 만물은 도를 받들고 덕을 귀하게 여기고,
어떤 것에도 좌우되지 않고 한결같이 자연을 따른다.

그러므로,
도는 만물을 낳고,
덕은 만물을 기른다.
그것들은 성장하고 발전하며,
성숙하고 열매를 맺고,
길러지고 지켜진다.

낳고 기르지만 소유하지 않고,
보살피지만 통제하지 않고,
이끌어 가지만 함부로 대하지 않는다.
이것을 깊은 덕이라고 한다.

이 장의 첫 단락에서 노자는 만물이 처음 창출되었을 때의 상황을 묘사한다. 그는 도로 인하여 만물이 생겨났지만, 덕이 그것들을 기르고, 물질이 그것들에게 형체를 부여하고, 자연의 유리한 환경이 그것들을 성공하게 할 필요가 있다고 말한다. 이것이 그의 만물의 유래에 대한 기본 문제의 답안이다. 그의 관념에 따르면, 만물의 시작과 성장과 번영은 도와 덕과 물질과 자연환경이 함께 협력한 결과이다. 덕과 물질과 환경은 사람의 공헌을 포함하였다. 덕과 물질이 자연환경과 협력하여 이 도와 하늘과 땅과 사람이 함께 이룬 공헌이라는 것은 제42장의 해석 — 하나를 도라 하고, 둘을 하늘과 땅이라 하고, 셋을 하늘과 땅과 사람이라 하고, 이 셋에서 만물이 나왔다는 것— 이 정확하다는 것을 암시한다.

노자는 계속하여 말한다: "낳고 기르지만 소유하지 않고, 보살피지만 통제하지 않고, 이끌어 가지만 함부로 대하지 않는다." 이것은 가장 순수하고 믿음직한 덕이다. 분명히, 이러한 깊은 덕은 만물이 창출되었을 때 이루어진 것이다. 그는 이것을 특별히 언급하여, 사람들에게 덕에 대한 하나의 청사진을 제시했다. 그리고 이것으로 깊은 덕과 도의 내재적 관계도 밝혀졌다.

제62장. 도에 만물의 비밀이 담겼다

道者萬物之奧. 善人之寶, 不善人之所保.
美言可以市尊, 美行可以加人. 人之不善, 何棄之有?
故立天子, 置三公, 雖有拱璧以先駟馬, 不如坐進此道.
古之所以貴此道者何? 不曰: 求以得, 有罪以免邪? 故爲天下貴.

도는 만물의 비밀을 품고 있다.
그것은 선한 사람들의 보배이며,
나쁜 사람들의 병풍이다.
아름다운 말로 사람의 존경을 받을 수 있고,
아름다운 행위로 사람의 지위를 높일 수 있다.
그러면 어찌하여 나쁜 사람을 버리는가?

이런 까닭에
왕이 옹립되고, 대신이 임명될 때,
아름다운 옥과 빠른 말을 공물로 바치는 것이
이 도를 공물로 바치는 것만 못하다.
옛사람들은 어찌하여 도를 존귀하게 여겼는가?
"구하는 바를 얻고 지은 죄를 면할 수 있기 때문"이 아닌가?
이런 까닭에 세상에서 존귀한 것이 되었다.

이 장의 첫 구절에서 노자가 말한다. 모든 만물의 비밀은 모두 도에 숨겨져 있다. 도가 이름이 없는 것은 사람에게 그 전부가 알려지지 않도록 하려는 것이라고, 그는 분명히 제시한다. 여기 감추어진 비밀은 바로 제1장에서 말한 그 '놀라움'(妙)으로, 발견되기를 기다린다. 노자는 지난 3세기 동안 자연과학이 엄청나게 빠른 속도로 발전한 것을 당연히 모른다. 그러나 매번 우주의 비밀이 하나하나 발견될 때마다, 그것과 함께 앞으로 발견되어야 할 새로운 과제가 또 부과된다. 그가 제32장에서 서술한 '도는 영원하고 이름이 없다'는 경구에 대하여 사실상 이견을 제시하기가 어렵다.

노자는 도가 선한 사람들의 보배이며, 나쁜 사람들의 병풍이라고 말한다. 우리는 그가 말한 선한 사람이 대개 도에 따라 처신하는 사람이라는 것을 상상할 수 있다. 그는 왕과 대신 같은 통치자를 선한 사람의 대열에 분명히 포함시키지 않았다. 그러나 그도 그들을 포기하기를 원하지 않고, 도로써 그들이 선해지도록 인도하고 병풍처럼 지켜주어야 한다고 본다. 그리고, 그는 마음을 다하여 구하면 구하는 바를 얻을 수 있고, 진심으로 참회하면 지은 죄를 용서받을 수 있다는 옛 말씀 한 구절을 인용하여 말한다. 이 옛 말씀에 종교적 의미가 없다고 할 수는 없지만, 그는 이것이 과거부터 오늘에 이르기까지 세상에서 존귀할 수밖에 없는 원인이라고 말한다.

제34장. 크나큰 도가 온 세상에 넘친다

大道氾兮, 其可左右.
萬物恃之而生而不辭; 功成不名有; 衣養萬物而不為主.
常無欲, 可名於小; 萬物歸焉而不為主, 可名為大.
以其終不自為大, 故能成其大.

큰 도는 왼 쪽 오른 쪽 가리지 않고,
사방으로 흘러 넘쳐 온 세상에 가득하다.
만물이 모두 그것에 의해 생존하는데,
그것은 절대로 과시하지 않는다.
성공적으로 일을 마친 뒤에도,
명성을 쫓지 않는다.
만물을 기르고 지키지만,
지배하려 하지 않는다.
항상 욕심이 없다는 것이 어찌 보면 대단한 일이 아니다.
만물이 그것으로 되돌아 가도
그것들의 주인이 되지 않으니,
이를 일러 위대한 성취라고 한다.
스스로 큰 욕심을 내지 않으니,
위대한 대업을 완성했다고 할 수 있다.

큰 도는 왼쪽 오른쪽 가리지 않고, 사방으로 흘러넘쳐 온 세상에 가득하다. 이 말은 노자가 온 세상에 도가 가득하여, 없는 때가 없고, 없는 곳이 없다고 믿는다는 것을 가리킨다. 도는 만물이 그것에 의해 생명을 얻고 생명을 유지하는 원천이고, 그럼에도 그것은 절대로 스스로 과시하지 않는다. 도의 성공은 자기의 명성을 얻기 위해서가 아니며, 만물을 기르지만, 그것들을 부리는 주인이 되려 하지 않는다. 항상 자기를 위한 욕심이 없이 물러나 있는데, 욕심이 없다는 것이 보기에 따라서 뭐 그리 대단한 일은 아닐 수도 있다. 또한 만물이 그것으로 되돌아가도 그것들의 주인이 되지 않으니, 이를 일러 위대한 성취라고 말할 수 있다. 아무튼 스스로 큰 욕심을 내지 않으니, 과연 큰 위업을 달성했다고 말할 수 있다.

노자의 이 장을 한 눈에 보면, '도가 만물에 복을 짓는 찬미시'로 보인다. 그러나 실제로 노자가 말하는 대상은 결국 사람이다. 그는 도의 성취를 가지고, 그것에 미치지 못하는 사람들을 일깨운다.

제35장. 큰 형상을 확고히 파악한다

執大象, 天下往.
往而不害, 安平泰.
樂與餌, 過客止.
道之出口, 淡乎其無味.
視之不足見, 聽之不足聞, 用之不可旣.

큰 형상을 누가 정확히 파악할 수 있다면,
세상 사람들이 그를 따를 것이다.
그들은 해를 입지 않고,
안전과 평화와 건강을 누릴 것이다.

음악이 있고 맛있는 음식이 있으니
지나가는 사람들도 멈춘다.
도에 대해 말하는데 그것이 담백하고 아무 맛이 없다.
그것은 보아도 보이지 않고,
들어도 들리지 않아도,
그 쓸모가 다함이 없다.

* * *

여기서 큰 형상(大象)은 바로 도(道)를 가리킨다. 만일 도가 사람들을 일깨우면, 도를 근본으로 한 개혁을 실행하여, 사람들이 안전하고, 평화롭고 건강한 생활을 누릴 수 있을 것이다. 지나가는 사람들조차도 음악과 맛있는 음식에 이끌려 개혁에 참여하게 될 것이다.

그러나 노자는 도가 들고 나는 것을 말로 명백히 설명하기가 어렵다고 경고한다. 그리고 보아도 보지 못하고, 들어도 듣지 못하지만, 그것을 쓰더라도 다 쓸 수가 없다. 여기서 주요한 가르침은 도가 깊고 두터워 쉽게 이동하지 못하는데, 이러한 도에 세상의 안녕과 번영이 있다는 희망을 사람들이 믿게 하는 것이다.

제47장. 성인은 원리를 안다

不出戶, 知天下; 不窺牖, 見天道. 其出彌遠, 其知彌少.
是以聖人不行而知, 不見而明, 無爲而成.

문밖을 나가지 않고도,
그는 세상의 상황을 안다.
창밖을 내다보지 않고도,
그는 이미 하늘의 도의 흐름을 안다.
그가 멀리 여행하면 할수록,
오히려 배우는 것이 그만큼 더 적다.
그런 까닭에 성인은
여행하지 않고도 알고,
보지 않고도 이해하고,
함이 없이 성공한다.

...

이 장은 도가 세상에서 이미 널리 실행되는 모습을 드러내 보여 준다. 성인이 밖에 나가서 본다. 멀리 갈수록 그가 얻을 수 있는 새로운 지식이 오히려 더 적었다. 이런 까닭에 그는 문밖에 나가지 않고, 세상을 알 수 있게 되었고, 창밖을 내다보지 않고도 하늘에 도가 이미 어떻게 흐르고 있는지 알 수 있다. 다시 말하면, 성인은 하지 않고도 알고, 보지 않고도 명료하고, 함이 없이 이루어 낸다는 뜻으로, 이것은 모든 일에 간섭할 필요가 없고, 스스로 성공을 이루어 낼 수 있다는 이상이다. 그리고 성인은 이미 그것을 이루어냈다.

이 장에 대하여 공자 문하의 학자들이 신랄하게 비평을 했다. 표면적으로 보면, 노자는 실제로 현장에서 관찰하지 않고 결론을 내렸는데, 이것이 반과학적 학문 태도라는 것이다. 그러나 이미 확립된 원리에서 연역이나 추론을 하여, 모든 합리적 결론을 도출해 내는 것을 우리 모두 안다. 이와 관련하여 《呂氏春秋》에서 한 단락을 인용한다:

"사리를 아는 지혜와 도를 이해하는 사람들은
가까운 것에서부터 추론하여 멀리 있는 것도 알고,
현재로부터 추론하여 과거를 아는데,
이는 매우 가치가 있다.
따라서 그들은 이미 본 사물로부터 추론하여
아직 보지 못한 사물의 이치를 안다.
그것은 마치 자기 정원에 드리운 해의 그림자
혹은 달의 그림자의 이동을 관찰하여,
해와 달의 이동과 변화를 추론하여 알고,
음과 양의 변화를 알게 되는 것과 같다.
만일 주전자 안의 물이 얼었으면,
당신은 날씨가 매우 춥다는 것을 안다."

이 장의 원래 의미를 효과적으로 해석하기 위하여, 이와 같이 서술했다.

도와 만물에 대한 사색의 요점

이 편(제1편)에서 우주의 시작에 대한 노자의 사색을 자세히 설명한 것 외에도, 도의 특징과 사람을 포함하여 만물에 대한 도의 직·간접적 영향을 설명했다. 철학에 대한 노자의 특별한 공헌은 바로 '도'의 존재를 발견한 것이다. 그는 우주(제14장·21장·25장 참조)와 만물(제39장·42장 참조)의 시작이 도에서 비롯된다고 말한다. 도가 비록 영원하고 이름이 없지만, 사람이 그것을 고수할 수 있으면, 만물은 스스로 질서를 지키고, 운행이 잘못될 수 없다(제32장 참조). 말하고 설명할 수 있는 도는 보편적이고 영원한 도가 아니다(제1장 참조). 그것이 끊임없는 순환적 변화(제40장 참조) 가운데 있기 때문이다. 또한 그것은 만물의 모든 비밀을 저장하고 있으며, 사람이 부단히 그것을 발견하도록 기다리고 있다(제62장 참조). 누가 옛 도를 이용하여 새로운 발견을 이해할 수 있으면, 만물이 어떻게 시작되었는지 추론하여 알 수 있다. 이것이 도의 원리로서, 그것을 응용하여 계속 진보를 추구하고 진리를 추구한다(제14장 참조).

하나(우주, 宇宙)는 도에서 생겨났고, 둘(하늘과 땅, 天地)은 하나에서 생겨났고, 셋(하늘·땅·사람, 天·地·人)은 둘에서 생겨났다. 하늘·땅·사람이 협력하여 만물이 생겨났다(제42장 참조). 만물이 도에서 생기고, 덕이 만물을 부양하고, 물질이 그것들에게 형체를 부여하고, 환경이 그것들로 하여금 성공하게 한다. 도가 만물을 낳아 기르지만 그것들을 점유하여 자기 것이라 하지 않고, 그것들을 보살피지만 통제하거나 지배하지 않고, 그것들을 이끌지만 노예 취급하지 않으니, 이것이 바로 '깊은 덕'이다. 깊은 덕은 노자의 마음속에 있는 최고 표준의 덕이다(제51장 참조). 세상에 대한 도의 공덕은 여기저기 흐르는 계곡의 작은 시냇물과 같아, 세상을 가득 채워 모든 생명을 지지하고, 그것들이 한데 모여 강을 형성하고, 넓은 들·평원으로 확장되어 세상의 모든 생명체에 복을 짓는다(제32장 참조). 다시 말하면, 큰 도가 세상에 차고 넘쳐서, 만물의 생존은 모두 도에 의존하고, 도는 그 일을 이루어낸 뒤에도 그 공을 탐하지 않으니, 그것은 늘 하듯이 만물을 기르지만 그것의 주제가 되려고 하지 않는다. 그 결과로 강이 바다에 이르는 것처럼, 도를 가지고 그 것을 써도 다 쓰지 못하고 소모되지 않는 위대한 성취를 이루어 낸다(제34장 참조). 그것은 도의 작용이 하늘은 맑고 땅이 평온하고, 신은 영험하고 골짜기는 가득 차고, 만물은 번영하고, 왕과 대관은 고귀하기 때문이다. 그러나 노자는 왕과 대관이 마땅히 천함을 근본으로 하는 존귀함을 알도록 권고한다. 그것은 높은 것이 낮은 것에 기초를 두고 있기 때문이다. 따라서 마땅히 겸손하고 사양하는 마음이 있어야 하고, 허영을 취하려고 다투어서는 안 되니(제39장 참조), 도를 받들고 덕을 귀하게 여기라고 권고한다(제51장 참조). 끝으로, 도가 이미 세상에 널리 행해지는 것처럼, 성인은 도의 원리에 따라서 여기저기 다니지 않고도 알고, 보지 않고도 명료하고, 함이 없이 이루어내는 이상에 이르러야 한다(제47장 참조).

제2편. 변증법

제2장. 변증법 · 성인의 선택

天下皆知美之爲美, 斯惡已. 皆知善之爲善, 斯不善已.
故:
有無相生; 難易相成; 長短相形; 高下相傾;
音聲相和; 前後相隨.
是以聖人:
處無爲之事, 行不言之敎, 萬物作而弗始.
生而弗有, 爲而不恃, 功成而弗居.
夫唯弗居, 是以不去.

세상은 무엇이 아름다운지 앎으로, 추한 것도 안다.
세상은 무엇이 선인지 앎으로, 악이 있는 것도 안다.
그러므로,
있음과 없음이 서로 생기고,
어려움과 쉬움이 서로 보완하고,
김과 짧음이 서로 대응하고,
높음과 낮음이 서로 대조되고,
음악과 소리가 서로 조화를 이루고,
앞과 뒤가 서로 수반한다.
그리하여, 성인은
함이 없이 일을 처리하고,

말이 없이 가르치며,
만물이 성장하지만 스스로 시작되지 않은 것을 안다.
(그는 또) 생산은 하지만 소유하지 않고,
보살피지만 통제하지 않고,
일을 완성한 뒤에 자기 공로를 드러내지 않는다.
그렇게 공로를 드러내지 않음으로,
그의 공적은 사라지지 않을 것이다.

* * *

　자신을 에워싼 자연환경을 이해하려는 사람들의 희망과 활동은 주로 생활의 필요와 호기심을 충족하기 위해서이다. 그들은 주로 타고난 오감과 생각의 힘에 의하여, 생각하는 과정에 있다. 만일 이성과 체계적으로 생각하는 방식이 없다면, 급속한 장애에 직면하여, 어디서부터 무엇을 해야 할지 모르게 된다. 모든 생각의 총체는 반드시 하나의 일관성이 있어야 하고, 생각하는 과정의 내면의 논리에 부합해야 하고, 나아가 실천적 경험을 통해서 실증되어야 한다.
　상식과 현실의 조건을 위배하지 않는 조건 아래에 있는 논리와 이성은 철학자에게 없어서는 안 되는 도구이다. 그것을 사용하여 지식의 영역을 확충하고, 참과 거짓을 분별해 낼 수 있다. 논리와 이성의 검증을 거친 견해와 변론이 곧 변증법의 법칙이다. 그리고 이러한 것이 노자의 책에 풍부히 들어있다고 말할 수 있다. 예를 들면, 이 장(제2장)과 제22장 안에는 변증법의 응용에 그치지 않고, 노자가 사람들에게 선을 하도록 권고하는 본래의 의도도 뚜렷이 나타나 있다.

이 장에서, 노자는 몇 가지 상대적인 질의 항목을 제안했다. 모든 상대적 항목은 쌍을 이룬다. 예를 들면, 앞면이 있으면 그에 따라 뒷면이 존재한다. 선이 있으면 곧 악이 있을 것이다. 선과 악에 대한 개인 혹은 사회의 평가는 상대적일 뿐, 그것이 절대적인 것은 아니다. 예를 들어, 우리는 어떤 사람의 행위나 덕에 대하여 평가하는데, 각자 도덕에 대한 표준이 다르기 때문에, 그 평가도 각자 다를 수 있다. 그와 달리, 자연 과학자들이 추구하는 진리는 사람이 정한 도덕의 표준과 관계가 없다. 따라서 그들의 대상은 하나의 절대적 질량 혹은 수량이다. 이러한 질량과 수량은 같은 환경과 조건 아래서, 반복해서 그 일치된 결과를 얻을 수 있다.

　상대적 항목 안에서, 아름다움과 추함, 어려움과 쉬움, 음악과 소리는 본래 주관적 평가에 기초한다. 그러나 그 밖의 김과 짧음, 높음과 낮음, 앞과 뒤는 객관적 심의와 결정에 기초한다. 노자가 제시한 항목 안에서, "있음과 없음이 서로 생긴다"(有無相生)는 구절은 다소 깊이가 있어서, 해석이 필요하다. 이것은 비록 2천여 년 전에 노자가 추상적으로 깊이 생각한 결론인데, 그것이 품고 있는 뜻을 이해해야 하는 것이 하나의 과제가 된다. 그러나 현대과학의 성과를 이용하여 해석하면, 매우 쉽게 해결할 수 있다. 모든 사람이 우주가 시작된 과정은 없음에서 있음으로 나아간 일이라는 것을 인정한다(제40장 참조). 동시에 1960년대에 블랙홀(Black Hole)의 존재를 발견했다. 물리학자와 우주(천문)학자의 의견에 따르면, 그것들은 괴멸된 천체의 무리 혹은 은하의 사체로 본다. 제14장에 근거하여, 블랙홀은 없음(無)을 대표하는 존재이고, 그것들의 형성 과정은 있음(有)에서 없음(無)이 나온 것이다. 따라서 노자가 말한 '있음과 없음이 서로 생긴다'는 것은 하나의 만족스러운 답변을 얻었다.

이 장의 뒷부분에 따르면, 노자는 성인의 행위는 모두 도에 의거하고 도를 따른다고 한다. 비록 그가 명확히 말하지 않았지만, 글의 행간을 통해서 매우 분명히 그의 원래 의도를 보여준다. 그는 성인은 도를 위반하는 일을 하지 않는다고 말한다. 그는 말함이 없이 가르치는데, 그것은 대자연이 사람에게 준 가르침도 무언(無言)의 가르침이기 때문이다. 그는 만물이 자유롭게 번영하도록 하는데, 만물은 스스로 시작된 것이 아니다. 왜냐하면 오직 도만이 시작할 수 있기 때문이다. 또한 그는 모든 것을 생산하지만, 그것들을 소유하기 위해서가 아니다. 그는 모든 것을 지키지만, 그것들을 통제할 뜻이 없다. 그가 일을 이루어 낸 뒤에, 그 공로를 내세우지 않는다. 그가 공로를 내세우지 않기 때문에 사람들이 신임하고, 따라서 그의 공적은 사라지지 않을 것이라고, 노자가 말한다.

요컨대, 성인이 하는 일은 도가 우주를 시작할 때, 만물의 덕행에 대하여 서로 모방한 것을 본받아 행하는 것이다. 이것도 노자가 사람들에게 남긴 기본 가르침 가운데 하나이다.

제22장. 내맡겨서 온전히 보전할 수 있다

"曲則全, 枉則直, 窪則盈, 敝則新, 少則多, 多則惑."
是以聖人抱一爲天下式.
不自見, 故明; 不自是, 故彰; 不自伐, 故有功; 不自矜, 故長.
夫唯不爭, 故天下莫能與之爭.
古之所謂曲則全者, 豈虛言哉? 誠全而歸之.

"유연하고 다투지 않음으로 온전히 지킬 수 있고,
구부러지는 것은 곧게 펴질 수 있고,
움푹 패인 것은 가득 채워질 수 있고,
낡고 오래된 것은 새롭게 바뀔 수 있고,
모자란 것은 많아질 수 있고,
너무 많이 소유하면 오히려 미혹에 빠진다."

그리하여 성인은 '하나'를 품고,
그로써 세상의 모범이 된다.

그는 자기의 견해를 고집하지 않아서,
명석한 견해를 가진다.
그는 자기가 옳다고 생각하지 않아서,
참과 거짓을 식별할 수 있다.
그는 자기의 성취를 과시하지 않음으로,
사람들의 신임을 얻는다.

그는 자기가 우수하다고 여기지 않아서,
지능이 높아질 수 있다.
그는 다른 사람과 다투지 않으므로,
세상에서 그 누구도 그와 다툴 수 없다.
"굽은 것이 바뀌어 곧아질 수 있다"는
옛 가르침이 빈말인가?
그것은 확실히 바로잡혀 본래의 자리로 되돌아 간다.

...

  이 장의 시작에서, 노자는 옛 가르침(古訓) 몇 구절을 인용한다. 옛 가르침은 이러하다: 전체를 온전히 보전하려면, 충분히 유연하고 다투지 않을 수 있어야 한다. 이 구절은 몇 가지 해석이 가능하다. 예를 들어, 세계에서 국제분쟁이 일어나게 되면, 전 국면에 만전을 기하고 평화를 얻기 위하여, 해당 당국은 충분히 유연한 정책으로 타협을 이루어, 전쟁이 일어나지 않게 할 수 있어야 한다. 또 다른 예를 든다: 돌에 달걀을 던지면, 달걀은 부서지고 돌은 보존된다. 그리고 달걀로 달걀을 치면, 둘 다 패하고 부상을 입는다. 그 원인은 돌과 달걀 모두 유연한 성능을 가지고 있지 않기 때문이다. 이것은 노자가 세상의 지도자들에게 보내는 경구(警句)이고, 수많은 재난과 분쟁의 주요 원인이 여기에 있다는 것을 가리키는 것이다.

  옛 가르침은 또한 이러하다: 휘어도 부러질 수 없는 것은 곧바로 펴질 수 있고, 너무 낮고 얕은 것은 가득 채워질 수 있고, 너무 낡고 오래된 것은 새로워질 수 있고, 너무 모자란 것은 늘릴 수 있다. 이러한 것들은 모두 "사물이 발전하여 극단(정점)에 이르면, 반드시 방향을 바꾸어 발전한다"(物極必反)는 철학에 기초한다. 이것은 극단을 피하는 그의 가르침과 일관된다. 이 장 첫 단락의 끝부분에서 말한다: 너무 많이 가지면 오히려 미혹에 빠진다. '미혹'은 맑은 머리와 평온한 마음을 잃어버린 상징이고, 성인(현명한 군주)에 대하여 말한다면, 미혹에 빠지고 과단성 있는 지력(智力)를 잃어버리게 되는 것은 지도자에게 큰 금기가 된다. 사람됨과 처세와 관련하여, 군주는 마땅히 '하나'(一) 혹은 도(道)를 존중하여 세상의 모범이 되어야만 한다. 모범이 된 만큼, 그는 겸손하고 공손한 마음가짐을 지녀야 하고, 타인의 관점이나 견해가 자기 것보다 나으면 그것을 받아들여야 한다. 그는 자기가 옳다고 생각하지 않고, 자기의 고정관념이나 편견에 고착되지 않음으로, 참과 거짓을 식별해 낼 수 있다. 그는 스스로 과시하지 않고, 더욱이 스스로 오만불손하지 않아야 한다. 이렇게 함으로써, 그는 현명한 지도자가 될 수 있다. 끝으로, 다툼에서 이기려는 생각을 피해야 하고, 그래야 세상에서 아무도 그와 다툴 수 없을 것이다. 요컨대, 한 명의 현명한 지도자는 자기중심의 욕망을 제거해야 한다. 그럼으로써 그는 난세에 사람들이 질서를 지키고, 나라들 사이에 안녕을 유지할 수 있게 할 것이다. 노자가 옛 가르침을 인용한 것은 논리와 이성적인 관점에 부합하여, 그것은 오래도록 전해져 사라지지 않는다.

제3편. 순환론

제16장 생명의 순환

致虛極, 守靜篤. 萬物並作, 吾以觀復.
夫物芸芸, 各復歸其根. 歸根曰靜, 靜曰復命.
復命曰常, 知常曰明. 不知常, 妄作凶.
知常容, 容乃公, 公乃王, 王乃天.
天乃道, 道乃久, 沒身不殆.

지극히 극진한 자세로 마음을 텅 비우고,
고도의 고요함을 굳게 유지하라.
만물이 동시에 발전하는 동안,
나는 그것들의 순환 과정을 지켜볼 수 있다.

만물이 번창하여,
결국 그 각각은 각각의 근본으로 돌아가고,
근본으로 돌아간다는 것은 고요함을 뜻하는데,
그것이 바로 생명의 순환이다.

생명의 순환은 영원한 진리이고,
그 진리를 아는 것을 깨달음이라 하고,
그 진리를 모르고 망동하면 재앙이 따른다.

이 진리를 알면 인내심이 증가하고,
인내와 자제는 객관성을 확보하고,
인간의 객관성은 보편의 법칙이 되고,
보편의 법칙은 하늘의 도와 서로 부합한다.

하늘의 도는 도를 따르고,
도는 영원하고,
평생 그 혜택을 누릴 수 있다.

・・・

노자가 제40장에서 도의 변화는 순환적이라고 말한다. 이 장에서, 그는 모든 것이 도에 의하여 생겨났고, 그것들도 스스로 순환하여 변한다고 분명히 가리킨다. 동시에 그는 어떻게 순환하는 변화의 현상을 관찰할 수 있는지를 가리킨다. 먼저, 그는 모든 정욕·고정관념·그 밖의 욕망을 제거하는 것을 포함하여, 내면의 참된 텅 빔(空虛)에 도달하도록 노력해야 할 필요가 있다. 동시에 그는 바깥 환경의 고도의 고요함(靜)을 유지해야 한다. 이 두 가지 요구는 선불교 수행자가 고요히 앉아서 깨달음의 수행을 하는 것과 서로 닮았다.

만물이 동시에 각자 발전할 때, 노자는 그것들 각자가 순환하는 모습을 볼 수 있었다. 비록 각 사물과 개체가 모두 발전하고 번영했지만, 결과적으로 각자 그 근원으로 돌아갔다. 그는 근원으로 돌아가는 것이 고요함이고, 이것이 바로 생명 순환의 모습이라고 말한다. 생명의 순환은 하나의 영원한 진리다. 이 진리를 아는 것이 마음의 깨달음이다. 이 진리를 모르면 멋대로 생각하고 경솔하게 행동하여, 그 결과 반드시 어떤 재앙에 직면한다. 사람이 이 진리를 알면, 서로 인내하고 받아들이는 마음이 강화될 수 있고, 그렇게 하여 그들이 객관적인 자세를 확립할 수 있다. 좀더 넓게 추론해 보면, 객관성은 보편적 법칙이 되고, 이 보편의 법칙은 하늘의 도와 부합한다. 그러므로 하늘의 도를 따르는 것이 곧 도를 따르는 것이다. 도는 영원하고, 그것이 사람에게 부여되어, 사람은 평생 그 혜택을 입을 수 있다. 노자는 객관적인 자연현상을 출발점으로 삼고, 추론과 연역법을 사용하여, 생명 순환의 진리를 인간사회에 환기시킨다. 부유하든 가난하든 고귀하든 비천하든 모두 이 진리를 따를 필요가 있다. 그러므로 사람은 같은 배를 타고 함께 강을 건너야 하고, 참고 용서해야 하고, 짧은 인생이나마 선용하여 사회의 안녕과 공동의 복리를 증진시켜야 한다.

제58장. 세상사의 주기적 변화

其政悶悶, 其民淳淳; 其政察察, 其民缺缺.
禍兮福之所倚, 福兮禍之所伏. 孰知其極? 其無正也.
正復爲奇, 善復爲妖. 人之迷, 其日固久.
是以聖人方而不割, 廉而不劌, 直而不肆, 光而不燿.

나라의 정치가 관대하고 민심을 따르면,
백성은 성실하게 나라의 정책을 따른다.
나라의 정치가 편협하고 가혹하면,
사람들은 원망하고 저항한다.
재앙 속에 행복의 암시가 들어있고,
행복 속에 재앙의 씨앗이 심겨졌다.
누가 그 최종 결말을 알겠는가?
그것은 의거할 관례가 없다.
정상이 변하여 비정상이 될 수 있고,
좋은 일이 변하여 나쁜 일이 될 수 있다.
사람들은 이러한 현상에 대해 오랫동안 의아했다.
그러므로 현명한 군주는 자신이
바르더라도 강요하지 않고,
예민하여도 사람의 마음을 상하지 않고,
정직하여도 방자하지 않고,
윤기가 흘러도 눈부시지 않다.

이 장 안에서, 노자는 순환적 변화에 대해 제시하는데, 이는 생물 현상에 국한되지 않는다. 순환적 변화는 이 세상의 나랏일에 관계된 권세의 변화에도 그대로 적용된다. 군주가 관대하면 사람들이 따를 것이고, 군주가 가혹하면 사람들이 반항할 것이라고, 그는 말한다. 재앙 속에 행복의 암시가 들어있고, 행복 속에 재앙의 씨앗이 심어졌다. 정상이 변하여 비정상이 될 수 있고, 좋은 일이 변하여 나쁜 일이 될 수 있다. 사람들은 이러한 변화에 대해 오랫동안 어느 것이 마땅한 것인지 시비를 가리지 못했다. 그것에 대하여 분별하고 판단해야 할 관례가 없었고, 점을 쳐서 그 최종 결과를 알 수도 없었기 때문이다.

또한, 현명한 군주는 자신이 바르더라도 강요하지 않고, 예민하여도 사람의 마음을 상하지 않고, 정직하여도 자신의 권위를 내세우거나 방자하지 않고, 거기에 더하여 자신의 지위가 아무리 빛나더라도, 그것으로 사람들의 눈이 상하지 않도록, 자신을 낮추고 사람들이 그 자신을 편히 받아들이게 한다. 이러한 군주는 사람들에 대하여 관용적이고, 민심에 순응한다. 이렇게 다스려지는 나라는 함이 없이 다스리는 이상에 도달할 수 있을 것이다. 노자가 비록 명백히 설명하지 않아도, 각 사물과 각 사건은 모두 쉼 없이 변화한다는 점을 분명히 가리킨다. 과거에서 현재를 예측할 방법이 없듯이, 현재에서 미래를 예측할 방법도 없다. 이 점과 관련하여 《易經》의 한 단락을 번역해 소개한다:

"변화는 하나의 진리로서,
아무도 그것에서 벗어나 숨을 수 없다.
그것의 도는 영원히 변천하는데,

변하고 이동하며 결코 멈추지 않는다.
여섯 개의 공간
― 동·서·남·북, 그리고 위·아래 ― 안에서,
오르내리는데
그것이 의거할 정해진 이치가 없다.
단단함과 부드러움이 서로 전환하는데,
그것을 설명할 어떤 관례가 없다.
그 원인은 다만 변화한다는 것이다."

제4편. 덕

제10장. 도의 실행 · 깊은 덕

載營魄抱一, 能無離乎? 專氣致柔, 能嬰兒乎?
滌除玄覽, 能無疵乎? 愛民治國, 能無知乎?
天門開闔, 能爲雌乎? 明白四達, 能無爲乎?
生之, 畜之, 生而不有, 爲而不恃, 長而不宰. 是謂玄德.

몸과 영혼이 서로 하나를 품어서,
나누어지지 않게 할 수 있는가?
정기를 모아서 그것이 유연해지고 이완되어,
갓난아기와 같아질 수 있는가?
고정 관념을 제거하고 통찰력을 정화하여,
착오가 일어나지 않게 할 수 있는가?

백성을 사랑하고 나라를 다스리는데,
고정관념이 없을 수 있는가?
자연을 대면하여,
부드러움을 유지할 수 있는가?
진리를 깨닫고 관통하면,
함이 없이 하는 자세를 견지할 수 있는가?

낳아라! 길러라!

낳지만 소유하지 않고,
기르지만 통제하지 않고,
이끌지만 함부로 대하지 않는다.
이것이 깊은 덕이다.

...

 이 장을 해석하기 전에, 먼저 시대 배경과 덕의 정의에 대하여 간단히 소개한다. 한 무제(기원전 141~87년)가 공자학(孔學)을 유일하게 받들도록 결정했을 때, 오경(五經)박사를 세워 학자들이 깊이 연구하도록 격려했다. 오경은 역(易)·서(書)·시(詩)·예(禮)·춘추(春秋)이다. 여기서 역(易)이 오경 가운데 첫 자리를 차지하는데, 그때는 아마 전국시대 말기였을 것이다. 그때 도가(道家)와 음양가(陰陽家) 모두 매우 성행하여, 유가(儒家)가 그들의 영향을 받아서, 주역(周易)을 연구하기 시작하여, 괘(卦)·효(爻)·사(辭)에 대하여 해석했다. 이렇게 역(易)은 유교철학으로 발전했다. 한편, 노자의 책이 언제 도덕경(道德經)으로 받들어지게 되었는지에 대하여 역사는 자세히 기록하고 있지 않다. 그런데 아마 회남왕(淮南王) 유안(劉安)이 중심이 되어 편찬한 회남자(淮南子, 기원전 122년경)가 출현한 시대로, 한 무제 즉위 이전이었을 가능성이 매우 높다.
 이 책 제1편 32장에서 한비자(기원전 233년 별세)의 도에 대한 정의를 간명하게 소개했는데, 덕에 대한 그의 이해를 여기에 소개한다:

 "덕은 도가 사람에게 부여한 성격이다.
 덕이 있다고 여겨지는 사람은 반드시 원만한 성품을 지녔다."

후대의 학자들은 이 정의에 대하여 아무런 이견이 없다. 따라서 도는 우주 만물을 제어하는 원리이고, 덕은 사람에게 부여한 특성이다. 사람은 관능·정욕·이성·서로 돕기·경쟁심 등등의 품성을 가지고 있다. 이러한 품성은 개인마다 서로 다르므로, 사람마다 겉으로 드러나는 행위와 내면에서 함양되는 성품은 각각 장단점이 있다. 현대의 관점에 따르면, 각 개인의 성품의 형성에 있어서, 일부분은 선천적 혹은 유전된 경우이고, 일부분은 후천적 혹은 환경과 교육의 영향으로 형성된 경우이다. 사람들이 어떤 사람의 덕에 대하여 평가할 때, 대부분 이상적이고 주관적인 기준에 따른다. 노자의 덕에 대한 평가는 도 혹은 대자연이 일구어낸 객관적 표준에 의한다. 이 장의 시작에서 그는 묻는다: 덕이 있는 사람은 몸과 마음이 일치하여 도를 받아들일 수 있는가? 갓난아기와 같이 유연하고 이완될 수 있는가? 고정관념을 제거하고 객관적일 수 있는가? 군주는 백성을 사랑하고 국가를 다스리는데, 자기의 고정관념을 버릴 수 있는가? 대자연이 선사한 것을 받아들여, 여성적 유연함을 유지할 수 있는가? 지식을 이해하고 탐구하고 확충하는 데 있어서, 도의 원칙을 위반하지 않을 수 있는가? 요컨대, 노자의 이상 가운데서, 덕이 있는 사람은 도를 조건 없이 받아들일 수 있어야 할 것이다. 나라를 다스리는 군주는 자기의 이익을 도모하고 남에게 손해를 끼치는 강렬한 갈망을 포기할 수 있어야 할 것이다. 그가 생각하는 최고의 덕은 도가 만물을 지어낼 때 만물에 대하여 행한 모든 덕행을 반드시 본받는 것이다. 간단히 말하면, 낳지만 소유하지 않고, 기르지만 통제하지 않고, 이끌지만 함부로 대하지 않는 것이다. 이것이 바로 깊은 덕이다. 이것과 제1편 51장에서 서술한 것이 대동소이하다. 그러나 사람은 창조할 수 없고, 오로지 도 혹은 대자연이 그렇게 할 수 있다.

제28장. 자연과의 조화 · 무사무욕 · 소박한 덕

知其雄, 守其雌, 為天下谿. 為天下谿, 常德不離, 復歸於嬰兒.
知其白, 守其黑, 為天下式. 為天下式, 常德不忒, 復歸於無極.
知其榮, 守其辱, 為天下谷. 為天下谷, 常德乃足, 復歸於樸.
樸散則為器, 聖人用之, 則為官長, 故大制不割.

누가 남성적 강함을 알면서도 여성적 연약함을 지키면,
그는 바로 세상 곳곳에 흐르는 강물과 같다.
세상 곳곳에 흐르는 강처럼,
그는 영원한 덕을 떠나지 않고,
갓난아기가 자연과 융화된 것처럼 자연으로 돌아간다.
누가 빛을 알면서도 어두움을 지키면,
그는 바로 세상의 모범이 된다.
세상의 모범이 된다는 것은
그가 영원한 덕에서 벗어나지 않는 것이고,
그는 원시시대와 같이
사심도 어떤 욕심도 없는 상태로 돌아간다.
영예를 알면서도 겸손을 지키는 것은
세상의 계곡과 같고,
세상의 계곡과 같으면,
영원한 덕으로 이미 충족되어서,
원시시대와 같은 소박한 덕으로 돌아간다.

소박한 덕이 흩어져 쓸모 있는 도구가 되면,

현명한 군주가 그것을 사용하고 다스린다.
그러므로 위대한 지도자는
하늘이 부여한 것을 파괴하지 않는다.

...

 여기서 노자가 그의 이상 가운데 표준이 되는 덕에 대하여 말했다. 이 원문의 문장의 필치는 그 품은 뜻이 깊을 뿐 아니라, 시적 정취가 짙다. 필자는 반드시 그것을 분명하게 번역해서, 이치에 맞게 문장을 만들어야 하고, 논리적 검증을 거쳐서, 노자 사상 전체와 일치하고 일관된 결과를 얻게 된다. 다행히 노자의 책 안에 명백한 설명과 암시가 가득하여, 그 문장을 읽는 이로 하여금 방향을 잃지 않게 한다.
 노자가 생각할 때, 제일 중요한 덕은 자연과 조화를 이룰 수 있어야 한다. 생각해 보라. 만일 자연이 베풀고 보호해 주지 않으면, 사람의 생존에 곧바로 문제가 생긴다(제1편 34장 참조). 그래서 그는 "누가 남성적 강함에 만족하면서도, 여전히 여성적 연약함의 미덕을 지킬 수 있으면, 그것은 마치 세상에 흐르는 강물과 같다"고 말한다. 세상에서 흐르는 강물은 자연이 모든 생물에게 선사한 없어서는 안 되는 선물이다. 누가 세상에서 흐르는 강물처럼 사심 없이 모두의 이익을 위할 수 있다면, 그는 영원한 덕을 떠나지 않을 것이고, 마치 갓난아기와 같은 상태로 돌아가서 자연과 융화된다(본편 55장 참조).
 또 하나의 중요한 덕은 본 편(제4편) 10장에서 말한 깊은 덕이다. 낳았지만 소유하지 않고, 기르지만 통제하려 하지 않고, 다른 사람을 이끌지만 그를 함부로 대하지 않는다. 이 장은 사람과 사람의 관계와 관련된다. 앞에서 서술한 행위는 하나의 공통된 성격이 있는데, 그것은 사람에 대하여 사심이 없다는 것이다. 이 점은 제1편 5장에서 이미 암시되었다. 따라서 누가 이미 빛에 대하여 만족하면서도, 여전히 어두움 혹은 깊이 간직하여 드러내지 않는 태도를 지킨다면, 그것은 곧 세상의 모범이 될 수 있다고, 그는 말한다. 이렇듯 세상의 모범이 되어서, 그와 영원한 덕은 떨어지지 않고, 지식과 이기적 욕망이 없는 원시시대의 인간 본연의 덕행을 회복한다.

무극(無極)으로 돌아간다는 원문의 번역에 대한 해석은 아래와 같다.

역대 학자들이 "무극"(無極)에 대하여 논쟁을 많이 했다. 태극(太極)이 음양(陰陽)의 양의(兩儀:음과 양 혹은 하늘과 땅 등등)를 낳았다는 것은 아주 오래전에《易經》안에서 정론으로 인정되었다. 무극과 태극은 어떤 관계에 있는지를 해석하는 것이 쉽지 않다. 다행히 노자는 제1편 40장에서 이렇게 말한다: "세상 만물은 있음(有)에서 생겨났고, 있음(有)은 없음(無)에서 생겨났다." 그리고 같은 제1편 42장에서 이렇게 말한다: "만물은 음(陰)을 업고 양(陽)을 품으니, 그 두 기(氣)가 상생(相生) 상극(相克)한다." 바꾸어 말하면, 만물은 태극의 양의(兩儀) 곧 음과 양을 포함하는데, 결국 만물의 존재는 근본적으로 없음(無)에서 있음(有)이 생겼다는 것이다. 시작도 끝도 없는 시간의 과정에서 태극은 현재와 미래의 있음(有)에 해당하고, 무극은 아주 먼 과거 혹은 원시시대의 사심과 욕심이 없는 ― 이른바 무욕(無欲)의 ― 없음(無)에 해당한다. 원시적 인간은 지식이 없고 사욕도 없고, 자연 진화의 과정과 어울렸다(본편 38장 '장자'에서 인용한 한 단락 참조).

끝으로 중요한 덕이 하나 있으니, 그것은 자연이 인간에게 부여한 인간의 '성실'(誠實)과 '소박함'(簡樸)이다. 노자는 성실과 소박함은 백성을 사랑하고 나라를 다스리는데 필요한 덕이라고 생각한다. 통치계급은 비록 무엇이 영예로움인지 알지만, '겸양'(謙讓)하고 깨어있으니, 그것은 마치 많은 것을 품을 수 있는 텅 빈 큰 계곡과 같다. 이러한 그들의 덕은 충족되고, 원시시대의 하늘이 부여한 덕으로 돌아간다. 소박한 덕(樸德)이 인간 세상에 흩어지면, 그것으로 쓸모 있는 인재를 만든다. 현명한 군주는 그러한 인재들을 등용하여 나라를 다스리고, 백성을 이끈다. 그러므로 현명한 군주는 하늘이 부여한 소박한 덕을 파괴하지 않는다. 이렇게 하여, 사람들은 편안히 살며 즐겁게 자기들의 일에 몰두하게 된다. 이렇게 되는 것이 바로 나라를 다스리는데 필요한 처방이다. 하늘이 부여한 소박한 덕에 대하여, 제8편 15장·19장·57장에서 다시 다루게 될 것이다.

제38장. 덕·인·의 그리고 예

上德不德, 是以有德; 下德不失德, 是以無德.
上德無爲而無以爲; 下德爲之而有以爲.
上仁爲之而無以爲; 上義爲之而有以爲.
上禮爲之而莫之應, 則攘臂而扔之.
故失道而後德, 失德而後仁, 失仁而後義, 失義而後禮.
夫禮者, 忠信之薄而亂之首. 前識者, 道之華而愚之始.
是以大丈夫處其厚, 不居其薄; 處其實, 不居其華. 故去彼取此.

덕이 높은 사람은
덕이 있는 모습을 드러내지 않으므로 덕이 있고,
덕이 낮은 사람은
덕이 있는 모습을 잃지 않으려 하므로 덕이 없다.
덕이 높은 사람은
함이 없으므로 마음을 바깥에 두지 않는데,
덕이 낮은 사람은
함이 있으므로 마음을 바깥에 둔다.

큰 인을 갖춘 사람은
함이 없으므로 마음을 바깥에 두지 않는데,
큰 의를 갖춘 사람은
함이 있으므로 마음을 바깥에 둔다.
큰 예를 갖춘 사람은 함이 있는데,

그것에 반응이 없으면 곧 팔을 들어 강제한다.

그러므로,
도를 잃고 나면 덕이 남고,
덕을 잃고 나면 인이 남고,
인을 잃고 나면 의가 남고,
의를 잃고 나면 예가 남는다.

그러나 예는 겉 보이는 충실과 신뢰를 중시하니,
논쟁과 분란의 원흉이다.
정해진 각종 규범은 도의 겉치레에 불과하니,
그것은 어리석음의 단초일 뿐이다.

따라서
두텁고 깊은 견식이 있는 사람은
얕은 표면에 머물지 않으니,
겉꾸밈보다는 실질을 택한다.
그래서
결국 그는 이것(실질)을 취하고 저것(겉꾸밈)을 버린다.

...

노자는 이 장에서 덕·인·의·예에 대하여 상대적 평가를 한다. 덕이 높은 사람은 덕을 드러내지 않는다. 그래서 그의 덕은 진실하다. 덕이 낮은 사람은 덕이 있는 모습을 잃지 않으려 애쓴다. 그 때문에 그의 덕은 진실하지 않아서 덕이 없다고, 그가 말한다. 여기서 우리는 〈노자 개관〉에서 노자가 공자에게 들려준 충고를 돌이켜 보자. 노자는 말한다: "똑똑한 장사꾼은 진귀한 상품을 깊이 숨겨두어 가게에 마치 아무것도 없는 것처럼 보이고, 큰 지혜와 덕이 있는 사람의 외모는 마치 어리석은 사람과 같아 보이오." 노자는 진실한 덕은 하늘이 부여한 것으로, 내재적인 소박한 덕이라고 생각한다. 사람들이 자신의 덕행을 드러낼 필요를 느껴서, 다른 사람이 그들의 덕을 더 높이 평가하기를 바라면, 그것을 '꾸민 덕'(僞德)이라고 한다. 여기서 꾸민(僞)다는 것은 인위적 혹은 위장된 것을 뜻한다. 그래서 이것을 '덕이 없다'(無德)고 한다. 이러한 논리는 겸양(謙讓)의 덕에 대해서도 응용할 수 있다. 노자가 공자에게 계속해서 이렇게 말한다: "당신의 교만하고 탐욕스러운 태도와 당신의 야심을 버리시오. 그것들이 당신에게 아무런 도움이 되지 않기 때문이오." 노자는 공자가 겸양의 덕을 배양할 수 있기를 분명히 바랐다.

노자는 다시 덕(德)·인(仁)·의(義)·예(禮)를 그의 평가 순위에 따라 열거했다. 그는 말한다: 도를 잃으면, 사회는 덕을 가지고 보호한다. 덕을 잃으면, 사회는 인에 의지하여 유지해 나간다. 인은 하늘이 사람에게 부여한 선량한 기질이고 착한 말과 착한 행동의 단초이다. 인을 잃으면, 곧 의(義) 혹은 이(理)의 지능을 가지고 제재한다. 의를 잃으면, 사회는 오로지 예의(禮儀)의 규범을 만들어서 규제한다. 노자는 예(禮)를 가지고 사람을 다스릴 수 있다는 믿음이 전혀 없다. 주지하는 바와 같이 예의(禮儀)는 바로 공자가 적극적으로 노력하여 추진하고 보급했다. 공자는 봉건적 정권을 주장하고, 사회를 반드시 사람의 귀천(貴賤)에 따라 등급을 나눠야 한다고 주장했다. 귀족 학자들은 예(禮)에 의거하여 제재를 하고, 천하고 무지한 사람들은 형벌로 다스렸다. 따라서 군자와 소인의 구별이 생겼다. 그러므로 《禮記》(예기)에서 말한다: "예(禮)는 평민(庶人)에 미치지 못하고, 형(刑)은 대부(大夫)에 미치지 못한다." 순자가 부국편(富國篇)에서 말한 것은 더 분명하다: "사(士)로부터 그 위는 반드시 예악(禮樂)으로 절제하고, 일반 백성은 반드시 법률(法數)로 제재한다." 이것은 분명히 유가의 중심 정치철학이다. 예의는 지나치게 형식을 중시하고, 믿음과 성실이 결핍되어, 논쟁과 분란의 원흉이 되었다는 것이 노자의 생각이다. 그는 미리 설정된 규범들이 겉치레에 불과하고, 이성적인 내용이 결핍되어서, 그것이 어리석음의 발단이 되었다고 비판한다. 노자의 비평은 언제나 짧은 말속에 깊은 뜻이 함축되었다. 그러나 훗날 그의 가르침을 계승한 장자의 평론은 예리하게 그 본의를 꿰뚫는다. 《莊子》(장자) 외편(外篇)의 마제편(馬蹄篇) 가운데서 한 단락을 번역하여 소개한다:

" … 원시시대에 인간과 짐승은 함께 살았고, 만물과 공존했다.
거기에 군자(君子)와 소인(小人)의 차별이 있는가?
그때는 모두가 무지하였다.
그래서 덕성(德性)이 도가 부여한 것을 떠나지 않았다.
그리고 모두가 욕심이 없어서,
꾸밈이 없이 소박한 본성을 유지할 수 있었다.
성인이 나타난 이후에 인을 제창하고, 의를 촉진하여,
세상 사람의 마음에서 의혹이 생겼다.
그들은 다시 음악을 만들어 오락을 삼고,
번잡한 예의로 사람의 등급을 귀천으로 구별했다.
이 때문에 세상이 분열되었다.

… 인의를 제창하기 위하여, 도덕(道德)이 훼손됐는데, 이것은 그러한 성인들의 잘못이다. … "

끝으로, 노자는 '성실과 신실'에 대한 관점을 말했다. 그는 무릇 견식(見識)이 있는 사람은 깊고 두터운 충실함(忠實)을 존중하여, 성실과 신실을 택하고, 겉치레의 성실과 신실을 버린다.

제54장. 덕의 평가

善建者不拔, 善抱者不脫, 子孫以祭祀不輟.
修之於身, 其德乃眞; 修之於家, 其德乃餘; 修之於鄕, 其德乃長;
修之於邦, 其德乃豊; 修之於天下, 其德乃普.
故以身觀身, 以家觀家, 以鄕觀鄕, 以邦觀邦, 以天下觀天下.
吾何以知天下然哉? 以此.

잘 짓는 사람은 그 기반을 공고히 하고,
잘 지키는 사람은 일탈하지 않으니,
그 후손들의 제사가 끊일 수 없다.

직접 제 몸으로 수양을 하면, 그의 덕이 진실해지고,
가정에서 그렇게 하면, 그 덕이 넘쳐나고,
마을에서 그렇게 하면, 그 덕이 배가되고,
나라에서 그렇게 하면, 그 덕이 풍성해지고,
세상에서 그렇게 하면, 그 덕이 널리 퍼진다.

그러므로 덕의 성취는
개인은 개인에 기초하여,
가족은 가족에 기초하여,
마을은 마을에 기초하여,
나라는 나라에 기초하여,
세상은 세상에 기초하여, 평가한다.
내가 세상의 상황을 어떻게 알 수 있는가?

바로 이러한 이치를 통해서이다.

・・・

　이것 또한 노자의 통찰로서, 덕은 만물이 도의 규율을 따라서 얻어진 개별 품성이다. 인간의 덕성은 사회의 안녕과 혼란에 대하여, 그리고 세계 평화와 전쟁의 참화에 대하여 직접 관계가 있다. 노자의 이상 가운데 있는 덕이 있는 사회는 개인으로부터 시작하여, 그것이 가정·마을·나라 그리고 끝으로 온 세상에까지 확산된다. 이것이 노자의 생각이다.
　노자는 말한다. 도에 따라서 사업을 하는데 익숙한 사람은 그의 생애에서 창설한 그 기반을 절대로 버리지 않는다. 그리고 도덕의 전통을 잘 지키는 사람은 절대로 중도에 그것을 폐기하지 않는다. 그러므로 그들의 후손이 반드시 조상들의 덕행의 성취를 그리워하여, 그들을 기념하는 제사가 끊이지 않는다. 그들은 바로 후손들의 모범이 되므로, 그들의 가족들이 그들을 본받게 될 것이다. 이러한 순서 혹은 단계는 거듭하여 마을·나라 그리고 끝으로 온 세상에까지 이른다. 세상의 인간은 도를 받들고 덕을 귀히 여겨(제1편 51장 참조), 사회가 혼란에서 질서 있게 바뀌어, 전쟁의 참화를 피하고 평화를 누릴 수 있다. 이러한 이상 사회 안에서 노자가 주장하는 "함이 없이 다스림"(無爲而治)은 당연히 제일 이상적인 정책이다. 그러나 이상과 현실에는 큰 거리가 있다. 노자가 당시의 현실에 대하여 실망했으리라는 것을 상상하기 어렵지 않다.

제55장. 갓난아기를 통해서 보는 덕

含德之厚, 比於赤子.
毒蟲不螫, 猛獸不據, 攫鳥不搏.
骨弱筋柔而握固.
未知牝牡之合而全作, 精之至也.
終日號而不嗄, 和之至也.
知和曰常, 知常曰明.
益生曰祥. 心使氣曰強.
物壯則老, 謂之不道, 不道早已.

사람이 지닌 두터운 덕을
갓난아기와 비교할 수 있으니,
독충이 그를 쏘지 않고,
맹수가 그를 덮치지 않고,
맹금이 그를 낚아채지 않는다.
약한 뼈와 부드러운 힘줄을 가졌지만,
그 손의 움켜짐은 굳세다.
남녀의 교합을 모르지만,
그의 고추는 늘 곧추선다.
이것은 정기로 충만한 모습이다.
그는 온종일 울어도 목이 잠기지 않는데,
자연과 조화를 이뤘다는 증거다.

자연과 조화를 이룬 것을 아는 것이 진리를 아는 것이고,

진리를 아는 것이 깨달음을 얻는 것이다.

생활이 너무 방탕하면 좋지 않은 결과를 낳고,
정욕이 정기를 통제하게 두면, 포악해지는 원인이 된다.
장년이 지나고 나면, 모든 것이 쇠퇴해지게 되고,
앞에서 말한 행위는 모두 도를 거스르는 것이다.
누구든 도를 거스르면 일찍 죽는다.

...

　대자연은 사사로움이 없고 욕심이 없으며, 자기를 위하지 않고 만물을 이롭게 하여, 덕의 절대 표준이 될 수 있다. 그러나 삶의 여정에서 이것과 같은 표준을 찾을 수 있는가? 이 같은 물음에 대한 노자의 답변은 긍정적이다. 깊고 두터운 덕을 지닌 사람과 그의 덕을 갓 태어난 아기와 서로 비교할 수 있다고, 그는 말한다. 갓난아기는 자연과 매우 가까운 산물로서, 그가 아직 바깥의 영향에 오염되지 않았기 때문에, 독충·맹수·맹금 모두 그를 다치게 할 수 없다. 그는 정기가 왕성하여 자연과 조화를 유지할 수 있다(제28장 참조). 노자는 계속해서 이렇게 말한다. 누가 자연과 조화를 유지할 수 있으면, 그것은 마음의 귀한 깨달음이다. 장년이 지나면, 모든 것이 쇠퇴하게 마련이다. 생활이 방종하고 정욕이 이성을 통제하도록 놔두면, 이것은 자연과 조화를 이룰 수 없는 현상이고, 그래서 도를 거스르는 것이다. 그 누가 도를 거스르면, 그것은 곧 자신이 감내하지 않으면 안 되는 좋지 않은 결과를 가져올 것이다.

제56장. 깊이 있는 조화

知者不言, 言者不知.
塞其兌, 閉其門 · 挫其銳, 解其分, 和其光, 同其塵, 是謂玄同.
故
不可得而親, 不可得而疏; 不可得而利, 不可得而害;
不可得而貴, 不可得而賤.
故爲天下貴.

'진리는 스스로 자만하지 않고,
스스로 자만하는 것은 진리를 모른다'는 것을
누가 아는가?
모난 곳을 갈아내고, 얽힌 것을 풀어내며,
그 밝기를 알맞게 조절하여 어두운 세상과 조화를 이루고,
도와 깊은 조화를 이룬다.

따라서 그는 더 이상
친한지 소원한지 염려하지 않고,
이로운지 해로운지 번뇌하지 않고,
귀한지 천한지 걱정하지 않는다.
이런 까닭으로 그는 온 세상을 귀하게 여긴다.

본편(제4편) 제28장에서, 노자는 왜 사람이 자연(혹은 도)와 조화를 이루어야 하는지에 대하여 설명하고, 이것이 하나의 진리이기 때문에, 모든 사람이 그것을 존중해야 한다고 생각했다. 그는 이어서 사람들에게 터럭만한 것을 얻고서 스스로 자만하지 말라고 충고한다. 진리와 참뜻을 얻은 사람은 깊이 생각하고 멀리 바라볼 수 있고, 객관적이며 독단 — 비이성적 판단 — 에 빠지지 않을 수 있어야 한다. 이러한 성취를 이루어낼 수 있으면, 설령 골짜기처럼 텅 비움이 없어도, 적어도 진리를 얻는 어려움을 이해하고, 끝이 없는 격언(格言)을 배우는데 있어서 결코 스스로 자만하지 않는 자세를 지킨다.

이 장의 주제는 사람들이 어떻게 자연과 조화를 이루어낼 수 있느냐 하는 것이다. 노자는 말한다: 도를 따르는 사람은 반드시 문을 닫고 마음을 고요히 하고, 모든 고정관념과 바깥에서 들어온 각종 오염 등을 제거한다. 그리고 나서 바깥을 향하여 모나고 거친 부분을 연마하고, 사람들과 평화롭게 지내고 다툼이 없도록 한다. 또한 내면의 모순과 알력 혹은 다툼을 해소하고, 사욕이 지배하지 않는 마음과 태도를 함양한다. 나아가서 부드럽고 눈부신 겉치레로 꾸민 과도한 자만을 피해야 한다. 이러한 노력으로 세상과 조화를 이루어낼 수 있다. 간단히 말하면, 누가 이상에서 열거한 각 항목을 성취할 수 있으면, 그는 도가 만물을 낳고 기를 때 한 것을 모방할 수 있고, 도(혹은 자연)과 매우 깊은 조화를 이루어낼 수 있다. 그러므로 그는 더 이상 애증 — 사랑과 미움 — 이 엇갈린 정욕에 대한 염려를 하지 않아도 되고, 사업의 이해와 관련하여 번뇌를 하지 않아도 되고, 존경과 천대를 받거나 받지 못하는 것에 대한 걱정을 하지 않아도 된다. 그는 세상에서 존중받고 귀하게 여겨질 것이기 때문이다.

제63장. 덕으로 원수를 갚는다

爲無爲, 事無事, 味無味.
大小多少, 報怨以德.
圖難於其易, 爲大於其細;
天下難事, 必作於易.
天下大事, 必作於細.
是以聖人終不爲大, 故能成其大.
夫輕諾必寡信, 多易必多難. 是以聖人猶難之, 故終無難矣.

도를 거스르는 모든 행위를 피하고,
논쟁적인 일을 해소하여 일이 없고,
무미건조한 것이 맛깔스럽게 된다.

크든 작든, 많든 적든,
덕으로 원수를 갚는다.

일이 순조로울 때, 미래의 어려움을 대비하고,
일이 아직 작을 때, 그것이 커졌을 때를 준비한다.
세상의 어려운 문제들은 모두 쉬운 일로부터 비롯되고,
세상의 큰 일들도 모두 작은 일에서 시작된다.

성인은 대단한 목표를 겨냥하지 않는데도,
큰 일을 성취할 수 있다.

약속을 가벼이 여기면 반드시 신뢰를 잃고,
너무 쉽게 예견하면 반드시 어려움을 겪는다.
성인도 어려움을 예상하지만,
어려움을 겪지는 않는다.

・・・

 이 장에서 주요한 부분은 "크든 작든, 많든 적든, 덕으로 원수를 갚는다"는 노자의 말이다. 공자가 노자의 제안에 대하여 질문을 받았을 때, "정의로 원수를 갚고, 덕으로 덕을 갚는다"고 대답했다. 그가 이렇게 말한 뜻은 만일 덕으로 원수를 갚으면, 그러면 어떻게 덕을 갚을 수 있느냐 하는 것이다. 이것이 두 철학자의 사상의 분기점이다. 공자는 사람을 다루는 전문가로서, 그의 출발점은 사람과 사람의 관계다. 노자의 출발점은 사람은 마땅히 자연에서 배워야 한다는 것이다. 그것은 사람을 포함하여 자연의 산물은 모두 천부적 — 하늘이 부여하여 타고난 — 능력이 있으므로, 자연이 제한하는 범위를 넘어서지 않는 선에서 모자라거나 불완전한 부분을 수정하고 보완하여, 자력갱생 하는 일에 종사해야 한다. 이를테면, 나뭇가지가 절단된 뒤에, 거기서 새로운 가지가 나온다. 사람의 몸 가운데서 흉부 수술을 할 때, 해당 부위를 해부하여 특정 부위를 절단하고 봉합을 하고 나면, 원래의 상태를 회복한다. 나무에서 새로운 가지가 자라나고, 사람의 몸이 스스로 회복되는 것은 자연이 덕으로 원수를 갚는 일이다. 노자의 자연 혹은 도에 대한 믿음은 흔들림이 없다.
 이 장의 후반부에서, 사람들이 '깊이 생각하고 신중히 계획을 세우는 것'을 중시하도록 권고하여, 예측할 수 없는 미래에 대하여 대처하도록 한다. 이것은 그의 정치철학에 일관되는 것으로, "문제가 생기기 전에, 문제를 예방하고, 변란이 생기기 전에, 변란의 소지를 없앤다"(제8편 64장 참조)는 사상과도 서로 관통한다. 아래에서, 그의 주요 가르침을 간결하고 개괄적으로 서술한다:

일에 임하여 마땅히 열심하고, 자기에 대하여 자만하지 않는다.
사람과의 약속을 가볍게 여기지 않으면, 신뢰를 잃지 않는다.
일이 순조로울 때, 미래의 어려움을 예견해야 한다.

'덕'의 요점

한비자(기원전 233년 별세)가 내린 정의에 따르면, 덕이 있는 사람은 반드시 원만한 품성과 인격을 갖춘다. 노자가 여기서 덕에 대하여 내린 정의는 비교적 상세하고 깊이가 있다. 그는 말한다: 덕이 있는 사람은 반드시 정기를 모아서, 마치 갓난아기처럼 자연스럽고 유연하고, 고정관념이 없이 객관적이고, 유연하게 자연이 부여한 것을 받아들이고, 도를 거스르지 않고 지식을 탐구하고 확충한다(제10장). 그가 이상으로 여기는 덕은 마치 갓난아기가 할 수 있는 것처럼 자연과 조화를 이루어 내는 것을 포함하여, 이기심이 없고 성실하고 소박한 소질을 지킨다(제28장). 그는 덕·인·의·예를 상대적 평가에 의하여 차례대로 배열했다. 예는 오로지 표면적인 성실과 신실을 추구하여, 사람들로 하여금 논쟁과 분란을 일으키는 원흉이라고, 그는 생각한다. 미리 설정된 규범은 도의 겉치레에 불과하여, 어리석음을 일으키는 단초가 된다. 따라서 그는 표면적인 유혹에 미혹되지 않고 충실 그리고 성실과 신실을 중시한다(제38장).

  덕이 있는 이상 사회는 마땅히 먼저 개인의 수양에서부터 비롯되고, 그런 다음 가정·마을·나라 그리고 온 세상으로 확장된다고, 그는 생각한다(제54장). 그는 자연이 만물을 이롭게 하고 사사로움이 없어서, 덕의 최고 표준이 될 수 있다는 것을 암시한다. 삶의 여정에서 갓 태어난 어린 아기는 아직 바깥의 것에 오염되지 않아서, 자연과 어울려 조화를 이룰 수 있는데, 그것은 두텁고 깊이가 있는 덕의 모범이다(제55장). 그는 또한 누가 도(자연)와 깊은 조화를 이룰 수 있게 되면, 그때 세속의 번잡한 굴레에 메이지 않고, 세상에 머물게 된다고 한다(제56장). 그는 사람이 마땅히 자연을 향하여 학습해야 하고, 그런 다음에 덕으로 원수를 갚는다고 생각한다. 끝으로, 그는 사람이 일에 임하여 열심히 해야 하고, 자기를 이기고 자만하지 않아야 하고, 약속을 가벼이 여기지 않아서 신뢰를 잃지 않아야 하고, 일이 순조로울 때 장래 다가올 어려움을 예견해야 한다고 생각한다(제63장). 이것은 모두 노자가 우리 각 개인에게 선사하는 것으로, 자기를 수양하여 덕을 세우는 요점이다.

제5편. '하늘의 도'와 '사람의 도'의 비교

제9장. 극단과 오만을 피하기

持而盈之, 不如其已. 揣而梲之, 不可長保.
金玉滿堂, 莫之能守. 富貴而驕, 自遺其咎.
功成身退, 天之道也.

잔을 가장자리에 이르기까지 채우기보다
적절한 때에 멈추는 것이 좋다.
검을 아주 날카롭게 만들어도
그 날카로움이 오래 갈 수 없다.
넓은 방에 금과 옥을 쌓아 놔도
그 안전을 담보할 수 없다.
그 누가 부와 권력을 누려 오만해지면
스스로 미래에 불행의 씨앗을 뿌리는 것이다.
일을 성공적으로 마친 뒤에 마땅히 물러나면
이것이 하늘의 도에 부합한다.

...

노자는 이 장에서 그의 주요한 가르침을 거듭 펼친다: "극단적 행위를 피하고 자신의 오만한 태도를 버려라." 여기서 그가 말하는 주요 대상은 권세와 부귀를 누리는 통치계급이다. 일반 대중에 대하여 말할 것 같으면, 많은 사람이 각자 개인이 바라는 것을 만족시키려고, 할 수 있는 최대의 노력과 인내심을 발휘하여, 가능한 범위 안에서 최고의 결과를 가져올 수 있기를 바란다. 이것은 정상적이고, 극단을 넘어서지 않았다. 그러나 어떤 경우에 극단의 경계선에서 거리가 이미 매우 가까워질 수 있다. 한편, 자연순환 변화의 과정을 보면, 그것이 최고점에 이른 뒤에, 이어오는 것은 아마도 하강일 것이다. 그런데 어떤 때에 이러한 변화가 갑작스레 발생하여, 언제나 예측을 제대로 할 수는 없다. 노자가 든 예처럼, 잔을 가장자리에 이르기까지 채우고, 검을 아주 날카롭게 만드는 것이 모두 이러한 뜻을 내포한다.

또 한편으로, 누가 집에 금과 옥을 가득 쌓아 두는 것은 바로 만족할 줄 모르는 끝없는 탐욕을 상징한다. 여기서 그 누구는 이미 극단의 경계를 넘어섰다. 그의 탐하는 마음은 다시 새로운 보상을 얻지 못할 것인데, 조만간 재앙에 직면할 가능성이 매우 클 수 있다고, 노자는 생각한다. 동시에, 누가 부와 권력을 누려 오만해지면 스스로 미래에 불행의 씨앗을 뿌리는 것이라고, 그는 믿는다. 그리고 자만하고 오만한 사람은 남의 의견을 받아들이지 않고 자기 고집대로 하며, 옳고 그름을 분간하지 못한다. 이런 사람의 최후의 결과가 좋을 수 없다는 것을 누구나 상상할 수 있을 것이다. 이것이 바로 어떤 "결과에는 반드시 그 원인이 있다"(有果必有因)는 철학이다. 불교학(佛學)에서는 '인과응보'를 믿는다. 노자는 기원전 6세기에 태어났다. 이때는 불교가 중국에 전파되기 훨씬 오래전으로, 그는 역사상 이 인과관계를 제일 먼저 인식한 재능과 지혜가 탁월한 철인(哲人)이다. 기원전 235년경에 저술된 《呂氏春秋》에 노자가 남긴 가르침이 상세히 실

려있다. 그 가운데 한 단락을 보자:

"모든 현상이 나타나는 것은 모두 원인이 있다.
누구나 그 현상을 보지만, 그 현상이 발생한 원인을 모르므로,
실제로 그는 아무 것도 모른다고 말할 수 있다.
옛날에 천자와 제후·명사·현인 모두 원인을 알 수 있었으므로,
보통 사람보다 낫다.
물이 산을 떠나 바다로 들어가는 것은
산을 싫어하고 바다를 좋아해서가 아니다.
그 원인은 산이 높고 바다가 낮기 때문이다.
오곡이 거두어 진 뒤에 창고에 들여 보내지는 것은
곡물이 뜻이 있어서가 아니다.
그 원인은 사람의 필요 때문이다. 마찬가지로,
왕조의 흥성과 쇠퇴 그리고 존속과 멸망,
인품이 착해지거나 나빠지는 변화,
이 모든 것은 원인이 있다."

요컨대, 결과에는 반드시 그 원인이 있다.

일을 성공적으로 마친 뒤 마땅히 물러나면, 이것이 하늘의 도라고, 노자는 생각한다. 그의 암시는 일에 임하여 반드시 원만한 성공을 추구하며, 중도에 그만 두지 않는다. 그러나 성공한 뒤에 반드시 물러나지 않으면 안된다. 이것은 그가 극단으로 향하는 것을 피하고, 성공한 뒤에 자만하지 않도록 하는 그의 권고와 완전히 일치한다. 하늘의 도(天之道)와 관련하여, 아래 제73장에서 상세히 설명한다.

제41장. 인간 지능의 한계

上士聞道, 勤而行之; 中士聞道, 若存若亡; 下士聞道, 大笑之.
不笑不足以爲道. 故建言有之:

"明道若昧;
進道若退;
夷道若纇;
上德若谷;
大白若辱;
廣德若不足;
建德若偸;
質真若渝;
大方無隅;
大器晩成;
大音希聲;
大象無形."
道隱無名.
夫唯道, 善貸且成.

뛰어난 지혜와 능력을 가진 사람이 도를 들으면,
그는 신중히 실행한다.
보통의 지혜와 능력을 가진 사람이 도를 들으면,
그는 반신반의하며 따른다.
지혜와 능력이 낮은 사람이 도를 들으면,

그냥 비웃고 만다.
그들이 비웃지 않으면 도라고 하기에 족하지 않다.

여기에, 공인된 명언이 있다.

"밝은 길이 마치 어두운 듯하고,
앞으로 나아가는 길이 마치 뒤로 가는 듯하고,
평탄한 길이 마치 울퉁불퉁해 보이고,
고상한 덕이 마치 공허해 보이고,
가장 순수한 흰색이 마치 착색된 듯이 보이고,
깊은 덕이 마치 부족한 듯 하고,
질박한 덕이 쉽게 변하는 듯 하다.
가장 큰 사각형은 마치 모서리가 없는 듯하고,
가장 큰 재능의 소유자가 가장 늦게 성공하는 것 같고,
가장 아름다운 음악이 그닥 듣기에 좋지 않은 듯 하고,
가장 큰 형상이 마치 형태가 없는 듯하다."

도는 숨겨져 있고 이름이 없다.
도는 다만 성공할 수 있도록 도울 뿐이다.

* * *

맨 처음의 사람은 덕이 있었다고, 노자는 생각한다(제4편 55장 참조). 그러나 사람이 함께 어울려 살면서, 외부의 영향을 피할 수 없었다. 결과적으로 그들은 고정관념 혹은 편견과 주관이 형성될 수밖에 없었고, 이러

한 것들을 쉽게 떨쳐 버릴 수 없었을 것이다. 더 힘든 것은 자기 내면의 결점과 부족함을 이해하는 일이다. 예를 들면, 도의 원리는 추상적이어서, 그 존재를 해석하고 받아들이는 일이 쉽지 않다. 지혜와 능력이 높은 사람은 도의 존재를 마음으로 깨달아 믿고, 보통 사람은 간신히 이해하며 반신반의하고, 지혜와 능력이 낮은 사람은 듣고 나서 우스갯거리로 여긴다. 노자는 이 장에서 관용어(成語)를 사용하여 사람들이 지혜와 능력 방면에 있어서 일으키는 착각을 증명한다. 예를 들어, 밝은 길이 마치 어두운 듯하고, 가장 큰 사각형은 마치 모서리가 없는 듯하다는 등등. 그는 동시에 참과 거짓·선과 악을 식별하는 지능 방면의 부족함에 대하여 지적한다. 예를 들어, 질박한 덕이 쉽게 변하는 듯하고, 가장 큰 재능이 매우 늦게 발견되는 것과 같은 등등. 그는 사람에게 있어서 어려운 점은 도가 잘 드러나지 않고 이름이 없다는 점을 암시한다. 이름이 없으니 사람에게 알려지지 않는다. 그러나 그는 이어서 말한다. 오직 도만이 사람이 어려움을 극복하도록 도와서, 성공에 이를 수 있게 한다. 그의 철학의 근거는 현실의 존재, 자연의 아름다움과 규율성, 사람의 지속적 생존과 진보로서, 그는 이 모든 것의 공로가 도의 작용이라고 생각한다.

제45장. 인식과 실재 — 외적 인상과 내적 현실

大成若缺, 其用不弊. 大盈若冲, 其用不窮.
大直若屈; 大巧若拙; 大辯若訥.
躁勝寒, 靜勝熱. 淸靜爲天下正.

완벽한 도구가 마치 결함이 있는 것 같아도,
그것을 사용할 때 문제가 드러나지 않는다.
풍성한 것이 마치 비어있는 것 같아도,
막상 그것을 사용하면 영원히 다 사용하지 못한다.
아주 곧은 직선이 마치 굽은 것 같고,
큰 지혜가 마치 우둔한 것 같고,
뛰어난 웅변가의 말이 마치 눌변 같다.

격렬한 운동은 추위를 이기고,
마음이 고요하고 안정되면 더위를 이긴다.
맑은 머리와 차분한 마음이 세상을 바로잡을 수 있다.

* * *

이 장에서 노자는 사람들이 '표면적'이고 주관적인 영향을 받아서, '내재적' 현실을 잘 못 알고 있다고 말한다. 예를 들어, 완벽한 도구의 표면적 결함이 그것을 사용하는 데 아무런 문제가 없다. 여기서 주관적 인상은 객관적인 실제 사용이나 응용을 통하여, 바로 그것이 주관적 착오라는 것을 증명하여, 바로 잡는다. 또 다른 예를 들면, 자기의 지혜와 능력을 과시하지 않는 뛰어난 사람의 겉모습이 어리숙해 보이면, 사람들은 단지 그러한 겉모습을 보고 그가 우둔하다고 평가한다. 사람들은 이와 같이 표면적 인상이나 주관적 선입견에 의하여 착오를 일으킨다. 우리는 이 책 앞 부분의 〈노자 개관〉에서 "큰 지혜가 있는 사람의 외모는 마치 어리석은 사람 같아 보인다"(大智若愚)는 격언을 노자가 공자에게 한 충고로 들려준 것을 기억하지 않으면 안 된다.

노자는 사람들이 비록 지혜와 능력의 제한 그리고 자기 주관에 연루되어 있을지라도, 여전히 더 높은 성취를 이룰 수 있다고 생각한다. 예를 들어, 격렬한 운동으로 추위를 이기고, 마음을 차분히 가라앉혀 안정되게 하여 더위를 다스린다. 이것은 사람이 자신이 처한 환경에서 자신을 다스릴 수 있다는 분명한 증거다. 그는 통치자가 맑은 정신을 유지하여 이성이 제 기능을 다하도록 하고, 망동을 제어하는 조용한 마음은 문란한 세상을 바로잡을 수 있다고 말한다. 노자는 전쟁의 참화가 끊이지 않는 시대에 태어났는데, 이러한 그가 사람에 대하여 낙관적인 기대와 희망을 갖고 있으니, 이는 뭇사람으로 하여금 탄복하게 한다.

제70장. 세상으로부터 이해받지 못함

吾言甚易知, 甚易行. 天下莫能知, 莫能行.
言有宗, 事有君.
夫唯無知, 是以不我知. 知我者希, 則我者貴.
是以聖人被褐懷玉.

내가 가르친 것은 이해하기가 매우 쉽고,
실천하기가 매우 쉽다.
그러나 세상 사람들은 그것을 이해하지 않고,
실천하지 않는다.
내가 가르친 것에는 기본 원리가 있고,
그것을 실행하는 리더십 철학이 있다.
사람들이 나를 이해하지 못하기 때문에,
사람들은 나를 모른다.
나를 아는 사람은 매우 적고,
내가 가르친 것을 실천하는 사람은 더 드물다.
그러므로 성인은 누더기를 입었지만,
그 안에 참으로 귀한 옥을 지니고 있다.

* * *

이 장을 읽으면, 뜻을 이루지 못한 것에 대하여 스스로 탄식하는 노자에 대하여, 동정하는 마음을 금할 수 없다. 많은 사람이 그의 가르침을 이해하지 못하며, 도를 믿고 덕을 행하는 사람은 더 적다고, 그는 말한다. 비록 그의 가르침이 원리에 기초하고, 그가 한 것이 모두 리더십 철학이지만, 사람들은 그의 원리를 이해하지 못하여, 그의 철학을 모른다. 사람들은 언제나 외모·겉모습을 평가의 기준으로 삼는다. 그런데 이를테면 그는 남루한 옷을 입고 그 속에 아름다운 옥을 지니고 있는 성인이다.

또 다른 한편으로, 그와 동시대의 인물 공자는 학교를 열어서 제자들을 가르쳤는데, 학생의 수가 매우 많았다. 그들이 봉건 군주에게 고용이 되면, 성공이 보장되고 지위가 상승하여 출세가도를 달릴 수 있다. 공자는 학생들이 시(詩)와 서(書)를 깊이 연구하는 것 외에도, 사람의 행위와 사람과 사람의 관계를 전적으로 중시했다. 그들에게 대자연에 대한 지식은 아무 가치가 없다고 여겨진다. 예(禮)를 사용하여 권세 있고 지위가 높은 사람들을 제재하고, 형벌(刑罰)로 보통 사람들을 통제해야 한다고, 공자는 주장한다. 그가 예의(禮儀)를 제정하고, 귀천(貴賤)의 차이를 분명히 한 것은 하나의 대표적인 봉건 귀족정치의 청사진으로, 노자의 정치사상과 기본적으로 차이가 있다(제8편 53·72·74·75장 참조).

그러면 이 두 철학자가 학술 방면에서 이룬 성취를 서로 비교해 본다. 먼저, 노자는 중요한 저작을 한 권 남겼다. 그때는 종이와 먹이 아직 발명되지 않아 대나무 조각을 다듬어서 그 위에다 글씨를 새겼으며, 뜻을 전달하기 위하여 사용할 수 있는 글자 수도 적었기 때문에, 그 당시 책을 저술한다는 것이 얼마나 어려운 일인지 상상해 볼 수 있다. 노자 당시에 이와 같은 저술 환경에서 그의 문체가 지나칠 정도로 너무 간결해진 것이, 후학들이 그의 저술을 이해하는 과정에서 자주 오해를 하게 되는 원인 가운데 하나가 되었다. 반면에, 공자는 총명했다. 그는 "나는 말할 뿐, 저술하지 않는다"(我述而不著)고 말했다. 따라서 논어(論語)는 그와 그의 제자들의 대화인데, 그의 제자들 혹은 그 뒤 공자 문하의 제자들이 편집하여 책을 만들었다. 그는 그의 본국 노나라(魯) 조정의 기록을 기초로 하여 춘추(春秋)를 편집했다. 당시에는 봄과 가을(春秋) 두 계절에 국정을 맡은 군주가 조정에 나왔다.* 공자의 유언에서, 그가 개혁을 위하여 힘을 쏟고, 학문하는 정신을 갖춘 위대한 인격을 볼 수 있다. 노자의 표준은 아마도 지나치면 지나쳤지 못 미치지는 않는다(제4편 63장 참조). 실례로 그는 "함이 없이 다스린다"(제8편 57장)는 신념을 표방한다. 다른 한편으로, 노자는 "우정이 아름다운 것은 그것이 어진 마음에서 비롯되기 때문이고, 말이 아름다운 것은 그것을 믿을 수 있기 때문이고, 정부가 좋은 것은 나라 살림을 알기 때문이고, 사업이 좋은 것은 사업주의 능력 때문이다"(제6편 8장 참조)라고 말하는데, 이는 공자의 사상과 일치하는 부분이다. 비록 공자가 한나라 초기부터 이미 홀로 존중받고, 일찍이 만세의 사표가 되어 존경을 받았음에도, 역사상 많은 집권자들이 모두 노자의 책을 읽고 연구하는 것을 좋아했다. 예컨대, 당(唐)의 명황(明皇,685~762년)과 명(明)의 태조(太祖,1328~1398년) 모두 일찍이 노자의 책에 주(註)를 달았다. 그런 반면에 그들이 노자가 중시한 자연의 변화에 대한 지식에 대해서는 매우 적게 언급했다. 노자가 세상을 떠나고 2백여 년쯤 되었을 때, 장자가 세상에 나와서 공자학의 불합리한 위선과 대자연의 변화에 대한 무지에 대하여 매우 불만족했다. 장자는 말한다:

"작은 앎(小知)은 큰 앎(大知)에 미치지 못하니,
그것은 마치 짧은 해(短年)가 긴 해(長年)에 미치지 못함과 같다."
― 소요유편(逍遙遊篇)

"우물 안의 개구리와 큰 바다에 대하여 말을 할 수 없으니,
그것이 거처하는 곳이 제한되어 있기 때문이다.
여름 한 계절을 사는 벌레와 겨울의 얼음에 대하여 말을 할 수 없으니,
그것은 아주 짧은 수명을 누리기 때문이다.
형형색색의 세상 형편을 대면해 본 적이 없는 학자와 도를 말할 수 없으니,
그가 예교(禮敎)와 고정관념에 속박되어 있기 때문이다.
― 추수편(秋水篇)

작은 앎(小知)은 공자의 협소함을 가리키는 것이다. 세상 형편을 대면해 본 적이 없는 학자는 큰 앎(大知)을 혹은 도(道)를 경시하는 학자를 가리키는데, 장자의 비평에서 이처럼 뜻을 전달하는 방식이 매우 신랄하다. 그의 문장은 항상 우화 혹은 해학으로 꾸며졌다.

* 정치적 측면에서, 고대 중국에서 '봄과 가을'(春秋)은 제후들이 왕을 알현하고, 제후국 간의 교류가 활발히 이뤄지고 동맹을 맺기도 하는 중요한 시기이다. 그 밖에도 왕실과 제후국 사이의 여러 중요한 정치 활동이 주로 봄과 가을에 일어난다. 경제적 측면에서, 고대 중국은 농업 국가로 주요한 경제 활동이 봄과 가을에 이루어지니, 봄에 파종하고 가을에 수확이 이루어진다. 이런 까닭에 당시의 정치 및 경제 활동을 가장 잘 나타내는 계절 ― 봄과 가을 ― 을 사용하여, 그와 관련한 기록을 '춘추'(春秋)로 나타낸 것으로 여겨진다. 또한 본문에서도 언급되었듯이 '춘추'는 공자가 노(魯)나라의 연대기를 토대를 엮은 것으로 전해오는 책의 이름이기도 하다. 참조) https://kknews.cc/zh-tw/history/vekko8l.html

제71장. 품격의 흠결

知不知, 尚矣; 不知知, 病也.
夫唯病病, 是以不病.
聖人不病, 以其病病, 是以不病.

모르는 것을 모른다 하는 것이 제일 좋고,
모르는 것을 아는 척 하는 것은 병이다.
다만, 이 병을 병으로 인정하면,
이 병에 걸리지 않을 수 있다.
성인은 이 병에 걸리지 않는데,
그는 이 병을 병으로 알기 때문이다.
그래서 그는 병이 없다.

...

이 장에서 제시된 것은 흔히 있는 일반적 폐단으로, 사람들이 대중 앞에서 무지를 인정하는 것을 꺼린다. 노자는 말한다: 당신이 모르는 것을 아는 척하는 것은 하나의 질병이다. 다만 그것이 질병이라는 것을 인정하면, 다시 그 병에 걸리지 않을 수 있다. 공자는 그의 입장에 완전히 동의한다. 공자는 말한다. "아는 것을 안다 하고, 모르는 것을 모른다고 하는 것이, 아는 것이다"(知之為知之, 不知為不知, 是知也). 그러나 공자는 개인의 영예와 조상의 영광을 중시한다. 후세 사람들은 명예를 잃지 않으려고,

'모르는 것을 모른다'고 스스로 인정하지 않는다. 사실 그들은 공자가 말한 '아는 것이다'(是知也)라는 것이, 바로 '진짜 지식'이라는 원래의 뜻을 잊어버렸다. 진짜 지식, 진정한 앎이 없이, 어떻게 자신의 영예와 조상의 영광을 지킬 수 있는가?

실제로, 한 사람의 지식은 그가 장차 필요로 하는 지식과 서로 비교해 보면, 매우 제한적이다. 사람이 필요로 하는 것은 단지 호기심 충족에 그치지 않으며, 그 주요한 것은 여전히 지식을 이용하여 사람의 크고 작은 문제를 해결하는 것이다. 과거의 경험이 우리에게 말한다. 하나의 발견은 반드시 또 다른 많은 문제를 불러일으키고, 그러한 것은 또 시급히 노력하여 새로운 발견으로 해결한다. 이것이 아마도 배움에 끝이 없는 주요한 원인 가운데 하나일 것이다. 동시에 우리는 어떤 의문들은 영원히 그 해답의 희망이 없다는 것도 인정해야 한다. 이것이 아마도 사람에게 종교가 필요한 원인 가운데 하나일 것이다.

제73장. 하늘의 도

勇於敢則殺, 勇於不敢則活.
此兩者, 或利或害. 天之所惡, 孰知其故? (是以聖人猶難之.)
天之道, 不爭而善勝, 不言而善應, 不召而自來, 繟然而善謀.
天網恢恢, 疏而不失.

감히 만용을 부리면, 죽을 수 있고,
감히 만용을 부리지 않으면, 살 수 있다.
이 둘의 결과, 한 쪽은 이익을 얻고 한 쪽은 해를 입는다.
하늘이 싫어하는 그 원인을 누가 아는가?
(그래서 성인도 이것을 어려운 문제로 여긴다.)**

하늘의 도는
  다투지 않아도 이기고,
  말하지 않아도 응답하고,
  부르지 않아도 스스로 오고,
  서두르지 않아도 계획을 잘 세운다.

하늘의 그물은 지극히 넓고 끝이 없으며,
그물코가 성글지만 새지 않는다.

** 마왕퇴(馬王堆) 한(漢) 묘실에서 발견된
비단으로 된 책(帛書)에는 이 구절이 없다.

노자는 이 장의 첫머리에서 "감히 만용을 부리면 죽을 수 있고, 감히 만용을 부리지 않으면 살 수 있다"고 말한다. 제7편 30장과 31장에 있는 그의 반전(反戰) 사상을 읽고 나면, "사는 길을 택하고(取活), 죽이는 길을 떠난다(去殺)"는 뜻을 유추할 수 있지만, 그는 명확히 결정을 하지 않는다. 그리고 하늘이 싫어하는 것이 무엇인지 명확히 설명하지도 않는다. 제7편을 읽고 나면, 다투고 죽이는 일이 실제로 침략적이거나 혹은 방어적이라는 것을 알게 되어, 그 뜻을 구별할 수 있다. 그는 침략을 반대하지만, 사력을 다해 방어해야 한다고 주장하여, 침략자를 변경 밖으로 몰아낸다. 그러므로 그가 말하는 '감히 하는'(敢) 것과 '감히 하지 못하는'(不敢) 것은 '강함'(雄强)과 '유연함'(柔讓)의 뜻을 함축하고 있다.

그는 하늘의 도를 깊이 믿는다. 그는 말한다: 하늘의 도는 꼭 다투지 않아도 승리를 얻을 수 있고, 말을 하지 않아도 때에 맞추어 응답을 얻을 수 있고, 요청을 받지 않더라도 때가 되면 자연히 도래하고, 서두르지 않더라도 계획이 잘 세워진다. 실제로 그의 믿음은 절대적이다. 그러나 그것은 맹목적 미신이 아니다. 대자연이 만물을 지어낸 것을 생각해 보라. 자연은 만물을 생기게 하고 기르고, 그것들이 그 어떤 성취를 이루도록 돕는데, 이것은 결코 우연이 아니다. 그는 사람들이 처음부터 끝까지 신중하게 도에 따라서 일을 처리하도록 매우 분명히 가르친다(제8편 64장 참조).

끝으로, "하늘의 그물은 지극히 넓고 끝이 없으며, 그물코가 성글지만 새지 않는다." 이 말은 아주 오랜 옛날부터 내려오는 중요한 격언 가운데 하나다. 만일 독재자가 있으면, 그는 권력으로 강제하여 세상을 통치하고, 무고한 사람을 살상하는데, 이것은 도를 거스르는 행위다. 그가 징벌을 모면하려고 하늘의 그물을 절대로 벗어날 수 없을 것이다. 이것은 제1편 42

장에서 노자가 가르친 "횡포한 사람은 천수를 누리지 못 하리라"는 것과 궤를 같이한다. 동시에 제9장의 해석에서 또한 암시 하였듯이, 그 결과에는 반드시 그 원인이 있다. 그의 격언은 이미 누적된 역사적 사실을 통해서 증명되었는데, 미래에 혹시 나타날 포악한 사람이 비추어 보는 거울이 될 수 있을 것이다.

제77장. '하늘의 도'와 '사람의 도'

天之道, 其猶張弓與? 高者抑之, 下者擧之;
有餘者損之, 不足者補之.
天之道, 損有餘而補不足.
人之道則不然, 損不足以奉有餘.
孰能有餘以奉天下? 唯有道者.
是以聖人爲而不恃, 功成而不處, 其不欲見賢.

하늘의 도는 활시위를 메기는 것과 같은가?
조준이 너무 높으면 아래로 누르고,
조준이 너무 낮으면 위로 끌어 당긴다.
이것은 여유가 있는 것을 줄이고,
부족한 것을 채우는 것이다.
하늘의 도는 여유 있는 사람의 것을 줄여서,
부족한 사람에게 보충해 주는 것이다.
그러나 사람의 도는 이와 정반대이니,
부족한 사람의 것을 빼앗아
여유 있는 사람에게 갖다 바친다.

그러면 누가 여유 있는 것을 바쳐서 세상을 받들 것인가?
오로지 도를 따라 사는 사람들이 그렇게 할 수 있다.
그래서 성인은
사람들을 돌보지만 좌지우지하지 않고,
일을 완성한 뒤에 공로가 있다고 자처하지 않고,

자신의 성과를 세상에 드러내려 하지 않는다.

...

노자는 이 장에서 실례를 들어 하늘의 도의 철학을 명백히 밝힌다. 그는 말한다: 활을 쏠 때, 과녁에 적중시키기 위하여, 반드시 여유 있는 쪽을 줄이고, 부족한 쪽을 보충해야 한다. 여유 있는 쪽은 활을 들었을 때 너무 높은 것을 가리키고, 부족한 쪽은 활을 들었을 때 너무 낮은 것을 가리킨다. 바꾸어 말하면, 하늘의 도는 여유를 줄이고, 부족을 보충하는 것이다. 그런데 사람의 도는 이와 정반대다. 가난한 사람에게 세금을 거둬서 부유한 사람들의 부를 더 늘려준다. 노자의 생각에 사람이 하는 일은 언제나 자연현상과 서로 정반대 방향으로 간다. 이것이 바로 그의 상반철학(相反哲學)의 기초이다.

성인과 보통 사람의 덕행의 차이는 매우 크다. 성인은 사람들을 돌보지만 그들의 지배자가 되려고 하지 않고, 사람들에게 복을 짓는 일을 완성하고 난 뒤에 스스로 공로가 있다고 자처하지 않는다. 동시에 그는 사람들이 그의 공로에 대하여 표창하는 것을 원하지 않으니, 이것은 보통 사람이 미치지 못하는 일이다. 그 원인은 성인이 자연이 하는 일을 본받아 그와 같아지려 하기 때문이다.

제79장. 하늘의 도는 중립이다

和大怨, 必有餘怨; 安可以爲善?
是以聖人執左契, 而不責於人.
有德司契, 無德司徹.
天道無親, 常與善人.

큰 원한은 화해할 수 있더라도,
여한은 반드시 남는다.
어떻게 이 상황을 개선할 수 있는가?
그 때문에,
성인은 채무증서를 갖고 있어도,
채무자에게 가혹하게 굴지 않는다.
덕이 있는 사람은 채무증서를 갖고 있을 뿐이고,
덕이 없는 사람은 채무자에게 가혹하게 요구한다.

하늘의 도는 항상 중립적이지만,
언제나 덕이 있는 사람과 어울린다.

* * *

하나의 농업사회에서는 늘 천재와 이기적인 것을 도모하는 통치를 포함하여 인재가 끊이지 않았다. 그 때문에 사람들은 늘 빚(부채)에 의지하여 생계를 유지해야 했는데, 이 때문에 빈부의 격차가 너무 커져서, 도적

떼가 창궐하는 사회현상을 조성했다. 성인과 덕이 있는 사람은 채무증서를 갖고 있어도 채무를 이행하라고 가혹하게 요구하지 않았다. 그러나 덕이 없는 사람은 기회가 있을 때마다 채무자를 가혹하게 다루고 격분하게 만들어서, 채무자는 속으로 분노하면서도 감히 말을 내뱉지 못하여, 큰 원한을 품게 된다. 큰 원한은 아마도 빚을 갚고 나서 화해가 되겠지만, 그 여한(餘怨)은 반드시 남아있게 마련이다.

　노자가 덕이 있는 사람을 칭찬하면서, 동시에 덕이 없는 사람들에게, 그들 모두가 빚을 진 사람을 관대하게 대해야 한다고 충고한다. 그는 하늘의 도는 영원히 중립을 지키지만, 그러면서도 늘 덕 있는 사람과 함께한다고 말한다. 그의 철학의 근거는 제9편 23장에서 볼 수 있다. 거기서 그는 도를 따르는 사람은 도와 함께 하고, 덕이 있는 사람은 덕과 함께 한다고 말한다. 자연은 사람에게 덕을 부여하고, 덕이 있는 사람은 덕과 함께 하여, 하늘의 도가 언제나 덕 있는 사람과 어울리니, 이것은 논리에 부합한다. 노자는 하늘(天)과 자연(自然)을 하나로 보았는데, 제1편 25장에서 그는 이렇게 말한다: "사람은 땅을 본받고, 땅은 하늘을 본받고, 하늘은 도를 본받고, 도는 자연을 본받는다." 그의 하늘의 도(天之道)는 곧 자연의 도(自然之道)다.

제81장. '하늘의 도'와 '성인의 도'

信言不美, 美言不信. 善者不辯, 辯者不善. 知者不博, 博者不知.
聖人不積, 既以爲人己愈有, 既以與人己愈多.
天之道, 利而不害; 聖人之道, 爲而不爭.

신뢰할 수 있는 말은 교묘하지 않고,
교묘한 말은 신뢰할 수 없다.

객관적인 사람은 논쟁하지 않고,
주장하는 사람은 객관적이지 않다.

진리를 아는 사람은 박식하지 않고,
박식한 사람은 진리를 모를 수 있다.
성인은 자신을 위해 쌓아두지 않고,
다른 사람을 도와줄수록 더욱 행복을 느끼고,
다른 사람에게 베풀수록 더욱 부유하다고 느낀다.

하늘의 도는 만물에게 유익하고 해를 끼치지 않으며,
성인의 도는 사람에게 도움이 되고 다투지 않는다.

제77장에서, 노자는 사람의 도(人之道)와 하늘의 도(天之道)가 서로 상반되는 사실을 지적했다. 그는 또한 성인과 보통 사람의 사람됨과 처세의 차이에 대하여 지적했다. 성인이 하늘의 도에서 배우는 사실에 관하여, 여기에서 좀 더 설명한다. 그는 말한다: 하늘의 도는 만물에 유익하고 해를 끼치지 않고, 성인(현명한 군주)은 자원을 쌓아두는데, 그 남는 것으로 다른 사람을 구제하려는 것이기 때문에, 그는 다투지 않는다. 이것은 그가 당시의 권세 있는 집권자에게 보내는 권고다. 스스로 부유한 느낌은 빈부에 대한 개인의 심리상태를 반영하기 때문에, 순전히 주관적이다. 또한, 가난한 사람을 구제하고 궁핍한 사람에게 베푸는 것은 하늘의 도에 부합하는 것이라고, 그는 말한다(제77장 참조).

  노자는 이상에 젖어 있어서, 현실 인식이 부족한 사람이 아니다. 그는 이렇게 말한다: 신뢰할 수 있는 말은 아름답고 교묘하지 않다. 객관적인 사람은 논쟁하지 않고, 주장하는 사람은 객관적이지 않다. 진리를 아는 사람은 아마도 박식하지 않고, 박식한 사람은 아마도 진리를 모를 수 있다. 논쟁에 관하여 보면, 그것이 일어나는 원인은 상대의 관점을 보지 못하고, 자기의 주관을 견지하기 때문이다. 진리에 관하여 보면, 그것은 항상 깊은 곳에 감추어져 있다. 박식한 사람은 아마도 지속해서 깊이 들여다보는 자세를 견지하지 못할 수 있다. 이러한 아주 깊고 오묘한 이치를 우리 모두를 위한 좌우명으로 삼을 수 있다.

'하늘의 도'와 '사람의 도'를 비교한 요점

노자 시대에 많은 권세가들의 생활이 지나치게 사치했으나, 그는 전혀 그러하지 않았다. 그는 사람됨과 처세에서 극단으로 치닫지 않고, 적당한 선에서 멈추어야 한다고 생각한다. 부귀를 누린다고 오만하면, 그런 것이 바로 극단의 상징으로, 반드시 좋지 않은 결과를 낳는다. 그는 앞에 원인이 있으면, 뒤에 그것에 따른 결과가 나온다는 인과 관계를 정립했다. 그는 일을 이룬 뒤에 마땅히 물러나야 한다고 권고하는데, 이 권고에 위세를 부리고 잘난 체하고, 뜻하는 것을 얻었다고, 그 교만이 극에 달하는 것을 포함한다(제9장).

그는 사람이 가진 지혜와 능력의 한계를 지적하는데, 주요한 것은 도는 항상 이름이 없으므로, 그 때문에 해석이 쉽지 않고, 진리를 획득하는 것은 더욱 어렵다. 그러나 과거의 경험에 의하면, 오직 도가 사람의 성공을 돕는다(제41장).

늘 외모를 가지고 사람을 평가한다면, '큰 지혜를 가진 사람이 어리숙해 보인다'(大智若愚)는 격언을 기억해야 한다. 사물에 대한 평가를 하면, 사람은 언제나 착각을 하므로, 단지 겉모습과 주관에 의지하여 결론을 내리지 않도록 해야 한다. 오직 객관적인 성찰과 판단을 거쳐야, 사물의 진상을 파악할 수 있다(제45장).

노자의 철학은 세간의 상식과 늘 상반된다. 그 때문에 그를 이해하는 사람이 매우 적었고, 그의 가르침을 실행하는 사람은 더욱 적었다. 그가 자연의 규칙성을 인식한 것은 결코 우연이 아니다. 그는 자연 진화의 진리를 이미 획득 했는데(제1편 참조), 보통 사람은 그것을 감상하고 마음으로 깨닫지 못한다. 장자는 이러한 종류의 지식을 큰 지식(大

知)이라 불렀고, 공자학처럼 사람을 중시하고 여기에 전념하는 반면에 자연의 지식을 경시하는 것을 작은 지식(小知)이라 불렀다. 그는 우물 안의 개구리가 큰 바다(그 상징: 大知)를 모르는데, 그것은 개구리가 자기 우물의 작은 세상(그 상징: 小知)만을 알고 있기 때문이라고 말한다 (제70장).

학자들이 늘 범하는 공통된 잘못은 모르는 것을 인정하지 않고, 모르는 것을 아는 체하여, 개인의 영예와 자존을 지키는 것이다(제71장).

이상의 것은 모두 '사람의 도'에 대한 묘사다.

노자가 묘사한 '하늘의 도'는 다투지 않아도 이기고, 말하지 않아도 응답하고, 부르지 않아도 스스로 오고, 서두르지 않아도 계획을 잘 세우는 것이다. 그가 칭송하는 하늘의 도는 자연이 만물에 부여한 것을 관찰하는 기반 위에 서 있고, 그것들을 도와 성공하도록 한다.

"하늘의 그물은 지극히 넓고 끝이 없으며, 그물코가 성글지만 새지 않는다"는 그의 격언은 절대로 공허한 담론이 아니다. 어느 누가 세상에서 강력하게 패권 다툼을 하여, 무고한 사람들을 살상하고, 개인의 탐욕과 사욕을 만족시키면, 그것은 도를 거스르는 행위다. 원인이 있으면 반드시 그 결과가 있으니, 하늘의 그물이 비록 비할 바 없이 크고 넓어도, 흉악한 폭도가 빠져나가지 못하고, 그 징벌을 피할 수 없다.

이것과 제1편 42장에서 서술한 "횡포한 사람은 천수를 누리지 못하리라"는 문장의 뜻이 서로 호응한다. 철권통치자 혹은 독재자의 말로에 대한 역사 기록물이 아주 많은데, 이것들이 미래의 독재자가 자신의 말로를 비추어 볼 수 있는 거울이 된다고 할 수 있다(제73장).

그는 이어서 하늘의 도와 사람의 도를 대조한다. 하늘의 도는 이를테면, 활을 쏠 때, 과녁에 적중시키기 위하여, 활을 높이 들었을 때는 반드시 여유 있는 쪽을 줄이고, 활을 너무 아래 쪽으로 내렸으면, 그것을 들어 올려 부족한 쪽을 보충하는 것과 같다. 그러나 사람의 도는 이와 정반대이다. 부자는 부유해도 나라의 세금은 부족하다. 사람의 도와 하늘의 도가 정반대라는 사실은 어느새 그의 상반 철학의 기초를 놓았다(제77장).

끝으로, 그는 사람과 사람 간의 원한에 대하여 지적했는데, 그것은 권세 있는 집권자가 낮은 계층의 사람을 함부로 대하고, 모욕을 주는 데서 비롯된 것이다. 하늘의 도가 비록 영원히 중립적이지만, 덕이 있는 사람 그리고 덕과 어울린다. 그것은 언제나 착한 사람 혹은 덕이 있는 사람과 함께 잘 어울린다(제79장).

그의 결론은 이러하다: 하늘의 도는 만물을 이롭게 하고 해를 끼치지 않는다. 성인의 도는 다른 사람을 돕고 다투지 않는다(제81장).

제6편. 상반철학

제8장. 최상의 선은 물과 같다

上善若水.
水善利萬物而不爭, 處衆人之所惡, 故幾於道.
居善地, 心善淵, 與善仁, 言善信, 正善治, 事善能, 動善時.
夫唯不爭, 故無尤.

최상의 선은 물과 같다.
물은 모든 것을 이롭게 하며 다투지 않고,
뭇사람이 싫어하는 누추한 곳에서도 머문다.
그래서 물과 도는 서로 가깝다.

거처가 좋은 것은 그 위치 때문이고,
마음이 아름다운 것은 그 깊이 때문이고,
우정이 아름다운 것은 그것이
어진 마음에서 비롯되기 때문이고,
말이 아름다운 것은 그것을 믿을 수 있기 때문이고,
정부가 좋은 것은 나라 살림을 알기 때문이고,
사업이 좋은 것은 사업주의 능력 때문이고,
이동이 좋은 것은 그것의 시의 적절함 때문이다.

사람과 다투지 않기 때문에,
아무도 그에게 원한이 없다.

...

   제5편 77장에서, 노자는 하늘의 도와 사람의 도가 상반(相反) 곧 서로 반대된다는 사실을 지적한다. 따라서 그는 사람의 도와 상반되는 관점을 취하여 분명히 진리에 접근할 수 있다고 생각한다. 상반되는 관점의 특징은 항상 대다수 사람의 관점과 서로 반대가 된다는 점이다. 지금 투자를 하고 있는 사람은 대개 모두 상반철학(相反哲學)의 심리를 이용하여 성공할 수 있는 요결(要訣)로 삼는다.
   이 장에서 노자는 물의 성질을 최상의 덕을 대표하는 상징으로 삼는다. 그것은 물이 만물 곧 모든 것을 이롭게 하고, 그것들과 다투지 않기 때문이고, 거기에 더하여 물은 항상 제일 낮은 곳을 찾아 머물러서, 그것과 도가 매우 가깝기 때문이다. 물이 만물과 서로 다투지 않기 때문에, 세상은 그것에 대하여 원한이 없다. 그런데 실제로 이 말의 대상은 말할 나위 없이 사람이다.
   노자가 물을 선택하여, 그것을 최상의 덕을 대표하는 것으로 삼은 것은 우연이 아니다. 그는 억압받는 사람들이 마치 물과 같다고 깊이 믿기 때문이다. 그들은 권세가 없고, 거기에 더하여 가난하고 쇠약하여, 사회의 최하층에 위치하기 때문이다. 그들은 생활을 위하여 노역을 감내하는데, 정작 그들의 대부분의 소득은 통치자가 거두어들여 전쟁 비용과 이기적인 호화생활의 비용으로 충당한다. 더욱이 당시 그들이 권세 있는 통치자와 서로 다툰다는 것은 거의 불가능에 가깝다. 물의 또 하나의 특성은 그것을 담는 항아리의 모양이 어떻게 생겼는지와 상관없이, 각 용기에 모두 적용할 수 있고, 어떤 곳에서든 물의 표면은 항상 수평을 이룬다. 이것은 곧 어떤 고통스러운 생활 환경에도 적응할 수 있는 사람들의 유연함을 상징한다. 동시에 그들은 모든 사람에 대한 평등의 원칙을 동경하고 지향한다. 그들이 지향하는 원칙이 바로 민주 관념의 기초다. 이것에 대하여 제8편 49장에서 서술한다.

노자는 생각한다: 좋은 거처는 그것의 위치 때문이고, 아름다운 마음은 그 깊이 때문이고, 아름다운 우정은 그것이 어진 마음에서 비롯되기 때문이고, 아름다운 말은 믿을 수 있기 때문이고, 좋은 정부는 나라 살림을 알기 때문이고, 좋은 사업은 사업주의 능력 때문이고, 좋은 이동은 시의에 적절하기 때문이다. 그가 남긴 가르침은 2천여 년의 세월 동안 검증을 거쳐, 여전히 그 정확성을 유지하고, 현대의 환경에 적응한다. 이것에 대하여 참으로 경탄하지 않을 수 없다.

제20장. 도학자와 보통사람의 비교

絕學無憂.
唯之與阿, 相去幾何? 善之與惡, 相去若何?
人之所畏, 不可不畏? 荒兮, 其未央哉!
眾人熙熙, 如享太牢, 如春登台.
我獨泊兮, 其未兆; 如嬰兒之未孩.
儽儽兮, 若無所歸.
眾人皆有餘, 而我獨若遺. 我愚人之心也哉? 沌沌兮!
俗人昭昭, 我獨若昏. 俗人察察, 我獨悶悶.
澹兮其若海, 飂兮若無止.
眾人皆有以, 而我獨頑似鄙. 我獨異於人, 而貴食母.

배움을 끊어버리면
이 세상의 근심 걱정이 없을 것이다.
'예'와 '아니오'의 차이는 얼마나 큰가?
'선'과 '악'의 차이는 어디에 있는가?
사람들이 두려워하는 것을 두려워하지 않을 수 있는가?
얼마나 혼란스러운가! 언제 끝날 것인가!

사람들은 큰 잔치에 참석한 듯 즐거워하고,
어느 좋은 봄날 높은 탑에 올라
풍경을 바라보듯이 즐거워한다.
나는 홀로 살며, 매사에 무심한데,
그것은 마치 갓난아기가 아직 제대로

실실 웃지도 못하는 것과 같다.
노숙자처럼, 외롭다!
사람들 모두 여유가 충분한데, 나 홀로 예외인 것 같다.
나는 무지하고 어리석은 사람인가?
어찌 이리도 무지몽매한가?
보통 사람은 맑은 정신인데, 나 홀로 산란하다.
보통 사람은 진지하고 성실한데,
나 홀로
드넓은 바다에서 표류하고,
긴 바람처럼 멈추지 않으며,
떠돌고 배회한다.
모든 사람은 목적이 있는데,
홀로 억세게 뒤쳐졌다.

나는 홀로 남들과 다른 게 있는데,
그것은 바로 어머니에 의해 길러지는 것이다.

* * *

노자는 이 장의 첫머리에서 이렇게 말한다: 배움을 끊어버리면 이 세상의 근심 걱정이 없을 것이다. 이 문장과 제8편 3장과 19장에서 각각 서술한 "항상 백성이 지식이 없고 탐욕에 빠지지 않게 한다"와 "성인을 내치고 지식을 버린다"는 것이 궤를 같이한다. 이러한 문장에 근거하여, 역대 학자들이 모두 그가 우민정책을 주장하고 지식과 문화를 반대하는 선봉에 섰다고 공격했다. 그러면 노자가 과연 우민 정책과 반문화·반지식을 주장하는 철인이란 말인가? 이에 대하여 상식에 기초한 우리의 답변은 분명히 그렇지 않다는 것인데, 그것은 그가 시종일관 반대하는 것이 어떤 종류의 지식인지 설명하지 않았기 때문이다. 다행히도 앞의 제5편 70장을 해석할 때, 장자가 말한 작은 앎(小知)과 큰 앎(大知)의 구별을 인용했는데, 아래에서 그가 설명한 또 다른 단락을 인용한다:

"… 아주 옛날에,
사람들은 마음 내키는 대로 편히 살며,
즐겨 배불리 먹고,
배를 두드리며 물가에서 자맥질 하고 놀았는데,
그들은 그 밖에 더 바랄게 없었다.
그러나 성인이 나타난 뒤에,
그들은 허리를 굽히고 무릎을 꿇고,
이른바 예악의 규범에 따라서 자세를 바로잡았다.
또한 인의(仁義)를 제창하여,
세상 사람들의 마음을 억눌렀다.
사람들은 지식이 많은 것을 자랑으로 여겼지만,
그것으로 자기의 이익을 쫓고,
서로 다투기를 멈추지 않았다.
이것이 성인의 잘못이다."

― 마제편(馬蹄篇)

사람들이 지식이 많은 것을 자랑으로 여기는 것은, 그것으로 권력과 이익을 도모하고 성취할 수 있기 때문이다. 이러한 종류의 지식은 자기 이익을 도모하기 위한 '이기적 지식'이라고 이름을 붙일 수 있는데, 그것은 순전히 주관적이다. 명예와 이익 혹은 군주가 좋아하는 것을 포함하여, 자기의 이익으로, 개인의 권세를 더 높일 수 있다. 모든 사람이 권세를 추구하는 것에 빠지면, 사람으로 하여금 객관적으로 어떤 일의 옳고 그름과 어떤 사람의 좋고 나쁨을 결정하는 데 큰 문제가 생긴다. 노자가 배움을 끊어버리라고 한 것은 곧 자기 이익을 도모하기 위하여 다투는 지식이기 때문이다. 노자의 책 가운데서 지식의 문제와 관련된 것은 제8편 65장에서 상세히 토론한다.

노자는 자신을 그 밖의 사람들과 서로 비교하면서, 자기를 유치하고, 무지하고, 뜻이 없는 어수룩한 사람으로 묘사했다. 끝으로, 그는 자신이 보통 사람(常人) 곧 속인(俗人)과 달리 독특한 것은, 그 자신이 도의 자양분을 섭취했기 때문이라고 말한다. 여기서 언급된 속인은 모두 당시 사회에서 여유가 있는 유한계층에 속하고, 그들은 봉건귀족 사회의 권리를 누렸다. 노자의 정치사상은 다른 모든 정치사상과 다른데, 이 점에서 그의 유일하고 독특한 점이 드러나며, 여기서도 그의 상반 철학의 실례가 정확히 반영되었다.

제76장. 상반 철학의 몇 가지 사례

人之生也柔弱, 其死也堅强.
萬物草木之生也柔脆, 其死也枯槁.
故堅强者死之徒, 柔弱者生之徒.
是以兵强則滅, 木强則折. 堅强處下, 柔弱處上.

사람의 몸은 태어날 때 약하고 유연하며,
죽을 때 굳어서 뻣뻣해진다.
풀과 나무 같은 모든 존재는
어렸을 때 부드럽고 연하며,
죽을 때 바짝 시든다.

그러므로,
강하고 강한 자는 죽음의 무리에 속하고,
연약하고 약한 자는 생명의 무리에 속한다.
이런 까닭에
강한 군대는 섬멸될 운명에 놓이고,
단단한 나무는 부러질 운명에 처한다.
강하고 강한 자는 열등한 위치에 있고,
연약하고 약한 자가 우월한 위치에 있다.

노자는 이 장에서 다시 몇 가지 상반 철학의 실례를 든다. 그의 결론에 의하면, 강한 자는 죽음의 부류 혹은 열등한 지위에 속하고, 약한 자는 삶의 부류 혹은 우월한 지위에 속한다. 바꾸어 말하면, 유약한 것이 강한 것을 이긴다. 비록 그가 든 예가 자연현상이어서 해명이 쉽지 않고, 보편화하기에는 많이 어려운 문제이다.

만일 칼날을 예리하게 만들려면, 칼을 가는 돌의 강도가 칼의 강도보다 강해야, 그 효과를 볼 수 있으며, 그렇지 않으면 불가능하다고, 상식이 우리에게 말한다. 그러나 유약한 것이 강한 것을 이기는 현실이 특수한 상황 하에 가능하다. 만일 하나는 강하고 하나는 약하다면, 그 두 개의 단단한 정도의 차이가 매우 클 경우에, 노자가 말하는 상반 철학이 성립될 수 있다.

예를 들어, 강철로 만든 한 자루의 예리한 칼로, 한 무더기의 솜으로 만든 공을 자른다면, 그 칼은 장차 영웅의 무예도 쓸모없게 만들어, 아무도 그것을 이길 수 없을 것이다.

사실 솜을 넣어 만든 공과 유사한 푹신푹신하고 부드러운 물체는 보통 물건을 운반할 때, 유리와 같이 깨질 수 있거나 혹은 부서지기 쉬운 물건을 싸서 보호하는 데 쓰이는데, 이것이 약한 것이 강한 것을 이긴다는 원칙에 기초한 것이다.

같은 맥락에서, 하나의 강대한 군대가 그들의 상대인 약하지만 상황에 따라 유연하게 대응하는 소수의 유격대를 이길 수 없다. 노자가 군사전략의 하나로 유연함이 강함을 이기는 철학을 응용한 것은 그의 특별한 공헌이다.

이에 대하여 제7편 36장과 69장에서 좀 더 상세히 설명할 것이다.

강대한 군대가 섬멸된 사실은 역사상 매우 많은데, 그 가운데 19세기의 프랑스와 20세기의 독일의 강군이 겪은 실례도 있다. 그 섬멸된 원인은 군대가 강하지 않아서가 아니라, 지도자들의 끝없는 탐욕과 적을 가볍게 여긴 오만이 자초한 결과다. 노자가 남긴 가르침은 사람들이 극단으로 치닫지 않고, 성공한 뒤에도 오만하지 않고, 자족하여 자만하지 않도록 권고하는 것이다(제5편 9장 참조). 그러한 지도자들은 모두 방향과 목표가 완전히 상반되어, 노자가 생각하는 그런 결과를 낳지 못했다.

 단단한 나무가 동강이 났다면, 그 원인은 아마도 폭풍과 나무 자체가 둘 다 유연하지 못했기 때문일 것이다. 그러나 주요한 원인은 여전히 사람들이 건축자재로 단단한 나무가 필요했기 때문이다. 결국 이 또한 어떤 면에서 약한 것이 강한 것을 이긴다는 것을 실증한다.

제78장. 반어적으로 실재를 드러냄

天下莫柔弱於水, 而攻堅强者莫之能勝, 以其無以易之.
弱之勝强, 柔之勝剛, 天下莫不知, 莫能行.
是以聖人云:「受國之垢, 是謂社稷主; 受國不祥, 是爲天下王.」
正言若反.

세상에 물보다 부드럽고 약한 것이 없다.
그러나 견고하고 강한 것을 이기는 그 어떤 것도
그것을 이길 수 없으니,
다른 어떤 것도 그것을 대신할 수 없다.

약한 것이 강한 것을 이기고,
부드러운 것이 단단한 것을 이기는 것을
세상 사람이 모르지 않지만,
아무도 그것을 실행할 수 없다.

그래서 성인이 말한다.
"누가 국가의 치욕을 감당할 수 있으면,
사직의 수장이 될 수 있고,
누가 국가의 재앙을 감당할 수 있으면,
세상의 왕이 될 수 있다."
바른 말을 듣는데, 마치 그렇지 못한 말처럼 들린다.

이 장에서, 부드러움이 강함을 이기는 상반 철학을 정치의 영역으로 계속 확장한다. 세상에 물보다 부드럽고 약한 것이 없는데, 견고하고 강한 것을 공격하려면, 물과 같은 것이 없어서는 안 된다고, 그는 말한다.

그는 또 "누가 국가의 치욕을 감당할 수 있으면, 사직 (곧 국가)의 수장이 될 수 있고, 누가 국가의 재앙을 감당할 수 있으면, 세상의 왕이 될 수 있다"고 말한다. 당시의 정치 환경에서, 아무리 정확한 말을 해도, 사람들은 그것이 마치 그가 일부러 그들에게 반대하는 말처럼 여긴다고, 그 스스로 생각한다.

당시의 봉건귀족 정권은 사람들을 억압하고, 권세 있는 통치자를 존중하여, 노자가 생각하는 이상적인 정권과 정반대였다. 그가 생각하는 이상적인 정권은 마땅히 대중을 위하여 복을 짓는 일을 하는 것이지, 소수의 집권자와 그 세력의 특권을 위해서 일을 하는 것이 아니다. 그의 이상에 도달하려면, 당시의 봉건귀족 정치는 혁명적인 개혁이 되어야만 한다(제8편 49장 참조). 노자는 확실히 상반 철학의 기초를 놓은 사람이고 민주 사상의 선도자다.

상반철학의 요점과 추론

최상의 선은 물과 같아야 한다고, 노자가 말한다. 물이 만물을 이롭게 하고 그것들과 다투지 않기 때문이다. 그것은 또한 차별 없이 모두가 싫어하는 자리에도 머물기 때문에, 도에 많이 가깝다(제8장).

그는 또 말한다: 세상에는 물보다 더 부드럽고 약한 물질이 없지만,

그것은 견고하고 강한 물질을 이기기 때문에, 세상에서 그것을 이겨낼 수 있는 것은 없다(제78장). 그는 몇 가지 상반철학의 실례를 들어, 견고하고 강한 것은 죽음의 부류에 속하고, 부드럽고 약한 것은 삶의 부류에 속한다는 것을 증명한다(제76장).

이상의 것은 모두 도의 작용과 관련되는데, 강한 것이 약한 것을 이긴다는 많은 사람의 관점과 정반대이다. 그럼에도 그는 상반철학의 기초를 설정했다. 그리고 제1편 40장에서 설명했듯이, 도가 부드러움과 약함을 이용하여 진리를 드러냈고, 이것에 대하여 주해를 했다.

부드럽고 약한 것이 강한 것을 이긴다는 것을 실증하려고, 노자는 제7편 36장에서 군사전략의 사례를 든다. 그리고 제8편 61장에서 그는 또 여성이 늘 고요함을 지키고 참아내는 것으로 조급한 남성을 승복시키는 점을 서술한다.

노자가 끊임없이 계속하여 수용적이고, 부드럽고 온화하며, 조용한 여성의 아름다움을 찬미하는 것이 우연이 아니다. 그가 여성이 남성을 능가하는 중요한 관념을 암시하는 것이 드러나고, 그것을 실제로 쉽게 볼 수 있다.

당시 그는 남성이 지배하는 전통사회에서 살면서, 어떻게 반전통적이고 시대를 뛰어넘는 사상을 가질 수 있었는지 참으로 놀랍다. 확실히 이는 쉽게 할 수 없는 일을 해낸 귀한 일이다. 그가 비록 명백히 설명하지는 않지만, 우리는 강하고 힘이 있는 몸과 필요한 지능으로, 그들 후손의 물질적 필요를 지켜주고 지탱해주는, 자연이 부여한 남성의 소질 혹은 품성에 대해 추론해 볼 수 있다.

또한 아이를 잉태하고, 낳고, 자양분을 제공하여 기르는 본능을 포함하여, 그들 후손의 약하고 작은 생명에게 용기와 지능을 주는 것이며,

그러한 것들이 남성에게 부여된 것들을 훨씬 넘어서는 순전한 사랑으로 보호하고 지지하는 것 등등, 자연이 여성에게 부여한 모든 것을 돌이켜 생각해보자. 그러므로 자연은 면면히 이어지는 인간 생명에 대하여 남성에게도 책임을 지우지만, 남성 보다 여성에게 더 강한 책임과 큰 부담을 안겼다. 이것은 논쟁이 필요 없는 명백한 사실이다.

제7편. 전쟁·방어전·위장

제30장. 전쟁과 평화

以道佐人主者, 不以兵强天下. 其事好遠: 師之所處, 荊棘生焉;
(大軍之後, 必有凶年.)
善者果而已, 不敢以取强. 果而勿矜, 果而勿伐, 果而勿驕.
果而不得已, 果而勿强.
物壯則老, 是謂不道, 不道早已.

도를 통해 군주를 돕는 자는
병력으로 세상에 위세를 부리지 않는다.
병력을 사용하는 영향은 즉각적으로 나타나니,
군대가 주둔했던 곳은 가시나무덩굴로 무성해지고,
(큰 전쟁이 끝난 뒤, 반드시 흉년이 든다.)**

현명한 지도자는 오직 평화의 결과를 도출하고,
감히 무력으로 위세를 부리지 않는다.
평화의 결과를 도출해내는 과정에서
잘난 체 해서는 안되고, 과시하지 않고,
거만하지 않아야 하고,
부득이 양보하더라도, 위세를 부리지 않아야 한다.

모든 것은 전성기가 지나면 반드시 노쇠하고,
도를 거스르는 자는 반드시 일찍 사라진다.

　　　　　　　　　　** 마왕퇴(馬王堆) 한(漢) 묘실에서 발견된
　　　　　　　　　　비단으로 된 책(帛書)에는 이 구절이 없다.

· · ·

이 장에서는 노자가 평화를 지향하고 전쟁을 반대하는 것을 보여준다. 그는 무력으로 세상을 장악하는 것은 용서할 수 없는 행위라고 깊이 느낀다. 그는 "군대가 주둔했던 곳은 가시나무 덩굴로 무성해지고, 큰 전쟁이 끝난 뒤, 반드시 흉년이 든다"고 말한다. 마왕퇴 한(漢) 묘실에서 발견된 비단으로 된 책(帛書)에는 "큰 전쟁이 끝난 뒤, 반드시 흉년이 든다(大軍之後, 必有凶年)"는 이 구절이 없는데, 아마도 후세에서 그것을 보충한 것으로 보인다. 농업이 중심인 사회에서, 장정이 징병 되어 전쟁에 참여하면, 곡물 생산에 차질을 빚는다. 게다가 전시에 식량을 확보하기 때문에, 사람들이 먹을 양식은 거의 다 소진된다. 전쟁에서 장정이 죽거나 부상을 입으면, 전쟁이 끝난 뒤에도 양식은 곳간에 쌓이는 것보다 나가는 것이 더 많아져서, 기근과 흉년을 피할 수 없다. 설령 노자의 원서에 이 구절이 없다고 해도, 그도 아마 동의할 것이다.

　노자는 어질고 착한 정치 지도자를 칭송하는데, 그가 평화를 지킬 목적으로 외교를 이용하여 국제 분쟁을 해결할 수 있기 때문이다. 그가 묘사한 외교의 자세는 성실과 충실을 위주로 하여, 쌍방간의 신뢰를 구축하는 것이다. 그는 외교의 실패를 피하기 위하여, 당국은 잘난 체하지 말고, 과시하지 말고, 거만하지 않아야 한다고 다시 지적한다. 호혜적인 협의를 이루는 기본 동기는 위세를 부리지 않고 부득이 하면 양보를 하는 것이다. 또한 그는 사람들이 '모든 생물은 장차 반드시 노쇠해진다'는 것을 기억하게 하는데, 침략자의 강제력도 예외가 아니다. 그러므로 외교로 평화를 유지하는 것은 자국과 타국에 모두 이익이 되는 최상의 방책이다. 끝으로, 그는 세상을 힘으로 점령하는 것은 도를 거스르는 행위라고 믿는다. 누가 도를 등지는 행위를 하면, 반드시 이른 죽음을 초래하거나 실패한다. 중국 역사상 강성했던 진나라(秦,기원전 221~209년)는 단지 14년을 집권하고 멸망했다. 진시황이 중국을 통일한 뒤, 재위 기간은 12년(기원전 221~209년)에 불과했으니, 이 장에서 노자의 가르침의 실례를 볼 수 있다.

제31장. 병기와 전쟁

夫兵者, 不祥之器, 物或惡之, 故有道者不處.
君子居則貴左, 用兵則貴右.
兵者不祥之器, 非君子之器, 不得已而用之, 恬淡爲上.
勝而不美, 而美之者, 是樂殺人.
夫樂殺人者, 則不可以得志於天下矣.
吉事尚左, 凶事尚右. 偏將軍居左, 上將軍居右, 言以喪禮處之.
殺人之衆, 以哀悲泣之, 戰勝以喪禮處之.

병기는 길한 것이 아니어서 모두가 좋아하지 않고,
도를 따르는 사람은 모두 그것을 멀리하고 피한다.

군자는 늘 왼쪽에 머물지만, 전시에는 오른쪽에 머문다.
병기는 흉한 것이어서, 군자가 사용하는 것이 아니며,
부득이 사용하게 되면, 냉정하고 담담히 그것을 사용한다.

전쟁의 승리를 자랑하지 말라. 그런 자는 살인을 즐기고,
살인을 즐거움으로 삼는 일은 세상에 있을 수 없다.
상서로운 일은 왼쪽이고, 흉한 일은 오른 쪽이다.

부사령관이 왼쪽에 서고, 사령관이 오른 쪽에 서면,
이것은 장례예절이 거행되는 것을 알리는 것이다.
그렇게 많은 무고한 사람의 살상은
우리로 하여금 침통하고 비통한 가운데 흐느끼게 하고,

승리의 경축식을 치르는 것을 장례의식으로 대신한다.

...

사람들은 병기를 불길한 기구로 여겨서, 모두 그것을 혐오한다. 도를 따르는 사람은 그것을 더 멀리하고 피한다. 병기는 군자가 금하는 것이어서 사용할 뜻이 없음에도, 다만 자기방어를 위해서라면, 불가피하게 그것을 사용할 수 있다. 그러나 그는 여전히 냉정하고 담담한 마음의 자세를 갖추고, 감정의 충동으로 그것을 사용하지 않는다. 여기서 노자는 그가 비록 침략을 매우 미워하지만, 강토를 수호하고 사람들의 재산을 보호하기 위해서는 단호한 입장을 갖고 있다는 것을 암시한다. 그는 기본적으로 무고한 살상을 반대하는 입장에서, 전쟁에서 승리한 것을 자랑으로 삼는 것은 무고한 살상을 즐기는 것으로 보고, 그러한 행위를 받아들일 수 없다. 전쟁으로 셀 수 없이 많은 선량한 사람들이 살상을 당한 것에 대하여, 사람들이 침통하고 애통해하며 흐느끼는 상황에서, 전쟁 승리 경축 의식은 사망자를 위한 추도 의식으로 바뀌었다고, 그는 생각한다.

제36장. 전략적 상식

將欲歙之, 必固張之; 將欲弱之, 必固强之;
將欲廢之, 必固興之; 將欲奪之, 必固與之.
是謂微明.
柔弱勝剛强. 魚不可脫於淵, 國之利器不可以示人.

그것을 축소하려면 먼저 그것이 확장되게 해야 하고,
그것을 약화시키려면 먼저 그것이 강해져야 하고,
그것을 소멸시키려면 먼저 그것이 증가되어야 하고,
그것을 빼앗으려면 먼저 그것이 수확되어야 한다.

(아래와 같이) 이러한 것은 모두 상식이다.
부드러움과 약함이 단단함과 강함을 이기고,
물고기는 깊은 물을 떠날 수 없고,
국가의 이로운 신무기를
사람들이 볼 수 있게 해서는 안 된다.

* * *

　노자의 상반 철학은 부드러움과 약함이 단단함과 강함을 이긴다고 명확히 말하며, 쉽게 볼 수 있는 몇 가지 실례를 든다. 그러나 상반 철학은 적당한 조건 아래서, 그 정확성을 증명할 수 있다(제6편 76장과 78장 참조). 이 장에서 그는 그의 심오하고 시대를 뛰어넘는 군사 철학을 진술했다. 그는 이 장의 서두에서 이렇게 말한다: "그것을 축소하려면 먼저 그것이 확장되게 해야 하고, 그것을 약화시키려면 먼저 그것이 강해져야 하고, 그것을 소멸시키려면 먼저 그것이 증가되어야 하고, 그것을 빼앗으려면 먼저 그것이 수확되어야 한다."

그는 후세 학자들에게 줄곧 공격을 받았는데, 그것은 그의 원래의 뜻이 모두 오해를 받았기 때문이다. 학자들은 그의 중점을 공격하며, 노자가 불량한 마음을 가지고 속이며, 사람들을 함정으로 몰아넣는데, 그것은 자기 이익을 도모하고 남에게 손해를 끼치는 부도덕한 행위라고 생각했다.

그러나 그들은 노자가 말한 것을 소홀히 취급했는데, 그것은 노자가 제시한 '적을 영내로 유인하는 방어전략'을 단순한 처세 철학으로 본 점이다. 군사전략의 관점에서 보면, 하나의 약소국이 상대방이 생각하지 못한 방법으로 승리하기 위하여, 적은 병력으로 많은 병력을 거느린 강한 적과 상대하는 과정에서, 전략적으로 적을 함정으로 끌어들이는 유인책이 필요한 것이다(제8편 57장 참조).

이러한 방법으로 적은 수로 많은 적을 상대하고, 또 살상을 줄일 수 있으니, 전시에 전략적으로 취해질 수 있는 이러한 방법이 합리적인지 혹은 도덕적 표준에 적합한지는 쉽게 판단해 볼 수 있다.

전 세계에서 제일 오래된 병서(兵書)로 공인된 《孫子兵法》(손자병법)은 대략 전국시대(기원전 481~221년)에 이미 세상에 나왔다. 그 책 가운데 한 단락을 소개한다:

"전쟁의 참혹함을 깊이 아는 사람만이
어떻게 가장 유리한 조건하에서 전쟁에 임할 수 있는지

분명히 알 수 있을 것이다.
비범하고 기발한 예술을 이해할 수 있는 사람은
누구나 장차 승리를 얻을 것이다. …
어떻게 패배하지 않고 우세를 점유할 수 있는지는
내 손에 달려있고,
어떻게 적에게 패배를 안길 수 있는지는
적에게 달려있다."

 여기 몇 구절이 이 장에서 노자가 남긴 가르침을 의미심장하게 잘 반영한다. 그는 말한다: 강한 적이 영토 안으로 들어오면, 방어자는 반드시 유연하게 후퇴하여, 적의 세력이 확장되게 하고, 자신들은 반드시 완전히 산개한다. 적군이 증강하고, 그 수가 증가하여 땅을 점령하고 약탈을 할 것이다.
 적이 지나친 자신감으로 확장할 때를 기다려서, 방어자는 적군의 양측에서 갑자기 결정적 반격을 가한다. 적의 보급선을 끊어 버리고, 그들의 보급품을 빼앗고, 적의 약한 지점을 공격한다. 그러나 그들이 도망갈 수 있는 퇴로 하나는 열어두고, 때가 오면 다시 호되게 공격한다. 침략자는 먼저 놀라서 어안이 막히고, 그런 다음에 혼란에 빠져 어수선해지고, 마지막으로 공포에 사로잡힌다. 그 결과 그들은 혼란한 가운데 패하여 퇴각할 것이다.
 전쟁에서 최후의 한 페이지는 마땅히 적의 세력이 축소되고, 약화되고, 소멸되고, 모든 것을 포기하게 해야 한다. 그것은 바로 이 장의 첫 네 구절에서 묘사한 바이다.

노자는 이어서 말한다: 이러한 것들은 군사 상식이다. 부드러움과 약함이 단단함과 강함을 이기고, 물고기는 깊은 물을 떠날 수 없고, 무기의 비밀은 반드시 잘 지켜야 한다. 물고기가 깊은 물을 떠날 수 없다는 것은 그 함축한 뜻이 매우 깊다. 그는 물고기를 군대 혹은 병사의 상징으로 삼고, 물은 보급품과 자원을 상징한다. 군대가 보급품과 자원이 결핍되면, 생존하기 어렵다.

제69장. 위장과 유격전

用兵有言:「吾不敢為主而為客; 不敢進寸而退尺.」
是謂行無行; 攘無臂; 扔無敵; 執無兵.
禍莫大於輕敵, 輕敵幾喪吾寶. 故抗兵相若, 哀者勝矣.

군사 전략가는 이렇게 말한다.
"나는 감히 공격자가 아니라 방어자가 될 것이다.
나는 감히 한 뼘도 전진하지 않고,
한 발짝 물러설 것이다."
이것은
병사들이 진용을 갖추지 않고,
아무도 팔을 높이 들지 않고,
적에게 발각되지 않고,
무기를 숨겨 소지하는 것을 말한다.
적을 과소 평가하는 것보다 더 큰 위험이 없고,
적을 과소 평가하게 되면,
나에게 귀중한 좋은 기회를 잃을 수 있다.

그러므로
같은 힘을 가진 군대가 싸우면,
고통을 받은 쪽이 승리할 수 있다.

제36장의 주제는 어떻게 유격전으로, 열세에 있는 아군이 우세한 적을 상대로 이길 수 있는가 하는 것인데, 그 요점은 유연하게 후퇴하여 적에게 발각되지 않는 것이다. 따라서 노자는 이 장에서 위장하는 법을 고안하여 이 문제를 해결한다. 그는 말한다: "나는 감히 공격자가 아니라 방어자가 될 것이다. 나는 감히 한 뼘도 전진하지 않고, 한 발짝 물러설 것이다." 내 쪽에서 다른 나라를 침략해서 그 나라의 주인이 되기도 하고, 외부의 강한 세력이 내 강토를 침입하여 내 나라의 주인이 되기도 한다. 그런데 내 강토를 수호하는 데 있어서, 내 쪽이 오히려 손님(客)의 처지가 된다. 감히 한 뼘도 내딛지 않고, 오히려 한 발짝 물러선다는 것은 유격전의 원칙을 암시한다. 유연하게 잘 후퇴하여 상대의 주력을 분산시키고, 진영전을 피하여 포위되지 않고, 섬멸되는 것을 피할 수 있다. 그는 이어서 말한다: "병사들이 진용을 갖추지 않고, 아무도 팔을 높이 들지 않고, 적에게 발각되지 않고, 무기를 숨긴다."

이것은 위장이고 적을 깊이 끌어들이는 유인책인데, 이것과 제36장의 책략은 완전히 호응한다.

그는 지도자가 절대로 적을 과소평가하지 않도록 재차 충고한다. 적을 과소평가하면, 그 결과로 적을 국경 밖으로 쫓아내는 귀중한 좋은 기회를 잃을 수 있다. 그의 예측에 의하면, 같은 힘을 가진 군대가 서로 싸우면, 고통을 받은 쪽이 승리할 수 있다. 그가 비록 그 원인을 명확히 말하지 않았지만, 우리는 이렇게 추측해 볼 수 있다. 고통을 받은 쪽은 그 고통으로 단련되어, 반드시 사기가 더 높아지고 더 고상한 목적을 가진다. 이와 관련하여 역사적으로 실례가 많은데, 20세기에 벌어진 제2차 세계대전에서의 경험이 바로 그것에 대한 분명한 실증이다.

이 장에 내재된 중요한 핵심을 뒷받침하기 위하여, 《孫子兵法》의 또 다른 단락 하나를 인용한다:

"전쟁에서 승리하려면,
우리는 반드시 적의 의도를 잘 알아야 한다.
적군의 좌우 양 측면에 제대로 집중할 수 있다면,
적군의 사령관을 생포할 수 있을 것이다.
이것이 이른바 전쟁에서는 어떠한 술수도 가능하다는
기만술이다."

여기서 우리는 군의 일과 그 밖의 우리 일상의 일이 다르다는 것을 알아야 한다. 이러한 기만적인 수단을 외교 실무에서는 절대로 사용할 수 없고, 사용해서도 안 된다(제30장 참조). 외교적 대화에서는 쌍방이 서로 신뢰를 구축하는 것이 주요한 목적이고, 군사적인 문제에 있어서는 전쟁에서의 승리가 주요한 목적이어서, 이 둘의 방법론은 서로 완전히 배치된다. 그러나 또 다른 각도에서 보면, 외교와 군사는 마땅히 상부상조할 수 있다. 결국 외교로 목적을 달성하는 것이 가장 좋은 대책이고, 군사행동은 부득이하게 이뤄지는 것으로 가장 나쁜 대책이다.

제46장. 전쟁의 주요한 원인

天下有道, 卻走馬以糞. 天下無道, 戎馬生於郊.
罪莫大於可欲; 禍莫大於不知足; 咎莫大於可欲得.
故知足之足, 常足矣.

세상이 도를 따라 다스려지면,
말은 거름을 주려고 논밭에 나가고,
세상이 도를 따라 다스려지지 않으면,
군마는 전쟁터에서 새끼를 낳는다.

만족할 줄 모르는 욕망보다 더 큰 잘못은 없고,
분별이 없는 불만보다 더 큰 재앙은 없으며,
제어하지 못하는 탐욕보다 더 큰 죄악은 없다.

그러므로,
누가 지금의 만족이 만족인 줄 알면
앞으로도 늘 만족을 느끼게 된다.

· · ·

　　기원전 8세기부터 기원전 6세기까지, 주(周) 왕실은 그 산하의 봉건제후국들에 대한 통제를 상실했다. 강한 제후국은 주변의 약한 제후국을 삼켜버리고, 전쟁의 참화가 해를 거듭하여 계속되었다. 노자는 기원전 6세기 전기에 태어나서, 전쟁의 참화로 고통받는 사람들과 사람이 사람에 대하여 잔혹한 행위를 하는 것을 목격하고, 전란의 근본 원인과 그것을 근절할 수 있는 대책을 찾기로 결심했다. 다행히도 그는 주나라 왕실의 장서고를 담당하는 관리였기 때문에, 그가 역사·문학·시와 사(詩詞)·인간관계와 대자연의 변화 등에 대하여 깊이 연구할 수 있었다. 그리고 그는 주 왕실에서 직무를 수행했기 때문에, 봉건제후국들 간의 정치의 소용돌이에 갇히지 않을 수 있었고, 대자연과 삶의 기본 문제에 대하여 깊이 생각할 수 있었고, 객관적 결론에 도달할 수 있었다.

  노자가 이 장에서 전쟁의 참혹한 모습을 묘사하고, 이어서 전쟁 참화의 주요한 원인을 지적했다. 그는 말한다: "만족할 줄 모르는 욕망보다 더 큰 잘못은 없고, 분별이 없는 불만보다 더 큰 재앙은 없으며, 제어하지 못하는 탐욕보다 더 큰 죄악은 없다." 간단히 말하여, 전쟁 참화의 원인은 통치자와 통치계급의 사치스러운 욕망과 만족할 줄 모르는 끝없는 탐욕이 그 극한을 넘어섰기 때문이라는 것이다. 당시 이러한 그의 독자적 견해는 2천여 년의 세월을 거쳐 검증되었는데, 여전히 도리에 맞다. 그는 통치자와 통치 계급에게 "지금의 만족이 만족인 줄 알면, 앞으로도 늘 만족을 느끼게 된다"고 충고하지만, 그의 충고는 아마도 그들의 귓가를 스치고 지나는 바람처럼 흩어져서, 아무런 효과가 없었다고 본다. 그러나 전쟁 참화의 원인에 대한 그의 정론은 그 속뜻이 매우 깊어서, 미래 세대의 지도자들이 좌우명으로 삼을 수 있다.

제67장. 세 가지 보배

天下皆謂我道大, 似不肖. 夫唯大, 故似不肖.
若肖, 久矣其細也夫!
我有三寶, 持而保之. 一曰慈, 二曰儉, 三曰不敢爲天下先.
慈故能勇; 儉故能廣; 不敢爲天下先, 故能成器長.
今舍慈且勇; 舍儉且廣; 舍後且先; 死矣!
夫慈以戰則勝, 以守則固. 天將救之, 以慈衛之.

온 세상이 모두 나의 도는 위대하다고 하는데,
그들이 말하는 것처럼 그렇게 이상적인 것 같지는 않다.
그것이 위대하다고 하기 때문에, 그래서 이상적이지 않다.
그렇지 않으면, 그것은 오래전에 이미 하찮게 여겨졌을 것이다.

나는 결연히 지켜야 할 보배가 세 가지가 있는데,
   첫째는 순전한 사랑,
   둘째는 절약,
   셋째는 감히 세상에서 첫째가 되지 않는 것.
누가 순전한 사랑이 있으면, 용기를 낼 수 있고,
누가 절약할 수 있으면, 확장할 수 있고,
누가 감히 세상에서 첫째가 되지 않으면, 지도자가 될 수 있다.
지금
순전한 사랑을 포기하고 스스로 용기를 뽐내면,
절약을 포기하고 스스로 확장하면,
세상에서 첫째를 포기하지 않고 첫째를 다투면,

그것은 죽음의 길이다.

순전한 사랑 때문에, 방어군이 전쟁에서 반드시 승리하고,
방어에 실패하지 않는다.
하늘의 장군이 방어군을 지켜주고,
그들은 순전한 사랑으로 그것을 보위한다.

∙ ∙ ∙

　노자는 이 장에서 그와 뜻을 같이하는 사람들에게 말한다. 도가 그들의 이상에 미치지 못하는 것 같다는 것은 곧 도가 비할 데 없이 위대하기 때문이다. 그렇지 않으면, 그것은 일찍이 하찮아졌을 것이다. 그가 상반 철학(제5편 45장과 77장 참조)에서, 사람은 아마도 착각을 하고, 사람의 도가 항상 하늘의 도와 상반되는 사실을 명확히 말한 것을 돌이켜 보라. 사람으로 하여금 도를 깨닫도록 하려면, 반드시 어려움을 느낄 수 있다. 이것은 그의 사상과 일치하는 것이다. 그는 이어서 그가 세 개의 보배를 가지고 있다고 말한다: 첫째는 순전한 사랑, 둘째는 절약, 셋째는 감히 세상에서 첫째가 되지 않는 것이다. 그는 이 세 가지 보배를 사람들이 결연히 지키도록 요청한다.
　누가 순전한 사랑이 있으면, 용기를 가질 수 있다. 순전한 사랑은 무조건적 사랑이므로, 사사로움이 없고 치우치지 않는다고, 그는 말한다. 예를 들면, 한 어머니는 자신의 안위를 뒤로하고 용기를 내어, 어떤 위험도 감내하고, 위급한 상황에 처한 아기를 구해낸다. 그는 또 누가 절약할 수 있

으면, 아마 확장할 수 있을 것이라고 말한다. 절약은 인력(人力)과 자원을 포함하여, 그것으로 예측할 수 없는 미래에 대처할 수 있다. 끝으로, 감히 세상에서 첫째가 되려 하지 않는다. 이것에 대하여, 두 가지로 해석한다. 먼저, 한 명의 현명한 지도자가 강력한 무기를 이용하여 절대로 먼저 이웃 나라를 침략하지 않는다. 또한, 그는 강토와 사람들을 지키는데 신중하게 임하며, 자만하지 않고 모험을 하지 않는다. 이렇게 자신을 돋보이려 하지 않고 자중하여, 그는 사람들과 방어군의 진정한 지지와 신임을 얻고, 애초의 뜻을 성취하니, 작은 노력으로 많은 성과를 얻는 것이다.

노자는 순전한 사랑에 대하여, 이 장의 끝에서 다시 한 번 더 언급한다. 전쟁에 참여하는 군대를 준비시킬 때, 순전한 사랑의 대상은 전쟁에 참여하는 군인의 가족·지도자·생사를 함께 하는 전우를 포함한다. 순전한 사랑과 사기는 밀접한 관계가 있다. 그는 "순전한 사랑 때문에, 방어군은 전쟁에서 반드시 승리하고, 방어에 실패하지 않는다. 하늘의 장군이 방어군을 지켜주고, 그들은 순전한 사랑으로 그것을 보위하게 한다"고 말한다. 노자의 세 가지 보배는 모두 사기를 증가시키는 요소로, 국가를 지키고 국민을 보호하는 필요 조건이다.

노자의 순전한 사랑은 동방의 관점을 대표한다. 서방의 관점을 배우기 위하여, 성경 가운데 코린토인들게 보낸 첫 번째 편지 13장의 한 부분을 아래에 인용한다:

"사랑은 참고 기다리고 친절하다.
사랑은 시기하지 않고 뽐내지 않으며 교만하지 않다.
사랑은 무례하지 않고 자기 이익을 추구하지 않으며

성을 내지 않고 앙심을 품지 않는다.
사랑은 불의에 기뻐하지 않고
진실을 두고 함께 기뻐한다.
사랑은 모든 것을 덮어 주고
모든 것을 믿으며
모든 것을 바라고
모든 것을 견디어 낸다."*

이것은 순전한 사랑에 대한 해석으로, 분명히 사람의 마음을 움직인다. 비록 '자기 없음'(無己)의 용기를 명백히 말하지 않았지만, '자기 없음'의 품성이 이 문장의 행간에 퍼져있다. 바오로와 노자의 '순전한 사랑'의 관념은 궤를 같이한다.

---

* 이 구절은 사도 바오로가 코린토인들에게 보낸 편지 13장으로 흔히 '사랑의 송가'로 알려져 있으며, 그 가운데서 저자가 인용한 부분은 해당 편지 13장의 4절부터 7절까지이다.

제68장. 하늘의 이치를 따른다

善爲士者不武; 善戰者不怒; 善勝敵者不與; 善用人者爲之下.
是謂不爭之德, 是謂用人之力, 是謂配天, 古之極.

훌륭한 지도자는 그의 군사력에 의존하지 않고,
훌륭한 전사는 화를 내지 않고,
훌륭한 승자는 적과 논쟁하지 않고,
인재를 고용한 훌륭한 사람은 자신을 그들 아래에 둔다.

이것이 다툼이 없는 미덕이고,
이것이 인재 관리의 능력이고,
이것이 하늘의 이치에 순응하는 것으로,
예로부터 이어온 최고의 기준이다.

...

이 장에서 노자는 현명한 지도자가 갖추어야 하는 성품에 대하여 설명하고, 이러한 지도자가 당시 문란한 세상에 대처해야 한다고 보았다. 그가 볼 때, 군사력을 중시하고 그것에 의하여 문제를 해결한다면, 그 결과는 전쟁의 참화로 나타난다(제30장 참조). 잘 다스리는 현명한 군주는 무기가 아니라 외교적 수완으로 국제 분쟁을 해결하고, 동시에 훌륭한 전사가 상대와 담판할 때, 분노가 개입되지 않도록 해야 한다고, 그는 말한다. 왜냐하면 분노는 자기 제어를 못하여 이성을 흐리게 할 수 있어서, 의미 있는 대화·담판을 진행 할 수 없기 때문이다. 설령 상대의 전사를 늘 이길 수 있는 전사라고 해도, 마땅히 냉정함을 유지해야 하고, 상대방과 결코 논쟁을 하지 않아야 한다. 여기서 언급한 외교와 담판, 이 두 가지 경우가 전제되면, 전쟁의 가능성은 아마도 감소할 것이다. 이것이 바로 다투지 않는 미덕이다.

끝으로, 그는 현명한 군주는 마땅히 가장 우수한 인재를 등용하여 국가에 복무하도록 해야 한다는 점을 암시한다. 그런데 군주는 현명하고 능력 있는 인재를 존중해야 하고, 그들 앞에서 겸손해야 한다. 이렇게 하여 모두 한 마음으로 협력하여 공동의 목표를 순조롭게 달성할 수 있다. 이것이 바로 훌륭한 인재를 관리하는 능력이다. 다투지 않는 덕과 사람을 쓰는 능력은 현명한 군주가 갖추지 않으면 안 되는 성품과 자질이다. 그는 이것이야말로 하늘의 이치를 따라, 옛날부터 이어온 최고 표준에 도달하는 것이라고 말한다. 이러한 최고의 표준을 따르는 것은 의심의 여지없이 도가 보편적으로 두루 행해지는 세상이다. 여기서 우리는 노자의 노스탤지어(懷古情深)를 엿볼 수 있다. 주나라(周朝)는 기원전 1030년에 개국하고 세상이 안정되었다. 이에 사람들은 아무 걱정 없이 편안히 살며 각자 자기의 생업에 즐겨 몰두하여 지낸 까닭에, 근본적으로 사람이 조성한 재난이 발생하지 않았다(제8편 80장 참조).

전쟁·방어전과 위장에 대한 요점

노자는 평화를 지향하고 전쟁을 반대하는 철인이다. 그는 병력으로 세상에 위세를 부리는 것은 도를 거스르는 행위라고 생각한다. 군대가 주둔했던 곳은 가시나무 덩굴로 무성해지고, 큰 전쟁 뒤에는 반드시 흉년이 든다. 전시에 곡물 생산이 감소하고, 얼마 남지 않은 것을 다 소비하고 나면, 그다음에 기근이 따른다. 그는 현명한 지도자는 외교를 중심으로 하고, 자만하지 않고 과시하거나 거만하지 않고 평화를 추구한다고 말한다(제30장). 전쟁을 불러일으키는 죄악을 저지르는 철권 통치자는 또 사욕을 충족시키기 위하여, 평민을 희생시키고 무고한 사람을 벌하고 죽인다. 전쟁에서 다행히 생존한 사람들이 승리를 경축해서는 안 되고, 마땅히 침통한 가운데 재난을 당한 무고한 희생자들을 추모해야 한다고, 그는 말한다(제31장). 그는 철권 통치자의 만족할 줄 모르는 사욕의 추구와 이해할 수 없는 불만과 제어할 수 없는 탐욕을 포함하여, 전쟁의 주요한 원인을 분명히 지적한다(제46장). 또 한편으로, 현명한 군주는 군사력을 믿고 위세를 부려서는 안 되고, 담판에 임하는 훌륭한 전사는 분노가 그의 이성의 작용에 간섭하여 영향을 주지 않도록 해야 하고, 적을 이길 능력을 지닌 전사는 냉정을 유지하여, 상대방과 논쟁을 하지 않아야 한다고 충고한다. 이것이 다투지 않고 훌륭한 인재를 잘 쓰는 미덕이고, 옛날부터 이어져 온 최고의 표준에 적합한 것이라고, 그는 생각한다(제68장).

부드러움으로 강함을 이긴다는 상반 철학을 발휘하기 위하여, 그는 소수의 병력으로 대군을 상대하는 유격(游擊)전략을 고안해 냈다. 그는 상대가 예상하지 못하는 기발한 전략으로 병력을 운용하는 것을 원칙으로 하여, 반드시 적군의 입장에서 그들의 의도를 파악하여, 적군의 양쪽 측면을 겨냥하여, 병력을 산개하는 전략을 취하도록 한다. 따라서 먼저 침략군이 자기 강토에 깊숙이 들어오도록 유인하고, 그들의 숫자가 증강되는 것을 참을성 있게 지켜보면, 마침내 그들이 마치 수확을 한 뒤에 자만하여 자신의 처지를 잊게 되는 것 같이 방심하는 상황이 초래될 것이다. 그때 적의 양쪽 측면에서 기습적으로 반격을 하고, 그들의 보급선을 차단하고 보급품을 빼앗고, 적의 취약한 곳을 공격하여 먼저 침략자를 놀라게 하면, 그들은 공포에 질려 혼비백산한다. 최후에, 혼란한 가운데서도 적군이 각자도생하여 퇴각할 수 있도록 퇴로 하나를 열어둔다(제36장). 적을 유인하여 깊이 들어올 수 있도록 방어군은 주력부대를 한 명도 남기지 않고 모두 철저하게 산개하여, 적에게 발각되지 않게 하며, 이때 숨겨진 무기를 지참한다. 이렇게 효과적으로 유격전략과 호응하여 적을 국경 밖으로 쫓아낸다. 노자는 방어자가 절대로 적을 과소평가하지 않아야, 적을 국경 밖으로 축출하는 좋은 기회를 잃지 않게 된다고 경고한다(제69장). 그는 세 가지 보배를 말했는데, 첫째는 순전한 사랑, 둘째는 자원의 절약, 셋째는 감히 세상에서 첫째가 되지 않는 것이다. 이 모든 것은 전시에 사기를 진작시키고, 보급품을 낭비하지 않고, 전면적인 승리를 하기 위한 방책이다. 그는 사기를 진작시킬 수 있고, 전사가 고상한 목표를 위하여 희생할 수 있는 용기를 갖게 되면, 전쟁에서 반드시 승리하고, 방어에 실패하지 않는 목표를 달성할 수 있다고 생각한다. 방어군의 적은 도를 거스르는 침략자이고, 하늘은 순전한 사랑으로 방어군을 보호하는데, 이것을 노자는 '자연적'이라고 생각한다.

    흔히 손자(孫子)로 일컬어지는 손무(孫武, 기원전 ?~496년)는 《孫子兵法》의 저자다. 그 책에 노자의 군사철학과 용병(用兵)에 대한 요점들이 많이 포함되었다. 그러나 '유격전'과 '위장'에 대해서는 상세히 서술되어 있지 않다. 손자는 노자보다 후에 태어났는데, 그가 노자 사상의 영향을 받았다는 것을 부인할 수 없다.

제8편. 정치철학

노자의 정치철학을 세 부분으로 나누어 소개한다. 먼저, [가] 부분에서, 부패한 정권의 배경을, [나] 부분에서, '함이 없이 다스린다'(無爲而治)는 이상과 철학의 근거를 포함하여 그의 이상 사회를, [다] 부분에서, 함이 없이 다스리는 정책과 민주사상과 호혜공영의 외교 정책을 포함하여, 그의 정치철학의 주체를 다룬다.

가. 부패한 정권

제53장. 부패한 정권

使我介然有知, 行於大道, 唯施是畏. 大道甚夷, 而人好徑.
朝甚除, 田甚蕪, 倉甚虛.
服文采, 帶利劍, 厭飮食, 財貨有餘. 是爲盜夸! 非道也哉!

예리한 지혜를 가지고,
큰 길을 걷도록 하고, 다만 그른 길에 들지 않게 하라.
큰 길은 매우 평평하지만,
사람들은 여전히 지름길을 좋아한다.

왕궁은 매우 아름답지만,
농토는 매우 황량하고,
곡물 창고는 텅 비었다.
(지배자들은)
아름다운 옷을 입고,
날카로운 칼을 차고,
풍성한 술잔치도 싫증이 나고,
과도한 재물과 보화를 축적한다.
이들은 강도의 우두머리들이고,
도를 거스르는 자들이다.

...

　예리한 지혜를 가지고, 큰길을 걷도록 하고, 다만 그른 길에 들지 않게 하라. 큰길은 매우 평평하지만, 사람들은 여전히 지름길을 좋아한다고, 노자가 말한다. 사실 이것은 그가 통치계급에게 하는 충고다. 이어서 그는 부패한 정권의 모습을 묘사했다. 왕궁은 매우 아름답지만, 농토는 매우 황량하고, 곡물 창고는 텅 비었다. 그가 비록 명백하게 말하지 않았지만, 아마도 전쟁이 진행중인 상황으로 보인다. 젊고 힘 있는 사람들이 전쟁터로 끌려가니, 농토는 황폐해지고 잡초가 우거져서, 곡물창고가 텅 비었다. 남아 있는 사람은 부녀자와 노인·허약자·신체 장애자·어린아이들이다. 이들은 기아를 겪으며 생존을 위하여 씨름하고 있다. 다른 한편으로, 극에 달한 통치계급의 사치와 끝없는 탐욕의 추악함이 글의 행간에 생생히 살아 있다. 그는 끝으로 이렇게 말한다. 이들은 강도의 우두머리들이고, 도를 거스르는 사람들이다. 그가 시원하게 나무랐는데, 사실을 전혀 과장하지 않았다.

제72장. 통치자에 대한 경고

民不畏威, 則大威至.
無狎其所居, 無厭其所生. 夫唯不厭, 是以不厭.
是以聖人自知不自見; 自愛不自貴. 故去彼取此.

사람들이 더 이상 통치자의 권력을 두려워하지 않으면,
그 두려운 권력은 더 심하게 짓누를 것이다.
 (통치자는 마땅히)
사람들의 거처를 어지럽히지 말아야 하고,
사람들의 생계를 끊지 말아야 한다.

다만 일이 없이 사람들을 억압하지 않으면,
그들은 억압되었다고 느끼지 않는다.
그러므로 현명한 통치자는
권력을 알지만, 그 서슬을 드러내지 않고,
자기의 품위를 중히 여기지만,
높은 지위를 중히 여기지 않는다.
따라서 그는 이것을 취하고 다른 것을 버린다.

* * *

 제53장에서 서술한 정권 아래서 살면, 사람들은 억압받는 위력을 느껴서, 자연히 반감이 생긴다. 그들은 생활이 매우 고달파서 절망적인 상황에

처하였기 때문에, 또다시 통치자의 권력을 두려워하지 않는다. 그러나 두렵고 고압적인 권력과 권위는 더욱 엄중하게 짓누른다.

　통치자에 대한 노자의 충고는 이러하다: 사람들의 거처를 어지럽히지 말아야 하고, 사람들의 생계를 끊지 말아야 한다. 다만 일이 없이 사람들을 억압하지 않으면, 그들은 억압되었다고 느끼지 않는다. 그의 충고는 간절하고, 쌍방에 대하여 모두 이로운 것이다. 그런데 애석하게도 그는 주왕실의 장서고에서 일하는 관리일 뿐, 강한 제후국의 군주가 총애하고 신임하는 사람이 아니다. 그러한 강력한 권력을 가진 통치자의 행위는 아마도 그의 충고와 정반대였다.

　끝으로, 노자는 그가 이상적으로 생각하는 현명한 통치자에 대하여 이렇게 묘사했다. 현명한 통치자는 권력의 속성을 알지만, 그 서슬을 드러내지 않고, 자기의 품위를 중히 여기지만, 높은 지위를 중히 여기지 않는다. 그는 자존심을 존중하지만, 자기의 높은 지위를 존중하지 않는다. 따라서 그는 사람들을 잘 대하여, 그들을 억압하지 않는다.

제74장. 극형으로 다스림

民不畏死, 奈何以死懼之?
若使民常畏死, 而爲奇者, 吾得執而殺之, 孰敢?
常有司殺者殺. 夫代司殺者殺, 是謂代大匠斲.
夫代大匠斲者, 希有不傷其手矣.

사람들이 이미 죽음을 두려워하지 않는데,
왜 죽음을 가지고 그들을 위협하는가?
보통 사람들은 죽음을 두려워하고,
큰 죄를 범한 자들은
우리가 붙잡아 죽일 수 있다.
그러나 누가 그들을 감히 죽이겠는가?

망나니는 항상 사형수의 목을 베는데,
망나니를 대신하여 목을 베는 것은
큰 목수를 대신하여 나무를 베는 것과 같다.
큰 목수를 대신하여 누가 나무를 베든지,
자기 손의 상처를 입지 않는 것은 드문 일이다.

. . .

이 장과 제72장의 내용은 밀접한 연관성이 있다. 통치자가 행하는 제일 두려운 억압 방식은 반항하는 사람을 사형에 처하는 것이다. 노자는 이 장의 첫머리에서 이렇게 묻는다. 사람들이 이미 더 이상 죽음을 두려워하지 않는데, 왜 죽음을 가지고 그들을 위협하는가? 이 말은 당시 사회의 문란과 사람들에 대한 통치자의 잔혹한 정도가 어떠한지를 반영한다. 그는 이어서 이렇게 말한다.

  보통 사람들은 죽음을 두려워하고, 큰 죄를 범한 자들은 우리가 붙잡아 죽일 수 있다. 그러나 누가 감히 그들의 형을 집행하는가? 이 물음에 대답하기가 그리 간단치 않다. 노자는 당시에 통치자가 강제력을 행사하여 사람을 잡아서 죽인다는 사실을 고발하며, 사실 어떤 통치자도 한 생명을 소멸시킬 권리가 없다고 생각한다.

  이처럼 이 문제에 대한 노자의 대답은 분명히 부정적이다. 그는 극형을 반대한다. 그는 도에서 생명이 시작되었고, 오직 도가 생명을 마치게 할 수 있다고 깊이 믿는다. 따라서 그는 이렇게 말한다: 망나니는 항상 사형수의 목을 베는데, 망나니를 대신하여 목을 베는 것은 목수를 대신하여 나무를 베는 것과 같다. 목수를 대신하여 누가 나무를 베든지, 자기 손을 다치지 않게 하는 것은 어려운 일이다. '원인이 있으면 결과가 있다'는 것은 그가 남긴 가르침 가운데 하나이다(제5편 9장 참조). 여기서 그 말의 속뜻이 매우 깊다.

제75장. 부패한 정권의 최후

民之饑, 以其上食稅之多, 是以饑.
民之難治, 以其上之有爲, 是以難治.
民之輕死, 以其求生之厚, 是以輕死.
夫唯無以生爲者, 是賢於貴生.

사람들이 굶주리는 것은
통치자가 세곡*을 너무 많이 거두어 삼켜버리기 때문이고,
그래서 그들이 굶주린다.
백성을 잘 다스리기 어려운 것은
통치자가 그들의 생계를 과도하게 간섭하기 때문이고,
그래서 그들을 다스리기 어렵다.

사람들이 죽음을 가볍게 여기는 것은
통치자가 과도하게 자기의 호화 생활을 추구하기 때문이고,
그래서 그들이 죽음을 가볍게 여긴다.

사람들의 생활을 방해하지 않는 사람만이
탁월하게 값진 인생을 영위한다.

* * *

* 본문의 '세곡'(稅穀)은 전통 농경사회에서 나라에 조세로 바치는 곡식이다.

이 장에서는 한 부패한 정권의 원인과 그에 따른 결과를 묘사했다. 당시 정치의 부패·사회의 문란에 따른 불안과 도탄에 빠진 사람들의 생활이 노자가 이 책을 저술하게 된 주요한 동기 가운데 하나라고 말할 수 있다. 그는 말한다: 사람들이 굶주리는 것은 그들이 일 년 내내 고생하여 거두어들

인 곡물을 통치계급이 공출하여 삼켜버리기 때문이고, 백성을 잘 다스리기 어려운 것은 통치자가 그들의 생계를 과도하게 간섭하거나 방해하고, 전쟁의 참화가 여러 해 계속되기 때문이고, 사람들이 죽음을 가볍게 여기는 것은 통치계급이 과도하게 자기들의 호화 생활을 추구하기 때문이다. 그는 의도적으로 사람들이 죽음을 가볍게 여기는 현실을 묘사하는데, 그 주요한 원인으로 통치자의 과도한 호화생활을 지적하며, 그들이 사람들의 고혈을 짜내서 자기들의 호화 생활을 유지한다고 비판한다. 사람들이 생활에 절망할 수밖에 없는 나락으로 떨어지면, 삶과 죽음의 선택에서, 차라리 죽는 것이 사는 것보다 더 낫다고 여길 수 있다. 노자 시대 이후에, 감격적이고 눈물겨운 혁명에 관한 많은 역사적 사실이 기록되었는데, 일례로 18세기 프랑스 대혁명은 이 장에서 기술한 것을 입증해 주는 셈이다.

끝으로, 누가 삶을 존귀하게 할 수 있는가? 노자의 생각에, 사람들의 생활을 방해하지 않는 사람만이 존귀한 삶을 영위할 수 있다. 바꾸어 말하면, 현명한 군주가 마땅히 사람들의 삶을 존귀하게 하는데, 그는 사람들이 평안히 살며 각자 자기들의 생업에 종사하는데 어떠한 간섭도, 방해도 하지 않는다(제72장 참조). 이것이 통치자가 민권(民權)과 자유(自由)를 존중해야 한다는 노자의 권고이고, 이는 그의 정치철학의 중심 사상 가운데서 중요한 요소이며, 동시에 그의 민주(民主) 사상의 기초를 놓은 것이다(제49장 참조).

부패한 정권의 요점과 추론

이 [가] 부분을 읽으면, 노자가 부패한 통치자를 매섭게 비판하는 것을 볼 수 있는데, 이는 참으로 놀라운 일이다. 그러한 비판의 주요한 원인은 고난받는 사람들에 대한 노자의 깊은 동정심에서 비롯되었다. 이러한 그를 봉건제도를 옹호하는 후대의 학자들이 모두 반역자라고 생각했다. 장정을 모두 전쟁터로 끌고 가니, 남아 있는 사람은 병약한 노인·어린 아이·생활을 위해 매일매일 씨름하는 부녀자들, 이들은 결국 기아로 허덕이다, 끝내 절망한다. 그때의 가공스러운 현실이 노자의 정치 사상에 매우 깊은 영향을 주었다. 통치자에 대한 노자의 규탄은 당시에 어떤 학자도 할 수 없었고, 감히 할 수도 없는 일이었다. 전제·독재의 봉건체재 아래서, 군주를 이와 같이 규탄하면 대역죄인으로 취급된다. 물론 당시에 언론의 자유라는 것은 상상도 할 수 없다. 이것은 노자가 주 왕실의 장서고 관리였다는 사마천의 사기(史記)의 기록이 정확하다는 것을 간접적으로 증명한다. 당시 주 왕실은 이미 쇠약해진 상태에 처해서, 주 왕실 아래에 있는 제후국들 간의 전쟁에서 엄격히 중립을 지킬 수 밖에 없었다. 노자는 이러한 좋은 기회를 이용하여, 자유롭게 말할 수 있었다. 공자는 시종일관 봉건제도와 주 왕실을 옹호했는데, 그가 주나라를 방문했을 때, 노자를 만난 것도 사실이라는 것을 알 수 있다. 노자가 공자에게 한 말 가운데, 공자로 하여금 "깊이 간직하여 드러내지 않는다"는 것과 "큰 지혜가 있는 사람은 어리숙해 보인다"는 아주 깊고 오묘한 이치(哲理)를 배우고, 자만하고 이기적인 태도를 버리라고 권고한다. 이것이 이 책의 철학의 중점과 완전히 부합하는 것은 결코 우연이 아니다. 노자의 철학은 세상에 들어가서 사람들을 이롭게 하는(入世利民) 것으로, 이를테면 '참여 철학'이라 할 수 있다. 따라서 그의 책은 세상을 벗어나서 은거하는(出世隱居) 학자의 저작일 수가 없다. 결과적으로 이러한 추론은 〈노자 개관〉에서 노자 시대의 문제에 대하여 언급한 전통 관념의 정확성을 인정하는 것이다.

나. 이상 사회 · 함이 없이 다스림

제15장. 현명한 통치자의 모습

古之善爲士者, 微妙玄通, 深不可識. 夫唯不可識, 故强爲之容:
豫兮若冬涉川; 猶兮若畏四鄰; 儼兮其若客; 渙兮若冰之將釋;
敦兮其若樸; 曠兮其若谷; 渾兮其若濁;
孰能濁以止? 靜之徐淸. 孰能安以久? 動之徐生.
保此道者, 不欲盈. 夫唯不盈, 故能蔽不新成.

옛날에 도에 충실한 군주가 있었다.
그는 예민하고 통달한 사람이지만,
깊이 은거하여 사람들이 몰랐는데,
그것은 사람들에게 이해받지 못했기 때문이다.
그래서 그의 모습을 억지로 묘사해 본다.
그는
겨울에 얼어붙은 개울을 걸어서 건너듯 신중하고,
사방의 이웃 나라를 두려워하는 듯 머뭇거리고,
예의 바른 귀빈처럼 보수적이고,
곧 녹아서 물이 될 얼음덩이처럼 유순하고,
가공하지 않은 원래의 재료처럼 충실하고,
넓은 산골짝처럼 마음이 열려있고,
혼탁한 강물처럼 혼란스럽다.

누가 마음속의 혼탁을 가라앉힐 수 있는가?
고요해지면 스스로 점차 맑아질 것이다.
누가 긴 고요 후에 소생할 수 있는가?
활동을 통하여 점차 스스로 회복할 것이다.

도에 충실한 사람은 극단에 도달하려 하지 않고,
극단에 도달하지 않기 때문에
낡아지지 않을 수 있고 새로운 성취를 이룰 수 있다.

* * *

   이 장은 한 현명한 군주의 모습이다. 그는 예민하고 통달한 사람이지만, 깊이 은거하여 드러나지 않아, 사람들이 그를 쉽게 이해하지 못한다. 그는 일에 있어서 매우 신중하여, 사방의 이웃 나라를 두려워한다. 그의 처세와 사람됨은 보수적이고, 유순하고, 충실하다. 그러나 때로는 마음이 혼란하고 심란해져, 중대한 문제에 직면하여 결정을 하지 못하고 머뭇거린다.
   노자는 자연현상을 이용하여, 그의 충고를 전달한다. 그는 탁한 물이 고요해지면 스스로 점차 맑아질 것이라고 말한다. 바꾸어 말하면, 무릇 중대하고 곤란한 결정을 해야 할 때는, 반드시 시간을 내어 고요히 생각하여 대책을 마련해야지, 경거망동해서는 안 된다.
   다른 한편으로, 모든 일에 있어서 시간의 변화에 호응하지 않으면 안 된다. 예를 들어, 한 나라가 오랫동안 평온한 시기를 거치면서, 시대와 어긋나지 않아야 하는데, 그렇게 되려면, 마땅히 적당한 활동을 통하여 사회가 진보하도록 해야 한다.

노자의 결론은 도에 충실한 사람은 극단으로 치닫지 않으며, 오래된 폐단을 피하고, 시대에 낙후되지 않고, 계속 새로운 성취를 이루어 낼 수 있다. 그는 변한다는 것이 하나의 불변의 진리라는 것을 알고 있다(제3편 참조).

　　일을 처리하고 사람들과 어울려 살아가는 과정에서 잘못은 피할 수 없는 일이다. 그러므로 모든 일에는 반드시 여지를 두어야 잘못을 보완하고 개선할 수 있다. 오늘날 즐겨 쓰는 말로 하면, 여지를 둠으로써, 개인이 자신을 새로 발견하고, 새로운 환경에 적응하고, 기업가가 조직을 새롭게 개편하여, 새로운 기업환경의 도전에 대처할 수 있고, 이로써 정치 지도자로 하여금 객관적으로 정책의 실효성을 심의하여 결정하고, 필요한 것에 대하여 개선하도록 한다.

제17장. 통치자 · 함이 없이 다스림

太上, 下知有之; 其次, 親而譽之; 其次, 畏之; 其次, 侮之.
信不足焉, 有不信焉.
悠兮其貴言. 功成事遂, 百姓皆謂:"我自然".

제일 좋은 통치자는
사람들이 그가 있다는 것만 알고,
그다음의 통치자는
사람들이 그를 칭송하며 가까이 하고 싶어 하고,
그다음의 통치자는
사람들이 그를 두려워하고,
그다음의 통치자는
사람들이 그를 경시한다.

타인에 대한 신뢰가 부족하면
타인의 신뢰를 잃는다.

제일 좋은 군주는 느긋하고 말수가 적으며,
주어진 일을 성공적으로 마치고 물러나면,
'우리에게 그것은 자연스럽고 당연한 결과'라고
사람들이 말한다.

이 장에서 노자는 사람들이 통치자에 대하여 갖는 좋아하거나 싫어하는 감정에 근거하여, 차례대로 기술한다. 제일 좋은 통치자에 대하여, 사람들은 그가 존재한다는 사실만 알 뿐이다. 그것은 그가 대단히 공평하고 이기심이 없이 일을 처리하는 까닭에, 그가 사람들을 향하여 말을 많이 할 필요가 없으며, 그와 사람들 사이에 서로 건전한 신뢰 관계가 구축되어 있기 때문이다. 통치자가 사람들을 위하여 고생스럽고 고된 사업을 완수한 뒤에, 그는 절대로 자신이 이룬 성과를 내세우지 않는다(제77장 참조).

그러므로 사람들은 사업이 원만하게 성공하게 된 것은 자연적 결과라고 말한다. 이러한 사회에서 사람들은 평안히 살며, 즐겨 생업에 종사하고, 번영을 구가하고 평온한 삶을 누린다. 이것이 노자가 지향하는 도에 따른 사회의 모습이고, 함이 없이 다스리는 통치자의 나무랄 데 없는 정책의 결과이다. 사실, 도에 따라 영위되는 사회는 하나의 이상적인 사회이고, 함이 없이 다스리는 것도 이상적인 정책이다.

아쉽게도, 공자를 추종하는 후대의 학자들이 노자의 함이 없이 다스리는 정책에 대하여 크게 문제를 제기하고 공격했다. 사실 이러한 이상적인 정책은 공자 본인도 대단히 찬성한 것이었다. 함이 없이 다스리는 이상은 도의 이상이 이미 두루 퍼진 사회에서 실현될 수 있는 것이다. 그러므로 '함이 없다'(無爲)는 그 참뜻은 도를 거스르지 않는 행위와 도를 거스르는 정책을 시행하지 않는 것을 가리킨다. 이에 대하여, 아래 제37장에서 좀 더 설명한다.

제37장. 도는 영원히 함이 없다

道常無爲而無不爲.
侯王若能守之, 萬物將自化. 化而欲作, 吾將鎭之以無名之樸.
無名之樸, 夫亦將無欲.
不欲以靜, 天下將自定.

도는 영원히 '함'이 없지만, 또한 '하지 않음'도 없다.
왕과 제후가 도에 대한 믿음을 지킬 수 있으면,
세상만사는 저절로 변하게 될 것이다.
만일 새로운 욕심이 다시 일어나면,
나는 이름 없는 자연의 '소박함'으로 그것을 진압할 것이다.
이름 없는 자연의 '소박함'을 '욕심 없음'이라고도 부르며,
이기적 욕심을 버리면 편안해지고,
그러면 자연히 세상에 평화가 깃든다.

...

  이 장의 첫머리에서, 도는 영원히 함이 없지만, 만물 곧 세상만사에 필요한 것은 부족하지 않다고 말한다. 따라서 도는 함이 없지만, 또한 하지 않음도 없다. 제17장에서 이미 언급한 '함이 없음'의 참뜻은 도를 거스르는 행위를 하지 않는 것이다. 바꾸어 말하면, 도는 영원히 그 자체 내에서 서로 모순되지 않는다. 노자는 여기서 다시 한번 도에 대하여 조금도 흔들림 없는 그의 믿음을 드러낸다(제73장 참조).

그는 계속하여 통치자가 도에 대하여 믿음을 지키면, 세상만사는 모두 저절로 도에 따라서 변하게 될 것이라고 말한다. 만일 변화가 이루어진 뒤에, 이기적 욕심이 다시 머리를 들고 일어나면, 그는 이름 없는 자연의 '소박함'으로 그것을 진압할 것이다.

이름이 없는 소박함이란 정상적인 욕망과 황금률(金言, Golden Rule)과 유사한 좋은 덕을 포함하여, 아직 이름이 붙지 않은 하늘이 부여한 어진 덕(善德)이다. 여기서 언급한 황금률은 공자가 여덟 글자로 남긴 가르침으로, 그것은 "자기가 원하지 않는 것은 남에게 베풀지 않는다"(己所不欲, 不施予人)는 것이다.

다른 한편, 제7편 46장에서 언급한 것으로, 그는 파괴적인 욕망·무제한의 탐욕·이유가 없는 불만·만족할 줄 모르는 요구 등을 모두 인간 죄악의 원흉으로 본다. 사회의 안녕과 번영을 누리려면, 그러한 화근을 모두 근절해야 한다. 그러므로 이름 없는 소박함은 남을 해치지 않고 자기에게도 이로운 욕망이라고 말할 수 있다. 그리고 앞서 언급한 이기적 욕망들을 버리면, 세상이 평온해지고, 평화가 자연히 따라온다.

제43장. 말이 없이 가르치고, 함이 없이 얻는다

天下之至柔, 馳騁天下之至堅. 無有入無間.
吾是以知無爲之有益.
不言之敎, 無爲之益, 天下希及之.

세상에서 가장 부드러운 것이
가장 단단한 것 속에서 활약하고,
보이지 않는 물질이 틈이 없는 물체 속으로 침투한다.
그러므로 나는 '함이 없는' 이점을 이해한다.

'말이 없는' 가르침과 '함이 없는' 이점!
세상에서 그것에 필적할 수 있는 것은 거의 없다.

* * *

사람들은 무수한 자연현상을 관찰하고 이해할 수 있다. 그러나 그러한 현상이 왜 발생하는지를 이해하는 것은 대단히 어렵다. 제1편 1장에서 언급한 것처럼, "상무욕, 이관기묘; 상유욕, 이관기요"(常無欲, 以觀其妙; 常有欲, 以觀其徼)다. 여기서 요(徼)는 현상이고, 묘(妙)는 그 현상이 나타나는 원인(근원)을 가리킨다. 원인을 찾는 것은 진리를 이해하는 과정이다. 진리를 이해하는 것은 지혜가 출중한 성인에게도 여전히 어려운 문제이다.

오늘날 과학자들이 피곤함을 잊고 각자 연구에 몰두하는 그 동기가 진리를 찾고자 하는 것이 아닌가?

이 장에서, 세상에서 가장 부드러운 것이 가장 단단한 것 속에서 활약하고, 보이지 않는 물질이 틈이 없는 물체 속으로 침투한다고, 말했다. 이러한 관찰이 현대 과학의 여러 가지 측정기구의 도움을 받지 않고, 오로지 사람의 다섯 가지 감각 기관(五官) — 눈·귀·코·혀·피부 — 의 능력에 의존하여 이루어졌다니, 참으로 놀라운 일이 아닐 수 없다. 노자가 명확히 설명하지 않았지만, 이 모든 것이 도의 작용이라는 것을 암시한다.

이것은 곧 제37장에서 언급한 것처럼, "도는 영원히 '함'이 없지만, 또한 '하지 않음'도 없다"의 각주(註脚)이기도 하다. 동시에 이것은 "함이 없이 다스림"(無爲而治)의 철학적 근거가 된다. 《淮南子》의 저자도 동감하는 바, 그 관련된 한 단락을 아래에 소개한다:

"지혜가 있는 사람은
자연현상으로 발생하는 것에 대하여 두려워하지 않고,
경험과 견문과 학식이 있는 사람은
뜻밖의 이상한 현상 때문에 당황하거나 두려워하지 않는다.
성인은 가까운 곳에서 추론하여 먼 곳의 정세까지 알 수 있고,
모든 만물이 모두 하나의 원리를 따른다는 것을 안다."

노자의 결론은 이러하다: "말이 없는 가르침과 함이 없는 이점! 세상에서 그것에 필적할 수 있는 것은 거의 없다." 말이 없는 가르침은 자연이 사람에게 주는 가르침이다. 자연은 아름답고, 경이롭고, 이기적이지 않다.

만일 통치자와 대중이 모두 자연에서 배울 수 있다면, 정치는 자연과 같이 정상 궤도에 오를 수 있다. 동시에 말이 없는 가르침은 솔선수범(以身作則)의 뜻이 포함되어 있다. 노자의 정치철학은 함이 없는 다스림 외에도, 군주가 솔선수범하고, 공평하여 사사로움이 없고, 함이 없이 다스리는 이상에 도달할 필요성을 역설한다.

사람의 지혜는 다른 동물과 비교할 수 없을 정도로 대단히 뛰어나다. 천부적인 감각 능력과 생각하는 능력에 의거하여, 늘 자연으로부터 주어진 영감을 얻을 수 있다.

사람은 호기심을 충족하고, 삶의 필요를 부추겨, 예술·음악·문학·추상적 사유·사회와 자연 과학 등의 발전을 부단히 확충한다. 그리고 이 모든 발전이 축적된 것이 바로 사람의 지식과 문화다.

"배움에는 끝이 없다"(學無止境)라고 하는 그 필연성은 바로 여기에서 비롯되는 것이다. 이에 대하여 제48장에서 좀 더 논의한다. 지식에 대한 노자의 논술에 대하여, 역대 학자들의 의견이 분분했고, 호된 비판이 가해졌다. 이와 관련하여, 본편(제8편) 65장의 해석으로 상세히 논의하고 명백히 밝힌다.

제48장. 배움의 추구와 도의 실천

為學日益, 為道日損. 損之又損, 以至於無為. 無為而無不為.
取天下常以無事, 及其有事, 不足以取天下.

지식을 습득하면 일이 매일 늘어나고,
도의 이치를 깨달으면 일이 매일 줄어든다.
줄어들고 또 줄어들어 마침내 '함이 없음'에 이른다.
도는 '함이 없음'이지만, 하지 않는 것이 없다.
세상을 얻으면 항상 일이 없어야 하는데,
일이 있다면, 세상을 얻을 가치가 없다.

***

이 장에서 노자는 지식을 습득하는 것과 도의 이치를 깨닫는 것이 어떻게 다른가에 대하여 말한다. 그는 말한다:지식을 습득할 때, 새로운 지식을 추구하는데, 그럼으로써 일은 매일 늘어나게 된다. 여기서 그는 "배움에는 끝이 없다"는 사실을 간접적으로 인정한다. 지식이 있음으로, 권력을 쟁취하고 이익을 도모할 수도 있고, 혹은 그것을 이용하여, 생활의 본질과 조건을 개선할 수도 있다. 누구나 지식을 선용할 수도 있고 또 농단할 수도 있는데, 그것으로 자기의 이익을 도모하는 것 외에도, 자기의 경쟁 상대를 누르고, 민첩하게 먼저 목적을 달성할 수 있다. 춘추시대(기원전 722~480년) 후기와 전국시대(기원전 480~221년)에 가난한 실업자 처지에 놓여있던 어떤 학자들은 그들의 새로운 지식을 이용하여, 하루아침에 갑자기 권세 있는 높은 지위에 등용되어, 가문의 영광이 되었다. 이런 유의 유혹의 힘이 실제로 새로운 지식을 추구하는 주요한 동기가 된다.

다른 한편으로, 도의 원리를 이해하는 것은 어렵다. 노자는 도(道)와 "하나"(一)·우주(宇宙)·자연(自然)을 구별하지 않는데, 실제로 이것들은 모두 도(道)를 대표한다. "도는 영원하지만 이름이 없다"(道常無名)(제1편 32장 참조)는 것은 곧 도가 영원하여도, 그 전모를 알 수 없다는 것이다. "도는 만물의 비밀을 간직한다"(道者萬物之奧) (제1편 62장)라는 것은 도가 모든 지식의 총화(總和)라는 것을 암시한다. 지금까지 사람이 얻은 지식은 다만 하찮은 것 가운데 일부일 뿐이고, 시간과 공간의 변화에 따라서 대부분은 여전히 발굴되기를 기다리고 있다. 이것 또한 제1편 1장의 "말 할 수 있는 도는 보편적이고 영원한 도가 아니다"(道, 可道, 非常道)라는 부분의 각주(註脚)에 해당한다. 누가 만일 만물의 신비를 얻으려고 한다면, 반드시 고정관념을 제거하고, 고요한 마음을 품고, 만물이 생성되고 소멸하는 변화를 순전히 객관적으로 관찰해야 한다. 이는 "지극히 극진한 자세로 마음을 텅 비우고, 고도의 고요함을 굳게 유지하라. 만물이 동시에 발전하는 동안, 나는 그것들의 순환 과정을 지켜볼 수 있다"(致虛極, 守靜篤. 萬物並作, 吾以觀復) (제3편 16장)거나, "항상 객관을 유지하면, 놀라움을 발견할 수 있다"(常無欲, 以觀其妙)(제1편 1장)고, 노자가 말한 바와 같다. 만일 사람이 똑똑히 관찰하고 깊이 생각할 수 있으면, 자연의 변화의 아름다움과 오묘함 그리고 그 규칙성을 알아차리고, 개개의 사물과 개개의 사건의 모습과 그 작용을 빨리 발견할 수 있는데, 이 모두 도의 작용이 존재한다는 것을 반영한다(제1편 34장 참조). 모든 일에 있어서, 정확히 도의 이치를 따르는 것은 성공의 지름길이다. 그러나 만일 오묘함 혹은 성공의 필요 조건이 부족하다는 것을 알거나, 때가 아직 무르익지 않았다거나, 그 조건이 사람의 능력이 할 수 있는 범위를 아주 많이 넘어선다면, 그때는 분명히 '함이 없음'(無爲)이야말로 유일한 대책이 된다. 그것은 바로 "세상에서 가장 부드러운 것이 가장 단단한 것 속에서 활약하고, 보이지 않는 물질이 틈이 없는 물체 속으로 침투한다. 그러므로 나는 '함이 없는' 이점을 이해한다"(제43장)고 노자가 말한 바와 같다. 그는 도가 비록 함이 없지만, 하지 않는 것이 없다고, 계속하여 말한다. 도가 작용하는 영역은 '자연'과 '인위'를 포함한다. 그는 많은 자연현상이 인위적 현실과 유사하다고 깊이 믿는다. 바꾸어 말하면, 사람은 자연의 "말이 없는 가르침"을 이용하여, 인위적인 많은 문제를 해결할 수 있다. 그는 끝으로 인위적인 예를 하나 든다. 그는 세상을 손에 넣고 통치하는 전제 군주·독재자는, 자연의 운행처럼, 무리하지 않고 알력과 다툼을 만들어 내지 않는 '지도 원칙'을 모방해야 한다고 말한다. 만일 그가 개인의 욕심을 충족시키려고 자기의 뜻을 강요하면, 그 결과는 무고한 사람의 살상과, 사람들이 살 곳을 잃어 유랑하게 되어 견딜 수 없는 고통을 겪게 하는 것을 포함하여, 반드시 심각한 알력과 다툼을 유발한다. 이것이 도를 거스르는 행위이다. 결국 횡포한 자는 스스로 패망을 자초한다(제7편 30장 참조). 예컨대, 19세기 프랑스의 철권 통치자와 20세기 독일의 철권 통치자의 말로가 어떠했는지, 역사의 기록으로 남아 있다. 이 모든 것이 노자의 예언을 증명해 주는 셈이다.

제80장. 하나의 이상 사회

小國寡民. 使有什伯之器而不用; 使民重死而不遠徙.
雖有舟輿, 無所乘之, 雖有甲兵, 無所陳之.
使人復結繩而用之, 甘其食, 美其服, 安其居, 樂其俗.
鄰國相望, 雞犬之聲相聞, 民至老死, 不相往來.

소수의 사람이 사는 작은 국가가 있다.
여기서는
많은 생활 도구를 사용하지 않고,
사람들이 생명을 소중히 여기고,
멀리 이주하지 않는다.
배와 수레가 있지만, 아무도 타지 않는다.
갑옷과 무기가 있지만, 진열할 곳이 없다.

사람들이 밧줄에 매듭을 묶어 기록하던 때로 돌아가고,
그들이 늘 그래왔듯이
 맛있게 먹고 마시고,
 아름다운 옷을 입고,
 안전한 거처에서 살고,
 그들의 습속을 즐겨 누리게 한다.

이웃 국가의 사람들이 서로 육안으로 볼 수 있고,
닭 우는 소리와 개 짖는 소리를 서로 들을 수 있지만,
사람들은 서로 왕래도 없이 늙어가고 죽는다.

이 장에서 노자는 그의 이상 사회를 묘사한다. 그는 인구가 많지 않은 작은 나라를 그려내고 있다. 거기에 많은 생활용품이 있지만 사용되지 않고, 사람들은 생명을 존귀하게 여기고, 멀리 이사 가기를 원하지 않는다. 배와 수레가 있어도, 아무도 그것을 타지 않는다. 갑옷과 투구 그리고 병기가 있어도, 그것을 진열할 곳이 없다. 사람들의 생활은 간단하고 소박하여, 매듭을 묶어 기록하던 시대로 거슬러 올라간 것 같다. 그러나 잘 먹고 마시며 살고, 아름다운 옷을 입고, 안전한 거처에서 살며, 그들의 관습과 전통을 즐겨 누린다. 비록 이웃 나라 사람들을 육안으로 볼 수 있고, 닭이 울고 개가 짖는 소리를 서로 들을 수 있어도, 늙어 죽을 때까지 서로 왕래가 없다. 여기서 노자의 노스탤지어를 엿볼 수 있고, 그가 안녕을 누리고 기쁘게 살던 예전의 사회를 회복하려는 희망을 품고 있는 것을 엿볼 수 있다. 주나라가 개국하고, 봉건왕조 시대를 건립한 초기에 이러한 사회가 아마도 존재했을 것이다. 쓸모 있는 생활 도구와 물건·배와 수레·투구와 병기 등은 아마도 무왕(武王)이 상(商)을 멸망시키고 얻은 전리품이었을 것이다.

이것은 외적의 침범에 대한 걱정도 없고, 나라 안의 걱정도 없는 이상 사회다. 사람들은 군주가 있다는 사실만 알 뿐이고, 정부의 불필요한 간섭과 방해도 없고, 안정된 생활을 유지하여, 다른 안락한 곳을 찾을 필요가 없다. 도가 온 세상에 이미 편만해서, 노자의 '함이 없이 다스림'의 이상이 이미 사실이 되었다.

'이상 사회'와 '함이 없이 다스림'의 요점

[나] 부분의 각 장의 주제는 '이상 사회'와 '함이 없이 다스림'(無爲而治)이다. 노자는 한 현명한 군주의 모습을 그려냈는데(제15장), 그는 일을 처리하는 데 있어서, 신중하고 보수적이며, 사람됨이 유순하고 마음이 열려있다. 극단을 피하지만, 계속 새로운 성취를 이뤄낼 수 있다. 노자는 계속하여, 사람들은 그의 존재만을 알고, 그를 절대적으로 신뢰한다고, 말한다(제17장). 그는 사람들을 위하여 자기의 직무를 다하고, 그가 순리에 따라 일을 완수하고 나면, 사람들은 모두 그것이 자연적 결과라고 말한다. 이것이 바로 함이 없이 다스리는 이상 사회의 모습이다. 노자의 노스텔지어는 하나의 이상 사회의 실례를 그려냈다(제80장 참조).

노자의 '함이 없는 철학'(無爲哲學)이 그 뿌리로 내려가면 결국 도(道)다. 그것은 도가 영원히 '함이 없음'(無爲)이기 때문이고(제37장), 사심 없음(無私)을 기초로 한다. 사람이 도를 따를 수 있으면, 정치도 올바른 궤도에 오를 수 있다. 그래서 그는 세상 사람들에게 말이 없이 가르치고 사심이 없이 행하는 자연을 학습하도록 권고한다(제43장). 그가 볼 때, 세상만사 모두 도를 거슬러 무리하게 강요해서는 안 된다. 그것은 도가 비록 함이 없지만, 하지 않는 것도 없다는 것을, 그가 깊이 믿기 때문이다(제48장). 누가 힘으로 강제하여 세상의 것을 취하면, 그것은 도를 거스르는 것이다. 따라서 그는 세상을 통치하기에 부적합하다.

노자 시대의 정치적 배경과 그가 이상으로 생각하는 사회를 알고 나서, 우리는 아래 [다] 부분 각 장에 내포된 의미와 그의 정치철학의 주체를 이해할 수 있을 것이다.

다. 정치 철학 · 민주 사상 · 서로 돕고 함께 번영하는 외교

제3장. 현명한 통치자는 함이 없이 다스린다

不尚賢, 使民不爭; 不貴難得之貨, 使民不爲盜;
不見可欲, 使民心不亂.
是以聖人之治, 虛其心, 實其腹, 弱其志, 強其骨.
常使民無知無欲. 使夫智者不敢爲也. 爲無爲, 則無不治.

성취한 자를 높이지 않으면,
사람들이 이익을 다투지 않을 것이다.
희귀한 물건을 귀하게 여기지 않으면,
사람들이 도둑질할 유혹을 느끼지 않을 것이다.
욕망이 생길 수 있는 유혹을 느끼지 않게 되면.
사람들의 마음이 동요하지 않을 것이다.

그러므로 현명한 군주는
사람들이 마음을 비우게 하고,
그들의 배를 채우고,
그들의 야망을 약화시키고,
그들의 몸이 강화되도록 한다.
항상 백성이 지식이 없고 탐욕에 빠지지 않게 하면,
교활한 자조차도 감히 경솔히 행동하지 않는다.
함이 없이 이루어 내는 이상 사회를 실현하게 하면,

다스려지지 않는 나라가 없을 것이다.

...

'함이 없이 다스림'의 이상에 도달하기 위하여, 노자는 이 장에서 그가 동경하는 나라를 다스리는 정책을 설명했다. 그는 사회의 문란이 통치계급의 야심과 제어되지 않는 탐욕에서 비롯된다고 생각한다. 이른바 성취를 이루어낸 현명한 학자들은 당시 집권자의 주요한 고문 역할을 하는 심복들이다. 통치자의 총애를 얻기 위하여, 그들 현인들은 서로 권력을 다투고 이익을 챙기려고 혈안이 되어, 수단과 방법을 가리지 않았으며, 언제나 음모와 위선으로 그들의 목적을 달성해냈다. 따라서 그들은 사람들의 나쁜 본보기이다.

그래서, 노자는 모종의 성취를 이룬 현인을 존경하지 않아야, 사람들이 이득을 취하려고 서로 경쟁하지 않을 것이며, 희귀한 물건을 귀하게 여기지 않아야, 사람들이 도둑질할 유혹을 느끼지 않게 되며, 유혹이 될 만한 것을 보지 않도록 해야, 이기적인 욕망이 생기지 않아서, 민심이 동요하지 않을 것이라는 제안을 한다. 그러므로 현명한 군주의 정책은 사람들이 마음을 비우게 하고, 그들의 배를 불리고, 그들의 야심을 약화시키지만, 그들의 몸을 강화시켜서, 그들이 만족하고 건강한 공민(公民)이 되도록 한다. 대중이 자기중심의 지식과 이기적 욕망이 없도록 하면, 교활한 사람조차 감히 경거망동하지 않을 것이다. 노자는 함이 없이 다스리는 정책을 실행하여, 함이 없이 다스리는 이상을 달성하면, 다스려지지 않는 나라가 없을 것이라고 생각한다.

제18장. 사회의 쇠퇴 현상

大道廢, 有仁義;
智慧出, 有大僞;
六親不和, 有孝慈;
國家昏亂, 有忠臣.

큰 도가 쇠퇴하면,
인과 의가 대두된다.
지식과 잔꾀가 나타나면,
큰 위선이 뒤따른다.
부모 형제 처자가 서로 불목하고 다투면,
효도와 부모의 사랑이 강화된다.
국가와 사회가 혼란해지면,
국가에 충성하는 대신이 나타난다.

* * *

이 장에서 묘사된 것은, 쇠락하는 현상이 심각하게 나타나는 사회이다. 도가 비록 우주만물의 운행을 제어하지만, 사람의 지식을 제어할 수 없다. 도가 사람에게 부여한 것은 민첩하고 능력이 많은 몸과 생활의 필요와 대를 잇기 위한 후손에 대한 욕망 이외에도, 가장 중요한 것은 추상적 사고·이해·기억·조직과 분석의 경험을 포함하는 생각하는 능력이다. 이것이 다른 동물과 확연히 다른 독특한 점이다. 이렇듯 생각하는 과정을 통하여,

사람은 적당한 결론을 얻고, 그가 장래에 직면하게 될 것들에 대하여 대처한다.

사람의 지식이 형성되는 발단은, 과거로 거슬러 올라가면, 아마도 과거 사람에게 아직 '주관적 의견'이 없던 어느 시기로 볼 수 있다. 그때의 생활은 간단하고, 필요한 것을 각자 마련하는 것을 제외하면, 사람과 사람의 관계도 단순하고, 복잡한 사회 문제도 없었다. 이러한 전제 아래, 우리는 원시시대의 사람이 도의 원칙에 따라서, 어떻게 생존하고 후손을 이어갔을지 추정해 볼 수 있다.

인구가 늘어나면서, 무리를 지어 함께 모여 살게 되고, 사람들 사이의 접촉도 늘어나면서, 복잡한 사회문제가 발생하여, 그러한 문제를 시급히 해결해야 했다. 사회의 질서를 유지하려고, 공자와 같은 철학자들이 깊이 생각하여, 선한 것(善)과 악한 것(惡), 옳은 것(是)과 그른 것(非)에 대한 표준을 세워야 한다고 주장했다.

천부적인 측은지심(惻隱之心)은 인애(仁愛)로 바뀌었고, 공평한 심리(心理)는 의리(義理)로 바뀌었다. 그러나 봉건귀족 정권 아래서, 선한 것과 악한 것을 정하고, 옳은 것과 그른 것을 구별하는 것은 모두 집권자의 특권을 존중하는 기반에서 이뤄졌다. 따라서 귀천(貴賤)의 구분이 생기고, 군자(君子)와 소인(小人)을 구별했다.

사람이 정한 이런 유의 기준에 따라서, 집권자가 이득을 보고, 평민은 손해를 입는 것은 필연적 결과이다. 이것은 주관적 표준의 결점으로, 객관적 기준에 따른 공평과 합리에 미치지 못한다(제4편 38장 참조).

지식과 교묘한 지혜 곧 잔꾀를 가진 사람은 주관적 표준의 약점을 이용하여, 다른 사람에게 손해를 입히고 자기의 이익을 도모했다.

여기서 위선(僞善)이 대두된다. 위선과 이익을 다투는 것 때문에 가정이 불목하게 된다. 다만 천부적인 자식의 효도(子孝)와 부모의 자애(親慈)가 다소 그 관계를 완화할 뿐이다(제6편 20장 참조).

나라가 혼란에 빠지면, 위선적인 대신은 나타나지 않고, 나라에 충성하는 사람들이 자기를 희생하여 나라를 구했다. 노자는 주관적 표준이 위선을 고취시키는 주요한 원인이라고 생각한다. 이에 대하여 아래 제19장에서 더 상세히 밝힌다.

제6편 20장의 해석에서, 장자는 도덕(道德)이 폐기되고 난 뒤에 인의(人義)가 나온 것은 공자의 잘못으로, 이는 '반자연적'(反自然的)이라고 분명히 지적했다. 인의를 제창한 목적이 세상 사람들의 마음을 순종하게 하는 것이었고, 또한 예의(禮儀)를 제정했는데, 이것은 사람의 외모(外在形體)를 바로잡고 귀천을 구별하기 위한 것이다.

그 결과, 세상 사람들이 자신들이 원래 지니고 있던 본성(本性)을 잃어버리고, 서로 이익을 다투는 가운데, 교묘한 지혜 곧 잔꾀가 나타나고, 위선이 뒤따라 등장했으니, 사회의 쇠퇴 현상이 이렇게 나타났다.

제19장. 덕이 있는 사회의 기초

絕聖棄知, 民利百倍;
絕仁棄義, 民復孝慈;
絕巧棄利, 盜賊無有.
此三者以為文, 不足.
故令有所屬:
見素抱樸, 少私寡欲.

성인을 내치고 지식을 버리면,
사람들이 백 배의 이익을 얻을 것이다.
인을 끊고 의를 버리면,
사람들은 효와 사랑을 회복할 것이다.
잔꾀를 끊어버리고 이윤을 포기하면,
강도와 도둑이 사라질 것이다.

이 세 가지로 학설을 만들기에는 부족하니,
사람들이 이러한 종지*를 갖도록 해라.

할 수 있는 한 단순하고 간결하게,
이기심을 줄이고 욕망을 제한해라.

* 본문의 '종지'(宗旨)는 '주요
한 사상이나 뜻'을 가리킨다.

노자는 이 장에서 제18장의 주제를 계속 이어가며, 자기중심적인 생각과 지식에 대하여 호되게 비판한다. 그가 특정인의 이름을 언급하지 않았지만, 그는 공자가 제창한 인의(仁義)가 당시 허위와 위선의 주요한 원인이라고 분명히 지적한다. 공자와 그의 제자들은 성인으로 존경받는데, 그들 가운데 다수가 아마도 당시 군주들의 고문이 되어 심복 노릇을 했을 것이다. 그들은 사람의 지혜를 이용하여, 평민을 억압하고 다스렸다. 이것은 이 장의 첫머리에서 말한 "성인을 내치고 지식을 버리면, 사람들이 백 배의 이익을 얻을 것이다"에 대한 초보적 해석이다. 아래 제65장에서 이와 관련하여 더 상세히 논의한다.

"인을 끊고 의를 버린다"(絕仁棄義)와 관련하여, 더 상세하고 정곡을 찌르는 장자의 의견이 있는데, 그것을 간단히 번역하여 소개한다:

"도둑이 상자를 열고, 자루를 뒤지고,
궤를 여는 것을 예방하기 위하여,
반드시 끈으로 꼭 묶고,
자물쇠와 고리를 단단히 거는데,
이것은 도둑질을 막는 성인의 지혜로써
세상의 상식이 된 것이다.
그러나 큰 도둑이 오면 아예 궤를 짊어지고
상자를 둘러메고 자루째 들고 달아나면서,
오직 끈과 자물쇠와 고리가 단단히 잘 묶여 있는지만을 걱정한다.
그러니 이른바 도둑을 예방하는 상식적 조치가
오히려 도둑이 장물을 쉽게 운반할 수 있도록

도움을 준 꼴이 되지 않는가?
성인의 지혜란 결국 큰 도둑이 장물을 운반하도록 도와준 문지기와 다를 게 뭔가?"

"성인이 죽지 않으면, 큰 도둑이 멈추질 않는다.
비록 성인을 중용하여 나라를 다스린다 해도,
그 결과는 오히려 도둑의 이익을 증가시킬 뿐이다.
세상의 편리를 위하여,
말과 되를 만들어 사용하면,
큰 도둑은 말과 되마저 훔쳐 간다.
저울을 만들어 무게를 달면,
큰 도둑은 저울마저 훔쳐 간다.
인장을 만들어 신용을 지키려 하면,
큰 도둑은 인장마저 훔쳐 간다. 그리고
인의로 품행을 바로 잡으려 하면,
큰 도둑은 심지어 인의마저 훔쳐 간다. … "

"또한, 허리띠 고리를 훔친 자는 처형을 당하는데,
나라를 훔친 자는 제후가 된다.
그 제후의 문 아래에 인의가 여전히 존재하고,
제후를 위하여 인의를 제창한다. 그러나
그가 바로 인의를 훔치고 성인의 지혜를 훔친
큰 도둑이 아닌가?"

"이처럼 도둑의 이익이 증가해도,
그것을 금지시킬 수 없을 정도까지 된 현실은
참으로 성인의 잘못이다. … 그러므로,
'물고기는 못을 벗어날 수 없고,
나라에 이로운 도구를 사람들에게 보여서는 안 된다'고 한 것이다.
이들 성인들은 세상의 이로운 도구이다.
그러니 세상에 공공연하게 진열할 수 없다.

— 거협편(胠篋篇)

장자는 효과적으로 '인의'와 '위선'의 실례를 들어서, "인을 끊고 의를 버린다"(絕仁棄義)는 것의 원래 의미를 해석했다. 인의는 성인이 제창한 것이다. 그러나 인의는 큰 도둑(제후)을 제어하지 못하고, 더욱이 평민을 지킬 수 없을뿐더러, 오히려 위선과 음험한 품행을 고취할 뿐이었다. 사람들은 다만 자녀의 효도와 부모의 사랑으로 가정의 안녕을 유지할 수 있었다. 부모에게 효도하고 자녀를 사랑하는 것(孝慈)은 '자연'이 부여한 것으로, '인위'적인 결과가 아니다. 한 사회가 약은 사람의 수완과 이윤(利潤)을 치켜세우지 않으면, 불합리한 현상을 줄일 수 있고, 빈부의 큰 격차를 줄일 수 있어, '빈부귀천'에 대한 사람들의 평가를 개선할 수 있고, 점차로 진실한 '인의'가 존중되고 귀한 가치로 여겨져, '도덕'과 합류하게 될 것이다.

정치철학에 있어서 노자와 공자의 갈림길이 되는 주요한 지점은 '자연 중심'과 '인간 중심'의 차이다. 자연의 "함이 없지만 하지 않음도 없음"과 규율성이 노자 철학에 깊은 영향을 주었다. 그는 자연이 자기중심적 개념이 없으므로, 객관적이고 공정하다고 인식한다. 그는 사람들이 자연에서 자기의 이기심을 줄이고, 자기 욕망을 제한하는 것을 배우도록 권고한다. 이와 정반대로 공자는 인위 곧 인간 중심을 주장한다. 그는 사람들이 적극적으로 배움에 싫증 내지 않고, 가르치는 일에 지치지 않도록 하고(學而不厭, 誨人不卷), 자신을 잘 다스려 사람을 편안하게 하고(修己以安人), 인을 자기의 책임으로 삼는다(以仁以爲己任)는 포부를 갖도록 했다. 그의 주요 대상은 지식분자(士)였다. 그가 후세에서 만세의 사표로 존경받는 것이 결코 우연이 아니다. 그의 주장은 정치개혁이고, 봉건계급을 옹호하는 것이어서, 군자는 인의(仁義)의 인격을 모범으로 삼는다. 그는 춘추(春秋)를 편찬하여 옳은 것과 그른 것, 선한 것과 악한 것(是非善惡)에 대한 표준을 제정했다. 이러한 그의 학설이 '사람의 통치에 기반'(基於人治)을 두고, '주관'(主觀)을 중시한다는 것을 부인할 수 없다.

제26장. 자연의 교훈

重為輕根, 靜為躁君.
是以聖人終日行不離輜重. 雖有榮觀, 燕處超然.
奈何萬乘之主*, 而以身輕天下? 輕則失根, 躁則失君.

무거운 물체는 가벼운 물체를 받치는 바탕이 되고,
고요함은 조바심을 제어할 수 있다.

현명한 군주는 온종일 여행해도
군수품을 실은 그의 수레를 결코 떠나지 않는다.
또한 그가 관광을 즐기는 영화를 누려도,
얽매이지 않고 무심히 그곳에 머문다.

그런데 왜 만대의 병거를 통솔하는 대국의 군주가
공개적으로 경거망동하지 않는가?
경박한 거동은 기반을 잃고,
망동은 자기 통제의 상실을 뜻한다.

---

* "만대의 병거를 통솔하는 대국의 군주"(萬乘之主): 춘추전국시대에 4마리의 말(四匹馬)이 수레(車) 1대를 끄는데, 그 기본 단위를 '일승'(一乘)이라 한다. 당시 군대는 '병거'(兵車)를 운용했는데, 4마리의 말이 끄는 병거 1대(一乘)에 갑옷과 투구(盔甲)로 무장한 병사 3인이 탑승하고, 그 병거 아래에 보병 72인이 수행하고, 거기에 더하여 그 뒤에 지원군 25인이 따른다. 이처럼 실제로 당시 군대에서 말 4마리가 끄는 병거 1대에 동원되는 병력은 모두 100인이다. 그러므로 병거 1만대가 동원되는 군대는 그야말로 100만 대군으로, 그러한 병력을 통솔하는 군주는 대국

의 군주라 할 수 있다. 덧붙이면, 춘추전국시대의 제후국의 크기 는 각 제후가 소유한 병거의 수를 기준으로 한다. [陳廣達, 在亂世讀老子: 世界慘苦, 道德經讓你有顆柔軟的心(台北: 清文華泉事業有限公司, 2020年 7月 第一版) 155쪽 참조.]

...

　대자연에 대한 노자의 숭경은 그의 책 전체에서 가득히 드러난다. 그는 자연현상을 가지고 사람의 행위에 적용하여, 그 둘의 유사한 관계를 정립한다. 가벼운 물건이 자리를 잡으려면 무거운 물건이 밑에서 그것을 받쳐 주어야 하고, 사람의 조급한 성정은 고요함으로 제어할 수 있다고, 그는 말한다(제15장과 제37장 참조). 그는 무거운 물건이 마치 나라의 기초와 같다고 암시한다. 통치자가 그 기초를 잃는 것은 그에 대한 사람들의 신임과 지지를 잃는 것에 상당하다고, 그는 암시한다. 그는 계속하여 현명한 한 군주가 온종일 여행을 하면서도, 그가 책임진 군수품을 실은 수레를 결코 떠나지 않는다고 말한다. 그 수레를 지키는 것은 곧 국가와 사회에 대한 그의 중요한 임무를 다한다는 표시이다. 그는 자신이 관광 여행을 하는 호사를 누리는 중에도 자신의 본분을 잊지 않는다.
　끝으로, 그는 만 대의 병거를 이끄는 대국의 군주는 공개적인 자리에서 자신의 조급증을 드러내거나, 경거망동을 하면 결코 안 된다고 충고한다. 경박한 거동은 그가 나라의 중책을 잊었다는 표시가 되고, 함부로 하는 행동은 이미 그가 자기의 욕망을 제어하는 힘을 잃어버렸다는 것을 보여주는 것이다. 이 둘은 모두 통치자가 해서는 안 되는 큰 금기다. 그는 통치자는 사람들의 신임과 지지가 있어야만 한다고 암시하는데, 이는 민주 사상에 대한 그의 동경을 보여주는 것이다.

제29장. 세상은 복잡한 생물이다

將欲取天下而為之, 吾見其不得已.
天下神器, 不可為也, 不可執也. 為者敗之, 執者失之.
故物或行或隨; 或嘘或吹; 或強或羸; 或載或隳.
是以聖人去甚, 去奢, 去泰.

누가 세상을 손에 넣은 뒤, 제멋대로 정책을 펴면
내가 보기에, 그는 절대로 성공할 수 없을 것이다.
세상은 하나의 복잡한 생물이어서,
임의적으로 행동할 수 없다.
누가 그렇게 행동한다면 실패할 것이고,
누가 집요하게 통제하면 곧 통제력을 잃는다.
그래서 세상의 모든 사람들 가운데서
일부는 앞서고 일부는 뒤따르고,
일부는 한숨 쉬고 일부는 불평하고,
일부는 강건하고 일부는 쇠약하고,
일부는 좌절하고 일부는 넘어졌다.
따라서,
현명한 군주는 극단·과도한 사치·과잉을 삼간다.

· · ·

대국의 군주는 절대로 경거망동할 수 없다. 이것은 노자가 제26장에서 논의한 주제이다. 이 장에서 그는 계속하여, 누가 세상을 손에 넣은 뒤, 제멋대로 다스리면 절대로 성공할 수 없을 것이라고, 말한다. 그것은 세상이 복잡한 생물이기 때문에, 제멋대로 정책을 세워서 집행하면 곧 실패하게 되고, 고집스럽게 자기 방식으로 통제를 하게 되면, 곧 그 통제력을 잃을 수 있다. 세상은 결국 사람이 모여 사는 사회이기 때문에, 사람은 모두 각자 그가 속한 사회에서 자기 생활에 필요한 요소와 사상과 현실을 배우는 지능을 가지고 있고, 감정이 부추기는 대로 행위를 하기도 한다. 이러한 요소들은 서로 보완해서 완성해 가거나, 서로 저촉되거나 하는 과정을 통하여, 개인의 성공과 실패, 혹은 그 무엇을 얻거나 잃게 되는 데 영향을 미친다. 이렇듯이 사회는 하나의 다면적인 생물이고, 단순한 기계적 존재가 아니어서, 어떠한 금지령이나 엄격한 형벌로도 사람의 사상·감정·행위를 강제로 통일시킬 수 없다. 그는 계속하여, 현명한 군주는 반드시 극단과 과도한 사치와 과잉을 삼간다고, 말한다.

노자가 세상을 떠난 뒤 3백 년 가까이 되었을 때, 진시황이 이사를 재상으로 등용하여, 독재를 실시했다. 그는 '분서갱유'로 사상을 통일하고, 법과 엄격한 형벌로 사람들의 행위를 통제했는데, 이것은 노자가 남긴 가르침과 배치된다. 강력한 독재정치를 한 진 나라는 14년간 통치하고 막을 내렸다. 이를 통하여, 이 장에 내포된 뜻의 정확성을 제대로 실증해 준다.

제49장. 민주 사상

聖人無常心, 以百姓心爲心.
善者, 吾善之; 不善者, 吾亦善之; 德善.
信者, 吾信之; 不信者, 吾亦信之; 德信.
聖人在天下, 歙歙焉, 爲天下渾其心,
(百姓皆注其耳目,) 聖人皆孩之.

현명한 군주는 자기의 고정관념이 없고,
백성의 의견이 곧 자기의 의견이다.
"나는 선으로 좋은 의견을 처리하고,
선으로 나쁜 의견도 처리한다."
이것이 선의의 덕이다.
"나는 신뢰로 믿을 수 있는 건의를 처리하고,
신뢰로 믿을 수 없는 건의도 처리한다."
이것이 신뢰의 미덕이다.
성인은 신중히 세상의 건의를 융화시키고,
(백성은 듣고 본 모든 것을 주의한다.)**
성군은 그들을 그의 자녀처럼 대한다.

** 마왕퇴(馬王堆) 한(漢) 묘실에서 발견된 비단으로 된 책(帛書)에는 이 구절이 없다.

노자는 여기서 시대를 뛰어넘는 정치철학을 제안한다. 그의 중심사상과 그것을 대표하는 정권의 모습은 21세기 초엽에 있는 지금도 여전히 나무랄 데 없는 모범이다. 춘추시대(기원전722~480년) 후기에 오직 군주(집권자) 한 사람에게 권력이 집중되었는데, 그것이 전쟁의 참화가 해를 거듭하여 계속되고, 사람들이 살기 어려운 배경의 원인이 되었다.

그가 도탄에 빠진 사람들의 생활에 대하여 깊이 동정하고, 통치자에게 충고를 아끼지 않는 것을 통하여(제53·72·74·75장 참조), 그가 이 책을 저술한 동기와 철학의 근거를 분명히 이해할 수 있다. 3백여 년 후에, 맹자는 유가의 큰 스승으로서 이단을 맹렬히 배척 했음에도, 그가 "백성을 중시하고, 사직(조정)이 그다음이고, 군주는 가볍다"(民爲重, 社稷次之, 君爲輕)고 하는 정치사상을 표명한 것은 결코 원인이 없이 나온 결과가 아니다.

그가 노자 사상의 영향을 받은 것을 쉽게 볼 수 있다. 당시 사람들이 감히 말할 수 없는 것을 말했다는 것은 분명히 매우 의미 있는 일이라 하겠다. 따라서 후세에서 그가 유가의 아성(亞聖)으로 존경받는 것이 전혀 불합리하지 않다고 본다.

도리에 밝은 현명한 군주는 자기의 고정관념이 없고, 백성의 의견을 자기의 의견으로 삼는다. 이것은 의심의 여지 없이 당시 이미 파산한 봉건제도에 대하여, 그것을 민주정권으로 대신하는 혁명적인 이상을 선언한 것이다. 그는 계속하여 말한다. 도리에 밝은 비범한 군주의 정치 행위의 동기는 그의 백성을 자기 자녀처럼 사랑하는 것이다.

그는 신중히 세상의 모든 의견을 융화시켜서, 어질고 바른 정치를 실행한다. 그리고 어질고 바른 정치의 기초는 선의와 상호 신뢰의 미덕 위에 세워지는데, 상호 신뢰는 분명히 신의와 성실로 함께 일을 도모한 결과이다. 또한 도리에 밝은 현명한 군주는 솔선수범하여, 선의와 상호 신뢰를 근본으로 하는 어질고 바른 정치를 실시하는데, 그것은 위선적인 군자도 감화될 수 있어서, 그러한 이상은 곧 현실이 될 수 있다.

노자의 철학은 당시에 국민이 주체가 되는(民有) 정권과 국민의 복리를 위한(民享) 정권을 세우는 것이지, 국민이 정권을 운영하는 통치자를 직접 선출하는(民選) 것은 아니다.

국민이 주체가 되고, 국민의 복리를 위하고, 국민이 선출하는 정권은 18세기에 아메리카 합중국이 영국 통치에서 해방된 후에야, 확고한 기초를 세웠다. 이것은 노자 시대에 그의 제안에서는 상상할 수 없는 정권의 형태이다. 서방의 모범적인 아테네형(Athenian) 민주도 노자보다 1백 년 가까이 늦게 나왔다.

정치체재의 개혁은 반드시 먼저 사람들이 선의의 처세로 신의를 지닌 성실한 사람이 되도록 교육을 받는 것에서부터 시작해야 한다고, 노자는 생각한다. 군주가 그들의 교사가 되어서, 말이 없는 가르침(不言之敎)을 행하고, 솔선수범(以身作則)을 해야 효과를 얻을 수 있다는 것이다.

노자의 정치사상이 과학과 민주에 기초하는 것은 우연이 아니다. 사람은 마땅히 자연에게서 배워야 하고, 과학적 태도를 지니고 자연을 깊이 연구해야 한다고, 그는 깊이 믿었다. 자연은 만물을 돕지만, 그것들이 자유롭게 발전하도록 하는 것은 민주의 원칙에 정확히 부합한다.

서방 민주국가의 경험을 되돌아보면, 민주 사상은 문예부흥과 과학의 새로운 진전과 종교개혁의 과정 안에서 싹이 트고 성장하였고, 자본주의가 뒤따라왔다.

자본주의가 비록 결점이 많으나, 국민 위주의 정권은 때에 따라서 그것들의 수정과 개선이 가능하다. 중국에서 공자학은 19세기 가까이 매우 긴 세월 동안 독존적 위치에 있었다.

공자학은 인위적 지식을 중시하고, 자연의 연구를 경시했다. 따라서 긴 역사의 과정에서 자연과학이 대두할 수 없었고, 민주 사상이 싹을 틀 수 있는 기회는 더욱 없었다. 21세기 초엽에 있는 오늘날 민주사상의 흐름은 이미 전 세계에 편만해 있는데, 노자가 지금으로부터 무려 25세기 이전에 이처럼 시대를 뛰어넘는 정치철학을 가지고 있었다는 것은 참으로 경탄할 일이다.

제57장. 공정한 다스림 · 기발한 병법 · 함이 없이 세상을 얻음

以正治國, 以奇用兵, 以無事取天下.
吾何以知其然哉? 以此:
天下多忌諱, 而民彌貧; 民多利器, 國家滋昏;
人多伎巧, 奇物滋起; 法令滋彰, 盜賊多有.
故聖人云:「我無爲, 而民自化; 我好靜, 而民自正;
我無事, 而民自富; 我無欲, 而民自樸.」

공정한 규칙으로 나라를 다스린다.
상대방이 생각지도 못한 기이한 방법으로 이긴다.
세상을 평정하는데 사람들에게 폐를 끼치지 않아야 한다.

이와 같이 되어야 하는 것을 내 어찌 알 수 있는가?

그것은
금기가 많아질수록 사람들은 더 빈곤해지고,
사람들이 무기를 많이 가질수록
나라는 더 혼란에 빠지고,
사람들이 교활해질수록, 사악한 일이 더 늘어나고,
법령이 많이 공포될수록, 강도와 도둑이 더 많아진다.
그 때문에, 현명한 통치자는 이렇게 말한다.
"내가 함이 없으니,
사람들은 저절로 평화로이 함께 살고;
내가 고요함을 좋아하니,

사람들은 저절로 자연스레 질서를 지키고;
내가 낭비적 행사를 하지 않으니,
사람들은 저절로 점차 부유해지고;
내가 욕심을 내지 않으니,
사람들은 저절로 자연스레 소박한 생활을 한다."

· · ·

　공정한 규칙으로 나라를 다스린다. 상대방이 생각지도 못한 기이한 방법으로 이긴다. 세상을 평정하는데 사람들에게 폐를 끼치지 않아야 한다. 이것은 나라를 다스리고 군대를 통솔하고 세상을 평정하는데 사람들에게 폐를 끼치지 않아야 한다는 노자 사상의 진수이다. 나라를 다스리는 책략에 대해서는 제3장에서 이미 논의했다.
　그 중점은 사람들이 경쟁적으로 서로 이익을 다투는 것을 피하도록, 사람들의 마음이 유혹되거나 어지럽히지 않도록 해야 한다. 군주의 직책은 사람들이 만족하고 건강히 살도록 하여, 그들이 자기 개인의 이익을 위한 지식과 사사로운 욕망이 감소되게 하여, 함이 없이 다스림으로 이상 사회를 이루어 내는 것이다.
　상대방이 생각지도 못한 기이한 방법으로 이긴다(出奇致勝)는 전략에 대하여, 제7편 36장과 69장에서 이미 설명했다. 그것은 곧 부드러움이 강함을 이긴다는 철리(哲理)에 기초하여, 위장과 유격전략을 고안하여, 적은 병력으로 많은 적을 상대하여, 적을 변경 밖으로 몰아내 승리한다는 것이다.

민폐(民弊)를 끼치지 않고 천하를 평정하는 것에 대해서는 제29장에서 이미 설명했다. 모든 철권 통치자는 경거망동 하지 말고, 제멋대로 세상을 평정하면 안 된다고, 그는 경고한다. 민폐를 끼치지 않고 세상을 평정하는 것과 함이 없이 다스리는 것은 일치한다. 그것은 '함이 없음'(無爲)의 다른 일면이 곧 '함이 있음'(有爲)이기 때문이다. '함이 있음'의 정치가 실패한 경우를, 우리는 역사적으로 진시황의 정치의 사례를 통하여 알 수 있으나, 그러한 경우를 노자 자신은 직접 경험해 보지 못했다. 아래에서 그것을 좀 더 밝혀 나간다.

세상에 금기가 많아질수록 사람들은 더 빈곤해지고, 사람들이 무기를 많이 가질수록 나라는 더 혼란에 빠지고, 사람들이 교활할수록 사악한 일이 더 늘어나고, 법령이 많이 공포될수록 강도와 도둑이 더 많아진다. 금기(禁忌)·무기(武器)·교활(伎巧)·법령(法令)은 모두 나라를 다스리고 사람들을 평안하게 하기 위한 것이지만, 그 효과는 기대한 것과 정반대의 결과가 나온다. 그것은 이러한 것들이 모두 '함이 있음'(有爲)의 정책이어서, 자칫 쉽게 극단으로 치닫기 때문이다.

금기의 결과는 사람들의 민생 생활의 자유를 직접 간섭하여, 그들을 빈곤의 함정으로 밀어 넣는다. 그러나 집권 계급은 여전히 특권과 사치한 생활을 누린다. 그들은 또한 자신들의 특권을 유지하기 위하여, 무기도 더 많이 늘려서, 결국 나라는 갈수록 혼란이 더해진다.

사람들은 삶의 현장에서 자기 삶을 지키는 과정에서, 위선과 교활함이 어느새 그들 삶에 배어들어 그들의 삶의 양식으로 자리하게 되니, 이 때문에 사회는 갈수록 비정상적으로 변한다.

집권 계급은 사회의 이러한 비정상적인 현상을 법령으로 바로잡으려

하지만, 이는 오히려 사람들의 개인의 자유를 박탈하게 되고, 평안히 살며 즐겨 생업에 종사할 수 없게 하여, 많은 평민들은 도적이 될 수 밖에 없는 처지로 내몰린다. 요컨대, 정부가 취한 거의 극단에 까지 이른 '함이 있음의 정책'(有爲政策)이나 조치는 겉으로 드러난 현상을 목표로 한 일시적 조치로써 결국 실패할 수 밖에 없고, 근본적 해결을 위한 대책이 될 수도 없다.

끝으로, 노자는 근본적인 해결을 위한 정책을 제안했다. 그는 도리에 밝은 현명한 군주를 내세워 그를 대신하여 이렇게 말한다: "내가 함이 없으니, 사람들은 저절로 평화롭게 함께 살고, 내가 고요함을 좋아하니, 사람들은 저절로 자연스럽게 질서를 지키고, 내가 낭비적 행사를 하지 않으니, 사람들은 저절로 점차 부유해지고, 내가 욕심을 내지 않으니, 사람들은 저절로 자연스레 소박한 생활을 한다."

군주의 일거수일투족 곧 그의 행위는 모두 도에 적합하고, 그러한 군주가 덕을 제창해야 하는 것이다. 그는 솔선수범(以身作則)에 능하고, 말이 없이 가르치니(不言之敎), 그 효용이 커서 과소평가할 수 없다.

제59장. 절약으로 얻은 자원

治人事天, 莫若嗇.
夫唯嗇, 是謂早服, 早服謂之重積德, 重積德則無不克,
無不克則莫知其極, 莫知其極, 可以有國. 有國之母, 可以長久,
是謂深根固柢, 長生久視之道.

사람을 다스리거나 자연이 준 것을 쓸 때,
절약의 미덕보다 더 중요한 것이 없다.
오직 절약만이 일찌감치 미래를 대비할 수 있고,
이른 준비에서 중요한 점은 자원을 축적하는 것이고,
자원을 많이 축적하면 극복 못할 어려움이 없고,
극복 못할 어려움이 없는 것은 곧 그 한계를 모르는 것이고,
그 한계를 모를 정도로 나라는 강성해질 수 있다.
이 원칙으로 나라를 다스리면 오래 지속될 것이고,
안정된 기반에서 멀리 내다보는 정책이 될 것이다.

* * *

제7편 67장에서, 노자는 그에게 세 가지 귀한 미덕이 있다고 말하는데, 그 가운데 하나가 절약이다. 여기서 그는 절약의 중요성에 대하여 거듭 말한다. 가령 미리 예측할 수 없는 천재지변과 전쟁의 참화 등, 사람에 의해 발생할 수 있는 재난에 대응하기 위하여 반드시 충분한 자원이 준비되어 있어야 한다고, 그는 지적한다. 자원을 축적하는 첩경 가운데 절약보다

더 중요한 것이 없다. 우리는 그가 언급한 자원이 자연 자체를 포함한다는 것을 볼 수 있다. 헤아릴 수 없는 도는 그것을 쓰고 또 써도 다 쓸 수 없을 정도로 무진장하다(제1편 4장 참조). 그러나 실제로 세상의 자원은 분명히 유한하다. 당시 노자는 아마도 에너지의 총합은 보존되고, 자연은 에너지를 낭비하지 않고, 영구히 최소의 에너지로 일을 완성한다는 것을 아직 발견하지 못했다. 과학자와 엔지니어는 이러한 자연의 비밀을 이미 발견하여, 실제로 많은 공정(工程) 분야에서 이러한 원리를 이용하여, 해답을 찾는다. 예를 들어, 에너지 보존의 법칙(Principle of Conservation of Energy), 최소 일의 원리(Principle of Least Work) 등등이 그것이다. 현대의 과학자와 엔지니어는 노자가 일찍이 제기한 '자연에서 배워야 한다'는 제안을 따르는 사람들이다.

노자는 또한 현실적인 철학자다. 그는 절약을 제안하는데, 그 목적은 나라의 능력을 증강시키기 위한 것이다. 그는 어떤 침략도 기도하지 않았지만, 나라가 적당한 자위 능력을 가지고 있어야 전쟁의 참화를 피할 수 있다고 생각한다. 한 나라의 수장은 나라가 흔들림이 없도록 굳건한 힘을 확보하여, 어떻게 오래도록 생존할 수 있는지에 대하여 깊이 생각해야 한다. 춘추시대 후기에 봉건국가들 간에 오랜 전쟁의 참화가 이어졌다. 강한 나라가 약한 나라를 삼켜서 멸망시키고, 사람들은 삶의 거처를 잃고 뿔뿔이 흩어져 유랑하고, 사망과 부상을 입은 사람의 수는 헤아릴 수 없었다. 이렇게 참혹하고 고통스러운 현실이 노자로 하여금 이 장을 쓰게 한 주요한 동기이다.

제60장. 도가 세상에 널리 퍼지면

治大國, 若烹小鮮.
以道蒞天下, 其鬼不神. 非其鬼不神, 其神不傷人.
非其神不傷人, 聖人亦不傷人.
夫兩不相傷, 故德交歸焉.

큰 나라를 다스리는 것은
작은 생선을 요리하는 것과 같다.

도가 세상에 두루 운행되면,
귀신은 그 신령한 힘을 잃는다.
그 귀신은 신령하지 않을 뿐 아니라,
사람들에게 해를 끼치지 않는다.

귀신은 사람들을 해치지 않을 뿐 아니라
현명한 군주도 사람들을 해치지 않는다.

둘 다 서로 해를 끼치지 않으므로,
덕은 사람들에게 되돌려진다.

. . .

노자는 제57장에서 한 나라가 과도하게 많은 금기, 과도하게 많은 무기, 과도하게 많은 교활함, 과도하게 많은 법령 때문에, 그 결과로 애초에 의

도한 정책과 상반된 결과를 낳는다고 지적했다. 그 주요한 원인은 정부가 개인의 자유를 지나치게 제한하고, 사람들이 억압되고, 각자 할 수 있는 것을 발전시킬 수 없어서, 생활의 조건을 증진하거나 향상시킬 수 없게 되고, 결국 기아선상에서 허덕이게 된다. 이 장의 첫머리에서, 큰 나라를 다스리는 것은 작은 생선을 요리하는 것과 같다고 했는데, 생선이 으스러지지 않게 요리하려면 그것을 너무 많이 휘저으면 안 된다. 큰 나라를 다스리는 것도 이와 같다. 더욱이 그 밖의 작은 나라들도 사람들의 생활의 자유를 간섭하지 않도록 해야 한다.

　노자는 귀신을 믿지 않는다. 그러나 난세를 살아가는 보통 사람들은 모두 귀신을 믿고, 그들을 지켜주고 도와달라고 기원한다. 도가 세상에 두루 운행되는 것처럼, 정치도 제 궤도에 오르고, 사람들이 평안히 살며 즐겨 생업에 종사하게 되면, 그때 귀신의 영향력은 상실된다. 사람들은 자신감이 증가하고, 각자 자기의 능력을 발휘하여, 생활을 개선하면, 너무 미신에 빠지지 않게 된다. 현명한 군주는 사람들을 보호하는 것이 자기 임무라는 생각이 확고하므로, 이러한 군주가 다스리는 나라의 사람들은 두 배의 혜택을 누리게 된다. 제57장·59장 그리고 이 장(60장)에서 우리는 노자가 항상 사람들의 이익을 위하여 생각하는 것을 보았는데, 이러한 그의 생각들이 백성을 위주로 하는 그의 정치철학의 기점이 된다고 할 수 있다.

제61장. 서로 돕고 함께 번영하는 외교

大邦者下流, 天下之交, 天下之牝.
牝常以靜勝牡, 以靜爲下.
故大邦以下小邦, 則取小邦; 小邦以下大邦, 則取大邦.
故或下以取, 或下而取.
大邦不過欲兼畜人, 小邦不過欲入事人.
夫兩者各得其所欲, 大者宜爲下.

큰 나라는 마치 큰 강의 하류와 같아서,
세상이 모두 거기에 모이고,
그래서 그곳은 세상의 여성이다.

여성은 항상 고요함으로 남성을 이기는데,
고요함을 유지하는 것은 스스로 머무는 것이다.

그러므로,
큰 나라가 스스로 작은 나라 아래에 머물 때,
작은 나라의 신뢰를 얻는다.
작은 나라가 스스로 큰 나라 아래에 머물 때,
큰 나라의 신뢰를 얻는다.

따라서,
때로는 나라가 이득을 얻으려고 낮은 자세를 취하고,
때로는 나라가 낮은 자세를 취하여 이득을 보기도 한다.

큰 나라는 오직 지배하고 이끌고자 하고,
작은 나라는 오로지 큰 나라에 붙어서 따르려고 한다.
이제 둘 다 각자 원하는 것을 얻었지만,
큰 나라는 여전히 낮은 자세를 유지하는 것이 더 좋을 것이다.

* * *

주나라(周) 왕실의 말을 마땅히 들어야 할 제후국들이 춘추시대 후기에 이르러, 주나라 왕실의 영향력을 거부하고 받아들이지 않았다. 분규가 생기면 강한 제후국이 무력으로 그것을 해결했다. 그때의 제후국은 크고 강한 나라에서부터 작고 약한 나라까지 처지가 저마다 달랐는데, 진나라(秦)가 나중에 떠오르는 별이 되었다. 진나라 재상 상앙(商鞅, 기원전 ?~338년)은 독재적 정치 체재 아래서 경제개혁을 추진하여, 나라가 점차 강성했다. 상앙은 법가를 선도한 사람이라고 할 수 있다.

노자는 여기서 크고 강한 나라와 작고 약한 나라가 어떻게 평화롭게 공존할 수 있는지, 그 방안을 제시한다. 전쟁을 강력히 반대하는 그의 사상에 기초하여(제7편 30장과 31장 참조), 그는 외교를 위주로 하여, 호혜공영하는 원칙 아래, 평화를 달성해야 한다고 제안한다. 큰 나라는 마치 큰 강의 하류와 같아서, 모든 것이 그곳에 합류하게 되므로, 그곳은 세상의 무역과 교류와 각종 활동이 이루어지는 곳이 되어, 그곳이 세상의 여성이라고, 그는 말한다. 여성은 항상 고요함으로 남성을 이기는데, 고요함(평화)을 유지하는 것은 스스로 머무는 것이다. 바꾸어 말하면, 큰 나라는 힘으로 작은 나라를 위협하면 안 되고, 평화를 애호하고 스스로 낮게 처신하여, 작은 나라가 승복할 수 있게 해야, 서로 혜택을 누리고 함께 잘 살 수 있다. 이것이 노자의 상반 철학으로, '부드러운 것이 단단한 것을 이긴다'는 그의 철학의 이치에 완전히 부합한다. 그는 계속하여 말한다: 큰 나라가 스스로 작은 나라 아래에 처할 때, 작은 나라의 신뢰를 얻는다. 작은 나라가 스스로 큰 나라 아래에 처할 때, 큰 나라의 신뢰를 얻는다. 큰 나라는 오직 지배하고 이끌고자 하고, 작은 나라는 오로지 큰 나라에 붙어서 따르려고 한다. 이제 둘 다 각자 원하는 것을 얻었지만, 큰 나라는 여전히 낮은 자세를 유지하면 평화를 유지할 수 있다.

이상의 이론은 너무 간단하고 내용도 충분치 않아서, 이에 대하여 아래 제66장에서 좀 더 밝혀 나간다.

제66장. 백곡의 왕과 백성의 왕

江海所以能爲百谷王者, 以其善下之, 故能爲百谷王.
是以欲上民, 必以言下之; 欲先民, 必以身後之.
是以聖人處上而民不重, 處前而民不害. 是以天下樂推而不厭.
以其不爭, 故天下莫能與之爭.

강과 바다가 백 개의 계곡의 작은 냇물의 왕이
될 수 있는 것은
강과 바다가 백 개의 계곡의
아래에 있기 때문이다.
그래서 강과 바다가 백 개의 계곡의 왕이 된다.

백성의 지도자가 되려는 자는
백성을 섬긴다는 선언을 해야 하고,
백성의 지도자는 백성의 뒤에 머물러야 한다.

그래서 현명한 군주는
 위에 머물러도 사람들이 부담을 느끼지 않고,
 앞에서 이끌어도 사람들이 위협을 느끼지 않아,
 세상은 그를 싫어하지 않고 기꺼이 지지한다.

그는 권력과 이익을 탐하여 사람들과 다투지 않기 때문에,
세상에서 아무도 그와 싸울 수 없다.

제61장에서, 노자는 큰 나라가 큰 강의 하류와 같아서, 세상은 모두 거기에서 합류한다고 생각한다. 이제 그는 강과 바다가 백 개의 계곡의 작은 냇물의 왕이 될 수 있는데, 그것은 강과 바다가 백 개의 계곡의 아래에 있기 때문이라고 말한다. 도의 원리에 따라서, 백 개의 계곡의 작은 냇물이 한시도 멈추지 않고 강과 바다로 흘러 들어간다. 강과 바다는 백 개의 계곡의 작은 냇물로부터 이익을 얻으므로, 강과 바다에 대하여 백 개의 계곡의 작은 냇물의 기여가 매우 크다. 다른 한편으로, 만일 작은 냇물이 강과 바다로 흘러 들어가지 않는다면, 그것은 범람하여 재난을 일으키게 된다. 우리는 작은 냇물과 강과 바다의 상호 의존 관계를 이와 같이 쉽게 볼 수 있다. 그는 계속하여 말한다:한 현명한 군주(강과 바다)가 백성(작은 냇물)을 다스릴 때, 백성을 섬긴다(아래에 머문다)는 선언을 해야 하고, 백성의 지도자는 백성의 뒤에 머물러야 한다(아래에 머물러야 한다). 이와 같이, 통치자와 그의 백성이 상호 의존관계에 있다는 것을 암시한다. 사람(백성)을 위주로 한 그의 정치철학의 일부분은 바로 여기에 기초한다. 국제관계를 돌아보면, 큰 나라는 강과 바다로, 작은 나라는 시냇물로 유추할 수 있는데, 무역경제·지리·인력·천연자원의 배분 등에 있어서, 그 나라들은 서로 매우 밀접한 관계에 있다. 그 나라들이 평화롭게 공존하고 협력하면, 반드시 서로 혜택을 공유하고, 함께 번영할 수 있을 것이다.

　노자가 제일 강한 큰 나라를 큰 강의 하류에 비교하며, 그것을 여성이라고 했다. 이것은 큰 나라가 유순하게 세상의 서로 다른 의견을 포용할 수 있어야 한다는 것을 암시한다. 바꾸어 말하면, 제일 강한 큰 나라는 마땅히 선의의 협력을 하여, 평화를 애호해야 한다는 것이다. 그러므로 노자의 국제 평화와 공존·공영의 요지는 큰 나라가 작은 나라를 위협하지 않고,

작은 나라가 큰 나라와 협력을 원하여, 큰 나라의 신뢰를 얻는 것을 포함하여, 평화와 선린의 관계를 이룰 수 있도록 요구하는 것이다. 그는 또 현명한 군주는 위에 머물러도 사람들이 부담을 느끼지 않고, 앞에서 이끌어도 사람들이 위협을 느끼지 않아, 세상은 그를 싫어하지 않고 기꺼이 지지한다고 말한다. 이것은 분명히 민주사상(民主思想)의 진수다. 노자의 국제정치철학과 민주사상은 국제평화가 실현되려면, 반드시 민주정권의 기초 위에서 가능하다는 점을 명백히 제시한다. 끝으로 그는 더 중요한 한 가지를 암시하는데, 그것은 큰 나라의 군주가 작은 나라의 군주와 권력과 이익을 다투지 않으면, 세상에 아무도 그와 다툴 수 없을 것이라는 점이다. 바꾸어 말하면, 큰 나라의 군주가 평화 공존의 원칙을 지키면, 세계의 평화를 유지할 수 있다는 것이다.

요컨대, 노자는 세계평화의 유지를 위한 두 가지 필요 조건을 분명히 제안한다. 첫째로 세계 각국은 반드시 모두 '민주정권'이어야 한다. 둘째로 국제 분쟁은 반드시 '외교'로 해결해야 한다. 노자는 만일 평화를 유지할 것인지 혹은 전쟁을 할 것인지를 결정해야 할 경우에, 자유로운 국민의 손에 그 결정을 맡기면, 그들은 반드시 평화를 선택할 것이라고, 이미 분명히 생각했다. 설령 분쟁이 있다면, 선의의 협력의 정신을 발휘하여, 화해를 이룰 수 있을 것이다(제7편 30장 참조). 그러나 안타깝게도 노자의 철학이 지금으로부터 무려 25세기 전에 세상에 나타났음에도 불구하고, 그 동안 제대로 조명되지 않았다. 지난 20세기 가운데, 촉박한 30년 안에 세계는 두 차례나 전쟁의 참화를 겪었고, 그에 이어서 40년 가까이 대단히 위험하고 낭비적인 냉전을 겪었는데, 이에 대하여 세계의 중요한 지도자들은 노자와 같은 결론에 이를 것으로 생각한다.

제64장. 통치자에게 주는 충고

其安易持, 其未兆易謀. 其脆易泮, 其微易散.
爲之於未有, 治之於未亂.
合抱之木, 生於毫末; 九層之臺起於累土; 千里之行, 始於足下.
爲者敗之, 執者失之.
是以聖人無爲, 故無敗; 無執, 故無失.
民之從事, 常於幾成而敗之. 愼終如始, 則無敗事.
是以聖人欲不欲, 不貴難得之貨; 學不學, 復衆人之所過.
以輔萬物之自然, 而不敢爲.

국가와 사회가 안정되면, 현상 유지가 쉽고,
문제가 나타나기 전에, 대책을 세우는 것이 쉽다.
깨지기 쉬운 것은 쉽게 깨지고,
작은 것은 쉽게 흩어진다.
문제가 생기기 전에, 문제를 예방하고,
변란이 생기기 전에, 변란의 소지를 없앤다.
아름드리 큰 나무도 작은 새싹에서 자라났고,
구 층 탑도 바닥에서부터 쌓아 올라갔고,
천릿길도 발아래서 시작되었다.

누가 감정적으로 일을 처리하면, 실패에 직면하고,
누가 제멋대로 통제하면, 제어력을 잃게 된다.
그러므로 현명한 군주는
감정적으로 일을 처리하지 않아, 실패를 겪지 않고,
제멋대로 통제하지 않아, 제어력을 잃지 않는다.

사람들은 늘 성공을 눈앞에 두고 실패하는데,
시종일관 신중하게 임하면, 실패하지 않는다.
그러므로 현명한 군주는
배운 적이 없는 것을 배워서,
백성들에 대한 자신의 잘못을 바로잡는다.
그는 만물의 자연스러운 상태를 돌보고,
감히 자연을 거슬러 간섭하지 않는다.

...

　　여기에 노자가 사람들에게 제공하는 귀중한 제안이 많이 들어있다. 이렇게 문제의 중심에 곧바로 다가가는 제안들을 통치자가 이용하여 나라를 다스리는 데 쓰고, 기업가는 새로운 기업을 육성하는 데 쓸 수 있다. 그의 주요한 가르침은 일을 할 때 반드시 신중해야 하는 것을 포함하여, 미래를 대비하여 필요한 계획을 사전에 적절히 준비하여, 문제가 갑자기 닥쳤을 때 적절히 대처하는 것이다. "깨지기 쉬운 것은 쉽게 깨지고, 작은 것은 쉽게 흩어진다"(其脆易泮, 其微易散)는 것은 두 가지 해석이 가능하다. 먼저, 새로운 정권과 새로운 기업은 키우고 보호할 필요가 있다. 그리고 잘못이 생기면, 마땅히 그것이 작을 때 바로잡아야 한다. 그렇지 않으면 미래에 곤란해지고, 나중에는 만족스러운 해결을 하기가 어렵다. 예를 들어, 나무가 이미 한 아름 될 정도로 크게 자란 뒤에, 그 나무의 묘목을 심은 지점이 적절하지 않다는 것을 뒤늦게 알게 되었을 경우, 혹은 9층에 이르는 높은 건물을 이미 다 짓고 난 뒤에, 그 지반이 충분히 단단하지 않다는 것을 발견했을 경우, 혹은 천릿길을 이제 거의 다 완주하게 되었는데, 그제야 첫걸음을 내디뎠을 때 방향이 틀렸다는 것을 알았을 경우 등등. 이러한 것들은 사람들이 모두 쉽게 받아들일 수 있는 충고다. "천릿길도 발 아래서 시작되었다"(千里之行, 始於足下)를 서방에서는 "천릿길도 첫걸음에서 시작되었다"로 바꾸어서 말한다. 이것은 이미 중국의 유명한 속담이 되었다.

이 장의 후반부는 노자의 정치사상의 진수이다. 그 가운데서 중요한 것은 "만물의 자연스러운 상태를 돌보고, 감히 자연을 거슬러 간섭하지 않는다"(以輔萬物之自然, 而不敢爲)는 가르침이다. 자연을 깊이 믿은 그는 사람이 자연의 규율을 간섭하고 방해하면 안되고, 자연을 위주로 하여 인위적 표준을 만들어야 한다고 생각한다. "함이 없이 다스림"의 그의 정치철학은 여기에서 유래한다. 도는 자연을 제어하고, 동시에 시간과 공간이 변한다. 따라서 '함이 없음'(無爲)이란 상황이 흘러가는 대로 내버려두고, 어떠한 노력도 하지 않는 것이 아니고, '도를 거스르는 행위를 하지 않는다'는 것이다.

오늘날 우리는 사람의 미래에 대하여 여전히 자신감이 가득하다. 장자가 가리킨 큰 지식(大知)은 자연과학자의 배가된 노력에 힘입어, 새로운 발견과 진전이 이루어지는데, 이러한 성과는 시대와 함께 증가하고 있다. 장자가 가리킨 작은 지식(小知)은 이미 그 범위와 깊이를 확충하고, 과학적 태도를 차용했다(제5편 70장 참조). 사회과학자는 사회병리의 원인을 찾고 그 대책을 열심히 모색하고 있다. 그들의 일은 비교적 복잡하고 어려운데, 그 원인 가운데 하나가 바로 노자가 지적한 사람의 '자기 위주'(爲己)의 관념과 '이기적'(自私) 태도 때문이고, 이러한 현상은 여전히 계속된다. 그러나 경제학·심리학·그 밖의 유관 분야의 지식의 발전은 사회과학 방면의 성취로, 이 점에 대해서는 낙관적이다.

제65장. 국가 경영의 예술

古之善爲道者, 非以明民, 將以愚之.
民之難治, 以其智多. 故以智治國, 國之賊; 不以智治國, 國之福.
知此兩者亦稽式. 常知稽式, 是謂玄德.
玄德深矣, 遠矣, 與物反矣, 然後乃至大順.

옛날에 도를 잘 수행한 통치자는
백성이 너무 총명하도록 가르칠 뜻이 없었고,
그들이 적당히 어리석도록 하였다.

백성을 다스리기 어려운 것은 지식이 너무 많기 때문이다.
그러므로,
지식으로 나라를 다스리는 자는 나라의 도둑이고,
지식을 사용하지 않고 나라를 다스리는 자는 나라의 복이다.

사람들은 이 두 가지 가운데서 선택하는 것을 알고,
존귀한 도의 모범도 안다.

항상 도의 모범의 존귀함을 존중할 수 있으면,
확실히 깊은 덕을 구현해 낼 것이다.
현실과 도가 상반되는 것을 발견했을 때,
마침내 큰 조화가 이루어질 수 있다.

덕이 높은 사람 곧 현자는 지식을 이용하여, 통치자를 도와 나라를 다스린다. 그래서 현자와 지식과 정치의 관계는 밀접하다. 노자는 글의 행간에서 현자와 지식에 대하여 적대시하는데, 후대의 학자들이 이에 대하여 이해하기 어려워하며, "성인을 내치고 지식을 버린다"(絕聖棄知)는 그의 사상을 신랄하게 공격했다. 여기서 그와 관련된 원문을 소개한다:

第三章: "不尚賢, 使民不爭; … 常使民無知無欲.
　　　　使夫智者不敢為也. … "
第十九章: "絕聖棄知, 民利百倍; … "
第二十章: "絕學無憂. … "
第六十五章: "古之善為道者, 非以明民, 將以愚之.
　　　　民之難治, 以其智多. 故以智治國, 國之賊;
　　　　不以智治國, 國之福. … "

제3장: "성취한 자를 높이지 않으면,
　　　　사람들이 이익을 다투지 않는다. …
　　　　항상 백성이 지식이 없고
　　　　탐욕에 빠지지 않게 하면,
　　　　교활한 자조차도 감히
　　　　경솔히 행동하지 않는다. …"

제19장: "성인을 내치고 지식을 버리면,
　　　　백성이 백 배의 이익을 얻을 것이다; …"

제20장: "배움을 끊으면 근심이 없다. …"

제65장: "옛날에 도를 잘 수행한 통치자는
　　　　백성이 너무 총명하도록 가르칠 뜻이 없었고,
　　　　그들이 적당히 어리석도록 하였다.
　　　　백성을 다스리기 어려운 것은
　　　　지식이 너무 많기 때문이다.
　　　　그러므로 지식으로 나라를 다스리는 자는
　　　　나라의 도둑이고,
　　　　지식을 사용하지 않고 나라를 다스리는 자는
　　　　나라의 복이다. …"

　어떤 측면에서 보면, 역대 학자들이 노자를 우민정책의 선구자와 반지식(反知識)의 철인으로 여긴 것이 이상할 것도 없다. 번역문에서 제대로 감지하기 다소 어렵지만, 노자의 원문을 보면, 그의 글쓰기 형식이 경체(經體)로서, 장구(章句) 대부분이 매우 간략하고 짧다는 것을 확실히 알 수 있다. 아마도 그의 마음속에 많은 말을 할 필요가 없다는 것이 매우 분명해 보인다. 예를 들어, 보통 사람의 견해에 따르면, 그의 상반 철학은 매우 독특한데, 그는 진리에 가까우면, 스스로 그 진상이 밝히 드러날 것이라고 믿는다. 제5편 70장에서 그는 스스로 "내가 가르친 것은 이해하기가 매우 쉽고, 실천하기가 매우 쉽다. 그러나 세상 사람들은 그것을 이해하지 않고, 실천하지 않는다"고 인정한 것 또한 이유가 없지 않다. 동시에 그에 대한 후세 학자들의 공격에 대해서도 또한 어느 정도 그 정상을 참작할 만하다. 그런 한편으로, 몇 가지 분명한 문제에 대하여 우선 시급히 먼저 해명할 필요가 있다.
　먼저, 노자가 통치자들로 하여금 항상 백성을 무지(無知)하고 무욕(無

欲)하게 만들어 사회의 문란을 해결하도록 권고했는가? 만일 이것이 그의 본래 의도라면, 그러한 통치자들은 더욱 심하게 백성을 억압했을 것이다. 그러나 그는 제53장·72장·75장에서 부패하고 고압적인 통치자를 호되게 공격하는데, 그 주요한 원인은 그가 억압받는 백성을 깊이 동정했기 때문이다. 그러므로 앞의 가정은 성립될 수 없다. 내 개인의 의견으로는, 후세 학자들의 마음속에 늘 풀리지 않고 있는 이러한 의문의 원인은 아마도 '지식의 성질'에 대한 이해의 차이에서 기인하고, 거기에 더하여 노자도 이것에 대하여 끝내 명확히 설명하지 않은 데서 비롯되었다고 본다. 만일 제3장의 원문이 해명해 줄 수 있다면, 이른바 그가 우민정책을 표방했다는 것은 근거를 잃는다. 해당 원문의 내용은 이러하다: "항상 백성이 지식이 없고 탐욕에 빠지지 않게 하면, 교활한 자조차도 감히 경솔히 행동하지 않는다"(常使民無知無欲, 使夫智者不敢爲也). 이는 동시에 그의 사상 전체를 하나로 관통한다. 이 책〈노자 개관〉에서 보았듯이, 그가 공자에게 한 충고를 돌이켜 보면, 그것이 방증이 될 수 있다. 그가 공자에게 이렇게 말한다: "내가 듣기에 똑똑한 장사꾼은 진귀한 상품을 깊이 숨겨두어 가게에 마치 아무것도 없는 것처럼 보이고, 큰 지혜와 덕이 있는 사람의 외모는 마치 어리석은 사람 같아 보인다고 들었소. 당신의 교만하고 탐욕스러운 태도와 당신의 야심을 버리시오. 그것들이 당신에게 아무런 도움이 되지 않기 때문이오. 내가 그대에게 말할 수 있는 것은 단지 이것뿐이오. …" 그는 공자가 마땅히 겸허하고, 이기적인 욕망과 야심을 버리도록 충고하는데, 이것이 노자 원문의 참된 뜻을 실증한다.

2백 년 가까이 지난 뒤에, 장자는 유가와 묵가, 이 두 파의 논쟁을 지켜보고, 쌍방이 모두 참된 지식의 한쪽 면만 알고, 그 전체를 모르면서, 각

파벌이 자기의 편견을 고집하여, 논쟁이 그치지 않는다고 생각했다. 노자가 제19장에서 "성인을 내치고 지식을 버리면, 사람들이 백 배의 이익을 얻을 것이다"(絶聖棄知, 民利百倍)라고 했는데, 이와 관련된 장자의 해석을 함께 보자:

"… 지식에 대하여 유가(儒家)와 묵가(墨家)의 논쟁이 일어났다.
이에 사람들은 기뻐하거나 노여워하고, 서로를 의심하고,
무지한 자들과 지식 있는 자들이 서로 속이고,
착한 사람과 나쁜 사람이 서로 배척하고,
거짓이니 참말이니 하면서 서로 헐뜯게 되어,
세상은 갈수록 쇠퇴하였다.
큰 덕에 대하여 의견이 갈리고,
인생이 어디로 향하는지에 대하여 혼란이 일었다.
세상은 모두 지식 배우기 경쟁을 하여 이익을 다투었고,
백성이 욕구하는 것이 실제 그들의 소득을 훨씬 능가하니,
이에 도끼와 톱을 만들어,
예의 제도(禮制)에 따라서 판결을 내려 사형을 시키고,
망치와 끌로 발목과 손가락을 자르는 징벌을 가했다.
온 세상이 크게 혼란스러워졌는데,
그것은 죄가 인간의 본성을 미혹에 빠지게 하고,
사람들의 마음을 교란한 데에 있다. 그러므로
현명한 사람들은 큰 산 험한 바위 아래 숨어 살게 되었고,
만 대의 병거를 거느린 군주도 종묘의 사당에서 안위를 걱정하고 두려워했다.
지금 세상에는 목 잘려 죽은 시체가 즐비하고,

형틀에 매인 자들이 줄을 짓고,
형벌을 받은 자들을 어디서나 흔히 볼 수 있다.
그래서 유가와 묵가들이 팔을 휘젓고 형틀 사이를 돌아다니며,
자기주장을 드러내기 시작했다.
아, 심하구나!
부끄러움을 모르고 수치를 모르는 그들의 태도가 너무 심하구나!
성인의 지식이 사람을 구속하는 형틀이 되고,
인의(仁義)가 사람의 손발을 얽매는 형구가 되었는가?
지난 역사에서 선량한 사람들이
사람들을 억압하는 독재의 선봉(先鋒)이 아니었다는 것을 내가 어찌 알겠는가?
그러므로, '성인을 내치고 지식을 버리면, 세상이 크게 다스려진다'고 한 것이다."

— 재유편(在宥篇)

 유가와 묵가의 현자에 대한 장자의 비판은 "성인을 내치고 지식을 버리면, 사람들이 백 배의 이익을 얻을 것이다"라는 본래 의미를 효과적으로 해석했다. 세상을 크게 혼란스럽게 한 죄의 괴수는 유가와 묵가가 제창하고 논쟁한 지식이고, 이것은 백성들이 인간의 본성을 잃고, 끝없이 서로 이익을 다투게 했다. 그리고 통치계급은 사회를 불안정하게 만든 현상에 대하여 엄정한 형벌로 통제하게 된 것이다.

 이러한 장자의 비판은 또한 "성취한 자를 높이지 않으면, 사람들이 이익을 다투지 않고", "성인을 내치면 근심이 없다"고 노자가 주장한 그 본래의 의미가 무엇인지 분명히 밝혀준 셈이다.

물론 노자가 살았던 시대는 묵자가 살았던 시대보다 훨씬 앞서고, 노자가 생전에 상대한 사람은 공자였고, 공자가 제창한 지식에 대해서이다. 끝으로, 장자는 유가와 묵가의 선의의 지식을 거론하며, 아마도 자기중심의 지식이 점차 사람을 흉악하게 만들었다고 생각한다. "지난 역사에서 선량한 사람들이 사람들을 억압하는 독재의 선봉(先鋒)이 아니었다는 것을 내가 어찌 알겠는가?"라는 장자의 반어적 질문이 의미심장하다.

"옛날에 도를 잘 수행한 통치자는 백성이 너무 총명하도록 가르칠 뜻이 없었고, 그들이 적당히 어리석도록 하였다. 백성을 다스리기 어려운 것은 지식이 너무 많기 때문이다. 그러므로 지식으로 나라를 다스리는 자는 나라의 도둑이고, 지식을 사용하지 않고 나라를 다스리는 자는 나라의 복이다"라는 이 구절을 처음 읽었을 때, 그 논리가 결핍되어서, 단박에 이해하기 어려웠다.

군주가 현명한 사람(성인)을 고문으로 등용하여 심복으로 삼고, 그들의 재능과 지혜를 빌어서 나라를 다스려서, 지식이 그들의 이익을 독점하게 되었는데, 이처럼 재능과 지식이 많은 그들이 나라를 제대로 다스리지 못하는 것에 대하여 사람들은 의아해한다. 그런데 이러한 지식은 겉으로 드러나는 것과 그들의 주관과 통치계급의 특권만 중시하며, 이러한 풍조에 젖어 든 보통 사람들의 됨됨이도 점차 허위와 음험한 태도로 변해가고 그렇게 처세한다.

또한 통치계급은 더 주관적이고 더 고압적인 태도를 강화하여 다스려서, 사람들의 본성과 덕성은 갈수록 나빠지는 사회가 되어, 세상이 이렇게 혼란해지는 것이다. 이것이 노자가 염려한 재능과 지혜(多智)이고, "지식으로 나라를 다스리는 자는 나라의 도둑이고, 지식을 사용하지 않고 나라를 다스리는 자는 나라의 복이다"에 대한 주해(註脚)이다.

후세에서 노자의 견해를 반지식론(反知識論)으로 줄곧 공격한 것은 역사적 오해이다. 그러한 오해가 발생하게 된 까닭은, 대체로 원문이 간략하고 짧으며, 후대에서 각 장의 배열의 순서를 바꾼 데서 비롯된다. 다행히도 전국시대(기원전480~221년)에 태어난 장자는 당시의 현실을 목도하고, 노자 사상에 대하여 독특한 통찰력을 발휘한다. 그런데 아쉽게도 그의 문장에는 유머가 많고, 앞선 시대의 선현들의 대화를 이용하여 이야기를 만들고, 형이상학(玄學)에 가까운 알레고리(寓言)를 즐겨 사용한다는 점에서, 학자들의 존중을 받지 못했다.

20세기 초에 몇몇 학자들이 자의로 노자가 태어난 해를 2백 년 가까이 뒤로 옮겼고, 그로써 노자의 책이 전국시대의 은사(隱士) 이이(李耳)가 저술한 것으로 잘못 생각하였다. 이런 전제에서 노자가 주나라 왕실의 장서고의 관리였다는 전통과 노자가 공자에게 남긴 말을 모두 뒤집었다.

이 시대(연대)의 잘못은 중국 밖의 외국의 학자들에게도 막대한 영향을 주어서, 오늘날 많은 사람이 노자와 장자, 이 두 철학자가 태어난 해가 크게 차이 나지 않고, 두 사람의 시대 배경도 비슷한 같은 도학가(道學家)로 알고 있고, 그래서 이 두 사람의 사상도 분명히 큰 차이가 없는 것으로 여기고, 이 두 철학자의 사상의 공통점과 차이점에 대하여 탐구할 필요가 없다고 보는 것은 참으로 매우 안타까운 일이다.

이 장 후반부에서 나라를 다스리는 두 가지 정책('지식으로'와 '지식이 아닌 것으로') 외에, 나라를 다스리는 또 하나의 모범이 존재한다. 일상에서 자주 이 모범을 기억하는 것은 깊은 미덕이다. 그것은 사회가 한바탕 혼란의 소용돌이와 질적인 변화를 거치고, 현실과 모범이 정반대가 되는 때에 이르면, '사물의 발전이 극에 달하면 반드시 반전한다'(物極必反)는 아주 깊고 오묘한 이치에 근거하여, 크게 융화되고 조화로운 사회가 출현할 수 있다. 이것이 도의 사회가 막힘이 없어야 한다는 까닭이다.

정치철학의 주체를 다룬 요점

노자는 먼저 '함이 없이 다스림'의 정책을 제안했다(제3장). 이어서, 큰 도가 쇠퇴하며 나타난 사회의 좋지 않은 결과에 대하여 묘사하고(제18장), 어떻게 덕이 있는 사회를 세울 수 있는지에 대하여 제안했다(제19장). 그는 계속하여 큰 나라의 군주와(제26장) 세상의 독재자가 경거망동할 수 없다고 말한다.

만일 극단적이고 제멋대로 전제 정치를 하여, 복잡한 인간사회를 통제하면, 결코 성공할 수 없다(제29장). 그의 정치철학의 주체는 백성을 위주로 한 정권을 반영했다. 현명한 군주는 백성을 사랑하는 동기에서, 자기의 고정관념이 없이, 백성의 의견을 자기의 의견으로 삼아서, 모든 사람이 선의로 서로 협력하고 서로 신뢰하는 원칙으로 나라를 다스린다(제49장). 그는 계속하여, '함이 있는 다스림'(有為而治)의 실패와 현명한 군주가 어떻게 솔선수범하여 성공할 수 있는지에 대하여 묘사한다(제57장). 이것은 전대미문의 민주 사상으로, 그것은 '함이 없이 다스림'(無為而治)의 이상에 도달하는 첩경이다.

당시의 긴장된 국제관계를 거울로 삼아, 하나의 국가는 자원을 절약하고, 군주는 미래를 멀리 내다보는 안목으로 깊이 생각하며 다스리도록 노력해야 하고, 나라가 실력을 갖추어야, 오래 지속할 수 있다(제59장). 그는 사람들이 자유를 추구하는 것을 간섭하지 말아야 한다고 주장하고, 그래야 사람들의 자신감이 커져서, 각자 자기 분야에서 능력을 발휘할 수 있고, 군주와 협력하여 대중의 복리를 증진시킬 수 있다고 주장한다(제60장). 그의 국제정치사상은 외교로 분쟁을 해결하는 것을 중시한다. 큰 나라는 여성적인 겸손함으로 받아들이고 고요한 자세를 유지해야 하는데, 고요함은 평화를 사랑하고 다른 작은 나라들과 권력과 이익을 다투지 않는 것을 포함한다(제61장). 또한 호혜공영의 원칙에 기초하여 세계 평화를 유지한다(제66장).

노자의 정치사상의 진수는 "만물의 자연스러운 상태를 돌보고, 감히 자연을 거슬러 간섭하지 않는다"(以輔萬物之自然, 而不敢爲)는 원문의 열한 글자 안에 들어있다. 사람은 자연의 규율을 간섭하면 안되고, 자연이 하는 것을 인위적 표준(人爲的標準)으로 삼아야 한다고, 그는 생각한다. 그의 '함이 없이 다스림'의 본래 의미는 바로 '자연(自然 = 道)을 거스르는 행위를 감히 하지 않는다'는 것이다(제64장).

끝으로, 노자의 책에 들어있는 반지식(反知識)과 반문화(反文化)의 흔적에 대하여 후세의 학자들이 이해하기가 매우 어려웠다. 다행히도 장자가 재유편(在宥篇)에서 노자의 원래 의미를 설명했다. 노자가 실제로 반대한 지식은 자기 위주의 이기적인 욕망을 만족시키는 그러한 지식이고, 또한 공자가 가르친 주관적 지식이었다. 노자와 공자, 이 두 사람의 사상이 다른 그 핵심이 바로 여기에 있다.

제9편. 인생철학

 인생철학은 사람과 사람이 어떻게 서로 어울려 사는가와 관련되어 있고, 자연환경에 대한 사람의 태도 및 행위와도 관련되어 있다. 인간 관계의 발전과 개인의 도덕 품행은 직접적 혹은 간접적 인과관계가 있다. 현대의 관점에 의하면, 도덕과 품행의 함양은 선천적 요소와 후천적 요소에 의하여 결정된다. 선천적 요소는 대부분 유전적 요인이고, 후천적 요소는 대부분 개인의 경험 및 수양과 관련되어 있다. 공자(기원전 551~479년)가 이렇게 말한다: "자기가 원하지 않는 것은 남에게도 베풀지 말라"(己所不欲, 不施於人). 이러한 행위의 철학은 이천여 년 동안 중국 사람들의 도덕 품행의 길잡이가 되었는데, 서방의 황금률(Golden Rule)과 아무런 차이가 없다. 아쉽게도 공자는 사람을 중시하고, 사람과 자연환경의 상호영향에 대해서는 중시하지 않았다. 이것이 노자와 공자의 철학이 의미심장하게 서로 다른 점이다. 노자(기원전 약 570~ ?년)의 인생철학은 자연에 대한 그의 존중에 기초한다(제5편 73장 참조). 그는 사람의 옳고 그름과 좋고 나쁨을 식별할 때, 마땅히 객관적 표준이 있어야 한다고 생각한다. 왜냐하면 자연이 '자기가 없음'(無己)·'사사로움이 없음'(無私)(제4편 51장 참조)·'함이 없음'(無爲)이기 때문이다(제8편 37장 참조). 이러한 자연은, 사람의 생존과 그 삶이 지속되는데 필요한 것을 포함하여, 만물을 선사하고, 그 모든 것이 성공할 수 있도록 돕지만, 공로가 있다고 자처하지 않는다(제1편 34장 참조). 이것은 의심의 여지 없이 도덕 품행의 최고의 표준이다. 그는 하늘이 부여한 유한한 자원의 절약을 강조하여(제8편 59장 참조), 알 수 없는 미래에 대비해야 하고, 또한 사람들이 덕으로 원수를 갚도록 권고하는데(제4편 63장 참조), 이 모든 것은 그가 자연 그리고 도의 인생철학을 존중한다는 것을 드러낸다. 아래 각 장은 그가 어떻게 개인이 자기 수양을 하고, 어떻게 사람됨을 위해 노력하고 세상살이를 하는지에 대한 그의 철학을 대표한다.

제5장. 중심에 머물라

天地不仁, 以萬物爲芻狗;
聖人不仁, 以百姓爲芻狗.
天地之間, 其猶橐籥乎?
虛而不屈, 動而愈出.
多言數窮, 不如守中.

하늘과 땅은 어질지 않으니,
만물을 밀짚 개 취급하기 때문이다.

군주는 어질지 않으니,
자기 백성을 밀짚 개 취급하기 때문이다.

하늘과 땅 사이가 풀무와 같지 않은가?
그것은 비어 있지만 아무리 써도 다함이 없으니,
많이 움직일수록 더 많이 나온다.

많은 논쟁은 반드시 끝나게 되므로,
자기의 중심을 지키는 것이 좋다.

. . .

기원전 6세기에 봉건 제후국의 군주는 세습제도를 이어갔다. 많은 군주들이 무능하고, 정치는 매우 암울하고, 전쟁의 참화는 끊이지 않고 계속되어, 국제 정세가 불안정했다. 대다수 사람은 농업에 종사하기 때문에, 실제 경험이 그들에게 말한다. 이를테면 곡물이 풍작을 이루거나 혹은 홍수나 가뭄 등의 천재지변이 발생하면, 이것은 모두 하늘과 땅의 은혜 혹은 징벌로 여겼다. 그들은 세상에서 군주가 그들에게 상을 주거나 벌을 내리는 권위를 직접 보면서, 하늘과 땅도 하늘의 신(天帝)과 땅의 신(地神)이 있어서, 유사한 권위를 갖고 있다고 여겼다. 따라서 매년 정기적으로 하늘과 땅에 성대한 제사 의식을 거행했다. 이때 군주가 제사 의식을 주관하고, 제사 의식에서 가축 몇 마리를 희생제물로 바쳐, 하늘의 신과 땅의 신이 흠향하도록 했다. 노자 시대에 희생제물로 사용된 가축은 개 종류인데, 그때 밀짚 같은 풀로 만든 개 모형으로 대신하기도 했다. 제사 의례가 끝나고 나면, 이른바 밀짚 개는 아무도 관심을 갖지 않는 폐기물이 되었다.

노자는 하늘과 땅이 어질지 않으니, 만물을 밀짚 개로 여긴다고 말한다. 그는 하늘과 땅이 사람과 다른 부류이므로, 자연을 인격화할 수 없다고 암시한다. 그는 여기서 하늘의 신과 땅의 신이 상 혹은 벌을 내릴 수 있다는 대중의 미신을 뒤집는다. 또한 "성인은 어질지 않으니, 백성을 밀짚 개 취급하기 때문이다"라고 하는 것은 성인(군주)이 백성들이 한 해 동안 고생하여 얻은 곡물을 세곡으로 받아 누리면서도, 그들의 화복(禍福)에는 조금도 관심이 없기 때문이라고, 노자는 말한다. 노자 시대는 요(堯)·순(舜)·대우(大禹) 같은 성군(聖君)들이 이미 자취를 감추었다. 그러나 노자는 여전히 군주를 성인(聖人)이라 호칭하는데, 이것은 그때까지 이어온 습속에 따른 것으로 여겨진다.

  이 장에서는 당시 사람과 사람 사이에 논쟁이 끊이지 않고, 각자 서로 다른 의견을 가지고 실제 문제를 해결하려 했지만, 이러한 논쟁이 문제 해결에 아무런 도움이 되지 않았다는 것을 묘사한다. 그가 볼 때, 이러한 논쟁은 모두 입으로 말한 뿐 실행되지 않는 헛소리에 불과하다. 그것은 마치 풀무질할 때, 바람을 일으키려고 손잡이를 손으로 계속하여 당기고 밀고 하는 행위와 같아, 마치 밀고 당기는 동작이 급할수록, 그만큼 바람이 많아지듯이, 논쟁도 하면 할수록, 무성한 말을 내뱉게 되는데, 그것들이 모두 문제 해결에 아무런 도움이 되지 않는다는 것이다. 그리고 모든 논쟁은 아무튼 반드시 끝나게 된다. 논쟁이 실제 문제 해결에 도움이 되지 않고 결국 헛소리에 그치게 되는 원인 가운데 하나는 발언을 할 때 공손하지 않기 때문이다. 그리고 불손한 말이 통치계급의 마음을 상하게 하면, 고압적인 금령을 받거나 징벌을 받을 수도 있다. 그러므로 그는 당시 상황에서 할 수 있는 처세는 중심을 지켜서 현재와 미래에 대처해야 한다고 믿는다. 이른바 '가운데 중심을 지키는'(守中) 중심은 아래 몇 장에서 계속 다룬다.

제12장. 유혹

五色令人目盲; 五音令人耳聾; 五味令人口爽;
馳騁畋獵, 令人心發狂; 難得之貨, 令人行妨.
是以聖人爲腹不爲目, 故去彼取此.

다섯 가지 색은 눈을 멀게 할 수 있다.
다섯 가지 음은 귀를 멀게 할 수 있다.
다섯 가지 맛은 미각을 흐리게 할 수 있다.
경주와 사냥은 사람의 마음을 미치게 할 수 있다.
희귀 상품은 도둑질이나 강도질을 유발할 수 있다.

그러므로, 성인은
　　표면적인 것에 대한 유혹이 아니라,
　　삶의 실익을 중시한다.
그래서 그는 이것(실익)을 받아들이고
다른 것(표면적인 것)을 거부한다.

· · ·

　삶의 즐거움과 향수는 주로 자연으로부터 받은 것이다. 예를 들어, 오관의 기능은 사람으로 하여금 아름다운 색상을 보게 할 수 있고, 듣기 좋은 음악을 듣고, 입에 맞는 맛있는 음식을 즐기게 할 수 있다. 그러나 이러한 기능은 적당한 한도가 있어서, 그 한도를 지나치게 넘어설 수 없다. 만일 다섯 가지 색깔이 마구 뒤섞여 그 정도가 극에 달하면, 그것을 보는 이들이 어지러워할 수 있고, 다섯 가지 음과 소리가 그 극에 달하면, 사람들의 귀가 멀 수도 있고, 다섯 가지 미각의 농도가 너무 짙어 그 극에 달하면, 사람들이 입맛을 잃게 된다. 이것이 노자가 극단으로 향하지 말고, 적당한 지점에서 멈추어야 한다는 인생철학으로, 제5장에서 말한 바 있는 '중심을 지킨다'는 뜻이 내포된 하나의 사례이다.

그러면 무엇이 적당한 지점에서 멈추어야 할 한계인가? 말을 빨리 몰아 사냥감을 향해 돌진할 때, 사람들의 마음은 광분 상태에 빠진다. 희귀한 귀중 상품에 대한 욕심은 사람들로 하여금 그것을 훔치거나 강탈하고 싶게 하는데, 사냥을 하거나 희귀 상품을 수집하는 것은 통치계급의 특권이라는 것을, 노자가 암시한다. 또한 그는 집권자의 이러한 과도한 향수는 주로 피상적인 유혹에 대한 갈망이 주를 이룬다고 생각한다. 그러므로 성인(현명한 군주)은 오직 삶의 실익을 중시하고, 표면적인 유혹에 연연해하지 않는다.

제13장. 근심 걱정들

寵辱若驚, 貴大患若身.
何謂寵辱若驚? 寵爲下, 得之若驚, 失之若驚, 是謂寵辱若驚.
何謂貴大患若身? 吾所以有大患者, 爲吾有身, 及吾無身, 吾有何患?
故貴以身爲天下, 若可寄天下; 愛以身爲天下, 若可托天下.

총애를 받거나 모욕을 받으면, 두렵다.
내 몸을 위협하는 것 같은 큰 재난이다.
"총애나 모욕이 두렵다"는 것은 무슨 뜻인가?

총애는 권세가 있는 사람이 그 아래 사람에게 베푸는 것으로,
그것을 받은 사람은 은인이 그에게 거는 기대가 두렵고,
그것을 잃은 사람은 예측하지 못한 결과에 대해 두려워한다.
이것이 바로 "총애나 모욕이 두렵다"는 뜻이다.

"내 몸을 위협하는 것 같은 큰 재난이다"라는 것은 무슨 뜻인가?
내가 재난을 입는 까닭은 내게 몸이 있기 때문이다.
내게 몸이 없으면 대체 무슨 재앙이 있겠는가?

그러므로,
세상을 자기 몸처럼 귀하게 여기는 사람은
세상의 신임을 받고 지도자가 될 만하고,

세상을 자기 몸처럼 사랑하는 사람은
세상의 위임을 받아 군주가 될 만하다.

... ...

　봉건귀족 정권하에서는 귀천(貴賤)이 분명하고, 부자와 가난한 사람의 격차가 크다. 당시 비천한 사람(賤) 곧 평민은 높은 지위에 있는 상류층(貴)의 청렴을 요구하고, 가난한 사람은 부유한 사람에게 자선을 구한다. 이 모두 상상할 수 있는 현실이다.
　노자가 "총애나 모욕이 두렵다"는 것은 무슨 뜻이냐 하고 묻는다. 그는 이어서 이러한 취지의 말을 한다: 총애는 권세가 있는 사람이 그 아랫사람에게 베푸는 특별한 대우이다.
　권세가의 총애는 반드시 그 총애를 받는 아랫사람에게 자기에게 이익이 되는 것 혹은 특별한 것을 요구한다. 그러므로 누가 총애를 받았다면, 자기를 총애한 사람이 요구하는 것을 만족시킬 수 있는지 두려워한다. 그리고 누가 그 총애를 잃어버리면, 총애를 잃은 것에 대한 모욕감 이외에도, 예측할 수 없는 어떤 징벌을 받을까 봐 더 두려워한다.
　물론 총애는 일종의 비정상적인 정감 혹은 행위로써, 보통 인간사에서 일어나는 정상적인 사교 혹은 우의를 나누는 것과는 다르다. 누가 중심을 지키고, 극단으로 나아가지 않으면(제5장과 12장 참조), 총애나 모욕에 따른 두려움을 피할 수 있고, 마음의 평형을 유지할 수 있을 것이다.
　노자가 "내 몸을 위협하는 것 같은 큰 재난이다"라는 것은 무슨 뜻인가 하고 다시 묻는다. 그는 이어서, 내가 재난을 입는 까닭은 내게 몸이 있기 때문이다. 내게 몸이 없으면 대체 무슨 재앙이 있겠는가, 하고 말한다. 이어서 그는 이렇게 결론적으로 말한다: 세상을 자기 몸처럼 귀하게 여기는 사람은 세상의 신임을 받고 지도자가 될 만하고, 세상을 자기 몸처럼 사랑하는 사람은 세상의 위임을 받아 군주가 될 만하다.

　바꾸어 말하면, 세상의 지도자는 세상을 귀하게 여기고 세상을 사랑하는 성의가 있어서, 세상의 안위를 바로 자기의 안위로 여길 수 있기 때문에, 나라를 사랑하고 사람들을 사랑하는 데 있어서, 솔선수범하여, 세상이 그를 신임하는 뜻을 저버리지 않는다.

제23장. 자연은 거의 말하지 않는다 · 신심

希言自然.
故飄風不終朝, 驟雨不終日. 孰爲此者?
天地. 天地尚不能久, 而況於人乎?
故從事於道者: 道者同於道; 德者同於德;
失者同於失. 同於道者, 道亦樂得之;
同於德者, 德亦樂得之; 同於失者, 失亦樂得之.
信不足焉, 有不信焉.

자연은 말을 거의 하지 않는다.
그러므로,
거센 바람이 아침 내내 부는 경우는 거의 없고,
폭우가 하루 종일 내리지는 않는다.
누가 한 일인가? 하늘과 땅!
하늘과 땅도 오래가지 못하는데,
하물며 사람이야?

그러므로,

도를 따르는 것과 도를 따르는 사람이 같다는 것을
덕이 있는 것과 덕이 있는 사람이 같다는 것을
믿음을 잃은 것과 믿음을 잃은 사람이 같다는 것을
누가 도를 따르면,
도를 따르는 사람도 기꺼이 그에게 다가가고;
누가 덕이 있으면,

덕이 있는 사람도 기꺼이 그에게 다가가고;

누가 믿음을 잃으면,
믿음이 없는 사람도 기꺼이 그에게 다가간다는 것을
누가 다른 사람에 대한 믿음이 부족하면,
다른 사람도 그에 대하여 믿음이 없다는 것을

수행자는 알고 있다.

· · ·

   자연은 침묵하고 말이 적다. 노자가 말한다: 거센 바람과 폭우는 오래 가지 않으며, 그 모두 하늘과 땅의 행위이다. 하물며 사람이야? 그는 사람이 침묵하고 말이 적어야 한다고 암시한다. 그러나 말이 적은 것은 고독한 것이 아니고, 다른 사람과 정상적인 사교 혹은 의견 교환을 거절하는 것도 아니다. 그는 도를 따르는 사람과 그 밖의 도를 따르는 사람이 서로 같은 관점을 가지고 있어서, 그들의 생각이 관통한다고 말한다. 덕이 있는 사람은 그 밖의 덕이 있는 사람과 서로 일치하고 관통하며, 믿음을 잃은 사람과 믿음이 없는 사람도 일치하고 서로 관통한다고 본다. 중국의 유명한 속담, "끼리끼리 어울린다"(物以類聚)의 출처가 아마도 여기일 것이다. 그는 끝으로, "누가 다른 사람에 대한 믿음이 부족하면, 다른 사람도 그에 대하여 믿음이 없다는 것"에 대해서 말한다. 이 구절을 처음 읽을 때, 너무 간단한 말로 여겨졌다. 그러나 그 의미가 매우 깊어서, 남과 잘 어울려 살아가는데 필요한 경구이다. 종교의 범위 바깥에서, 믿음은 쌍무적이다. 그리고 누가 진심으로 다른 사람을 신임하는 것은 그가 굳건한 자신감이 있고 믿을만한 인격을 지녀서, 사람들의 신임을 받을 만하다는 표시이다. 누가 믿음이 없으면, 중심을 지키기가 대단히 어렵다(제5장 참조).

제24장. 자연스럽고 객관적이고 겸손하라

企者不立; 跨者不行; 自見者不明; 自是者不彰;
自伐者無功; 自矜者不長.
其在道也, 曰餘食贅行, 物或惡之, 故有道者不處.

키가 커 보이려고 발끝으로 서면 불안정해지고,
빨리 걸으려고 가랑이를 너무 벌리면 오히려 더디고,
누가 자기의 견해를 고집하면 현실을 명확히 볼 수 없고,
누가 자신이 옳다고 고집하면
참과 거짓을 분명히 알지 못하고,
누가 자신의 성취를 자랑하면
그 사람을 신뢰하기 어렵고,
누가 교만하고 자만하면, 지혜가 자라지 않는다.

도의 관점에서 보면,
그들은 모두 상한 음식이나 기괴한 모양 같고,
늘 사람들이 싫어하는 일만 하므로,
도와 함께 하는 사람은 그들을 피한다.

* * *

노자는 여기서 사람들과 어울려 살아가는 그의 철학의 기초를 나타낸다. 그는 "키가 커 보이려고 발끝으로 서면 불안정해지고, 빨리 걸으려고

가랑이를 너무 벌리면 오히려 더디다"고 말한다. 이것은 자연의 한계를 넘어서는 행위의 결과가 오히려 예상했던 것과 정반대로 나타난다는 것을 말해준다. 이것은 자연(도)에 따르고, 적당한 선에서 멈출 수 있어야 한다는 노자의 가르침과 완전히 일치한다. 그는 이어서 보통 사람의 약점을 지적한다: 누가 자기의 견해를 고집하면, 현실을 명확히 볼 수 없고, 누가 자신이 옳다고 고집하면, 참과 거짓을 분명히 알지 못하고, 누가 자신의 성취를 자랑하면, 그 사람을 신뢰하기 어렵고, 누가 교만하고 자만하면, 지혜가 자라지 않는다. 이러한 약점은 '주관'과 '자아'에서 함께 나온 것이다. 객관적으로 일을 처리하면, 문제의 초점이 쉽게 식별되어, 합리적으로 해결할 수 있다. 사람됨이 겸손하고, 자아를 극복하고, 현명한 사람에게서 배우면, 지혜가 증가할 수 있다. '객관'과 '자기를 낮추는 태도'도 제5장에서 말한 중심을 지킨다는 것에 속한다.

제27장. 탁월한 성취

善行無轍跡, 善言無瑕謫; 善數不用籌策;
善閉無關楗而不可開, 善結無繩約而不可解.
是以聖人常善救人, 故無棄人;
常善救物, 故無棄物.
是謂襲明.
故善人者, 不善人之師; 不善人者, 善人之資.
不貴其師, 不愛其資, 雖智大迷, 是謂要妙.

잘 걷는 사람은 발자국을 남기지 않고,
훌륭한 연설은 흠이 드러나지 않고,
계산을 잘하는 사람은 계산기가 필요 없고,
문을 잘 닫는 사람은 중요한 일이 없으면 열 수 없고,
매듭을 잘 짓는 사람은 끈이 없으면 풀 수 없다.

또한,
성인은 사람을 잘 구하므로, 사람을 버리지 않고,
성인은 물건을 잘 구하므로, 버리는 것이 없다.
이것이 사람을 다스리고 일을 처리하는 영민함이다.

그러므로,
성공한 사람은 실패한 사람의 스승이고,
실패한 사람은 성공한 사람의 교훈이다.
누가 스승을 소중히 여기지 않거나 가르침을 배우지 않으면,

비록 지혜가 있더라도, 사실은 어리석다.
이것이 중요하고 기묘한 관건이다.

・・・

노자는 여기서 독자에게 두 가지 제안을 한다. 첫째로, 탁월한 성취를 이루려는 사람이 비추어 보는 거울이 될 수 있다. 그는 이렇게 말한다: "잘 걷는 사람은 발자국을 남기지 않고, 훌륭한 연설은 흠이 드러나지 않고, 계산을 잘하는 사람은 계산기가 필요 없고, 문을 잘 닫는 사람은 중요한 일이 없으면 열 수 없고, 매듭을 잘 짓는 사람은 끈이 없으면 풀 수 없다."

이와 같은 탁월한 성취는 보통 사람이 이루어낼 수 없는 것이다. 오직 노련한 전문가들이 해 낼 수 있으니, 그들은 천부적 자질과 지혜가 있고, 이미 잘 하고 있는데도 더 잘하려고 자신을 부단히 연마하고, 불요불굴의 정신으로 맡은 일을 능히 감당한다.

성인 혹은 사리에 밝은 군주가 바로 그러한 사람이다. 그는 사람을 잘 구하므로, 쓸모없는 사람조차 버리지 않고, 그는 물건을 잘 구하므로, 폐기되는 물건이 없다. 이는 성인이 사람을 다스리고 일을 처리하는 전문가라는 것을 암시한다(제8편 59장 참조).

둘째로, 그는 사람들이 다른 사람들과 현실에서 부단히 배울 것을 권고한다. 이것은 공자가 말한 세 사람이 걸어가면 그 가운데 반드시 나의 스승이 있다(三人行, 必有吾師)는 말과 궤를 같이한다. 그는 이렇게 말한다: 성공한 사람은 실패한 사람의 스승이고, 실패한 사람은 성공한 사람이 비추어 보는 거울이다.

누가 스승을 소중히 여기지 않거나, 가르침을 배우지 않고 자신을 거울에 비추어 보지 않으면, 비록 총명하더라도 사실은 어리석다. 그는 이것이 성공에 중요하고 매우 기묘한 관건이라고 생각한다.

보통 실패한 사람은 자존심과 시샘에 빠져있어서, 마음을 기울여 성공의 요결을 배울 뜻이 없고, 성공한 사람은 늘 자만하고 득의양양하여, 실패한 사람의 원인을 배우려는 마음이 없어, 앞선 사람의 실패를 거울로 삼지 않는다. 노자가 암시한 기묘한 관건은 바로 부단히 과거의 자기 혹은 다른 사람의 경험을 배우는 것을 가리킨다.

제33장. 지혜에서 나온 격언

知人者智, 自知者明.
勝人者有力, 自勝者強.
知足者富. 強行者有志.
不失其所者久. 死而不亡者壽.

다른 사람을 아는 사람은 똑똑하고,
자신을 아는 사람이 현명하다.
다른 사람을 이기는 사람은 힘이 있고,
자신을 이기는 사람이 강한 사람이다.
만족하는 사람이 부유하다.
힘있게 행동하는 사람은 자신감이 있다.

중심을 잃지 않는 사람이 오래 지속한다.
죽어서도 잊히지 않는 사람이 오래도록 산다.

...

 이 장의 아름다운 시구(詩句)는 노자의 자기 수양(修身)과 사람들과 어울려 함께 사는(爲人處世) 철학의 진수를 대표한다고 말할 수 있다. 그의 지혜의 격언은 의미심장하고, 동시에 현실에 부합하고, 진리에 가깝고, 대중이 받아들이기 쉽다. 이것이 아마 중국과 외국의 후세의 학자들이 노자의 책을 칭송하는 이유 가운데 하나가 아닌가 싶다. 그는 말한다: 누가 다른 사람을 이해하면 단지 총명(똑똑)하지만, 자기를 알 수 있으면 현명하다. 자기를 아는 사람은 시종일관 객관을 유지하지만, 총명한 사람은 반드시 객관을 유지하여 자기의 생각과 행위를 깊이 살피지 않는다. 다른 사람을 이기는 사람은 다른 사람의 지력과 체력을 능가하지만, 자기의 고정관념과 자만심을 극복하는 사람이 참으로 강한 사람이다. 만족을 아는 사람은 늘 부유한 느낌을 갖지만, 큰 부자는 만족할 줄 몰라서, 여전히 현재의 상황에 불만이므로, 결코 부유하다는 느낌이 없다. 강행하는 사람의 과단성은 그의 강한 자신감을 반영한다. 중심을 잃지 않는 사람은 도를 거스르지 않고 자기 수양으로 덕을 쌓으니(제12장·23장·24장 참조), 오래 지속할 수 있다. 죽어서도 잊히지 않는 것이 장수를 누리는 것이다. 여기서 노자가 죽음을 인생의 끝으로 보지 않는다는 것을 알 수 있다. 공자·모차르트·예수·석가모니·링컨 등과 같은 역사상 위대한 인물을 돌아보라. 그들이 죽는 그 시점이 그들이 잊히지 않는 출발점이 되었고, 이것은 또한 그들의 영생을 상징한다.

제44장. 삶에 대한 태도 — 인생철학

名與身孰親? 身與貨孰多? 得與亡孰病?
甚愛必大費; 多藏必厚亡.
故知足不辱, 知止不殆, 可以長久.

명예와 생명 가운데 어느 것이 더 귀중한가?
생명과 재물 가운데 어느 것이 더 중요한가?
이득과 손실 가운데 어느 것이 더 해로운가?

소유에 집착하면 반드시 대가를 치르고,
이익을 위해 과도하게 축적하면 반드시 큰 손실을 입는다.

그러므로 만족을 알면 모욕을 당하지 않고,
시의 적절히 멈추면 위험을 초래하지 않고,
그가 중심을 유지하므로 오래 지속할 수 있다.

∴

노자는 그의 인생철학과 밀접한 관계에 있는 세 가지 문제를 던진다: 명예와 생명 가운데 어느 것이 더 귀중한가? 생명과 재물 가운데 어느 것이 더 중요한가? 이득과 손실 가운데 어느 것이 더 해로운가? 명예·생명·재물·이득과 손실 혹은 성공과 실패! 각자 모두 개인의 인생철학에 따라서, 어느 것을 취할 것인지 혹은 버릴 것인지를 결정한다. 그러나 개인의 인생철학은 바깥에서 들어온 지식과 교육 그리고 실제 경험의 영향이 매우 크다. 이와 관련하여 장자가 잘 말했다:

> "작은 유혹(小惑)은 다만 방향을 잃게 하지만,
> 큰 유혹(大惑)은 사람으로 하여금 자기의 본성을 잃게 한다.
> 내가 어찌 알겠는가? …
> 고대 성군(聖君)의 시대 이후에,
> 사람의 본성이 외부의 영향을 받지 않은 경우가 없다. 그러므로,
> 소인은 이익을 위하여 진심으로 기꺼이 희생하기로 마음먹고,
> 학자는 명예를 위하여 진심으로 기꺼이 희생하기로 마음먹는다.
> 관리는 명예를 위하여 기꺼이 희생할 마음을 먹고,
> 도리를 아는 현명한 군주는 세상의 안위를 위하여
> 기꺼이 희생할 마음을 먹는다. … "   — 변무편(騈拇篇)

만일 누군가의 인생철학을 알고 싶으면, 위에서 던진 세 가지 질문에 대하여, 그가 어떻게 대답하는가를 보고 그의 인생철학을 알 수 있다. 우리는 노자 자신의 대답이 어떠한지에 대하여 추측할 수 있다. 그는 생명을 존중하고 부귀 혹은 명예에 연연하지 않는다. 이득과 손해 혹은 성공과 실패에 대하여, 그는 이렇게 말한다. "소유에 집착하면 반드시 대가를 치르고, 이익을 위해 과도하게 축적하면 반드시 큰 손실을 입는다." 이것도 역시 극단으로 치닫지 않고 적당한 지점에서 멈추는 그의 철학이다. 그러므로 그는 절대로 집착 때문에 이익을 다투지 않고, 수단과 방법을 가리지 않고 성공을 쟁취하지 않는다.

제50장. 삶과 죽음의 개연성

出生入死. 生之徒, 十有三; 死之徒, 十有三;
人之生, 動之於死地, 亦十有三. 夫何故? 以其生之厚.
蓋聞善攝生者, 陸行不遇兕虎, 入軍不被甲兵;
兕無所投其角, 虎無所措其爪, 兵無所容其刃.
夫何故? 以其無死地.

태어나서 죽을 때까지,
10명 중 3명은 생명의 길을 걷고,
10명 중 3명은 죽음의 길을 걷는다.
10명 중 3명은 원래 생명의 길을 걷다가,
죽음의 길로 잘못 든 사람들이다.
왜 그러한가?
그들이 삶에 대하여 너무 많은 것을 요구했기 때문이다.

생명을 잘 보존하는 사람은
육지에서 걸을 때도 호랑이나 코뿔소를 만나지 않고,
전쟁에서 무장한 병사를 만나도 부상을 입지 않는다고 들었다.
그리고 그는
코뿔소가 뿔로 그를 들이받는 상황을 만나지 않고,
호랑이가 발톱으로 그를 잡아채는 상황을 만나지 않고,
무장한 병사가 칼로 그를 찌르는 상황을 만나지 않는다.
왜 그러한가?
그가 시종일관 죽음의 길에서 걷지 않았기 때문이다.

삶의 여정에서, 각자 모두 뜻밖의 성공과 실패 그리고 이익과 손해에 직면할 수 있다. 노자는 아마도 역사상 개연성(Probability)과 삶의 관계를 인식한 최초의 선각자였다. 서방의 과학자는 양자역학(Quantum Mechanics)의 발전 과정에서, 반드시 개연성을 이용하여 이해할 수 없거나 예측할 수 없는 결과를 해석한다. 예를 들어, 하이젠베르크(Heisenberg, 1901~1976년)가 발견한 불확정성의 원리(Uncertainty Principle)는 양자역학에서 없어서는 안 되는 다리를 놓았다. 수학을 이용하여 숫자로 개연성을 표시하여, 통계학이 생겨났다. 통계학의 응용은 이미 사회과학의 필요한 도구가 되었다.

노자가 선택한 주제는 당시 난세를 사는 사람들의 '삶과 죽음의 개연성'(生死蓋然性)에 대한 것이다. 그는 아마도 통계 숫자를 가지고 그의 결론을 증명하지는 않은 것 같다. 그러나 그는 10명 가운데 3명은 사는 길을 걷다가 죽는 길로 잘못 들어섰는데, 그것은 그들이 삶에 대하여 너무 많은 것을 요구했기 때문이라고 말한다. 이것은 개연성이 삶의 여정에서 평생 동반한다는 것을 그가 이미 마음속으로 이해하고 있었다는 것을 암시한다. 그러면 누가 죽는 길로 가지 않는가? 생명을 잘 보존하는 사람은 육지에서 걸을 때도 호랑이나 코뿔소를 만나지 않고, 전쟁에서 무장한 병사를 만나도 부상을 입지 않는다. 그러므로 그는 죽을 가능성이 없고, 그가 죽을 가능성은 영(零)에 해당한다. 그의 철학의 응용 범위는 매우 넓다. 만일 사람의 생사를 성공과 실패로 대체하여 적용해도 마찬가지로 역시 합리적이다. 오늘날도 세계 경제의 흐름이 여전히 사업투자를 위주로 하는데, 약간의 제한된 모험을 채택하고 성공의 기회를 확대하도록 하는 것은 이미 보편화되었다. 그러나 그가 권고한 '중심을 지킨다'(守中)는 것 또한 그냥 내버려 두고 상관하지 않아서는 안 된다.

제52장. 자연의 이치에 따른다

天下有始, 以爲天下母.
旣得其母, 以知其子, 以知其子, 復守其母, 沒身不殆.
塞其兌, 閉其門, 終身不勤. 開其兌, 濟其事, 終身不救.
見小曰明, 守柔曰强.
用其光, 復歸其明, 無遺身殃; 是爲襲常.

세계는 그 시작이 있었고,
그것을 세계의 어머니로 여긴다.

어머니를 얻었으면,
그 아들도 이해할 수 있고,
여전히 그 어머니를 지키면,
평생 잘못을 하지 않는다.

누가 틈을 막고 문을 닫으면,
평생 잘못된 길을 걷지 않는다.
누가 틈을 열고 쓸데없는 일에 참견하면,
평생 구원을 받을 수 없다.

미세한 것을 볼 수 있는 것은 빼어난 식견이고,
유연하게 물러서는 것은 강인한 것이고,
객관성의 빛을 충분히 사용하고,
새로운 지식을 이해하는 시력을 회복하면,

잘못을 저지르는 유감이 남지 않는다.
이렇게 하는 것을 일컬어, 자연을 따른다고 한다.

* * *

　　노자가 이 장에서 남긴 가르침을 과학자들은 대개 모두 동의할 수 있을 것이다. 세계(세상)의 시작은 바로 세계의 어머니(母)라고, 그는 말한다. 어머니가 있으니, 그녀가 낳은 아들도 이해할 수 있다. 그러나 그 아들을 아는 것은 여전히 그 어머니를 지켜야만 하는 것이고, 그렇게 하면 평생 잘못을 범하지 않을 수 있다. 그는 제1편 1장에서, 하늘과 땅의 시작은 '이름 없음'(無名) 혹은 사람이 알 수 없는 것이라고 이미 명확히 말했다. 그러므로 그가 여기서 말하는 세계의 어머니는 우주의 시작과 관련되지 않고, 모종의 지식의 원천 혹은 모종의 기본 원리를 가리킨다. 기본 원리가 있으면, 논리로 연역하여 추론하는 것이 성립될 수 있다. 추론이 여기서 바로 그녀가 낳은 아들이다(제1편 47장 참조). 그는 이어서 그 아들 — 추론 — 을 이미 알고 있으면, 어머니 — 원리 — 를 여전히 잘 지켜야지, 잘못된 길로 빠지지 않는다고 말한다(제1편 14장 참조). 그는 틈을 막고, 큰 문을 닫고, 마음을 오로지 한 곳에 기울여 연구에 몰두해야, 외부의 유혹의 영향을 받지 않을 수 있다고 제안한다. 누가 틈새를 열고 쓸데없는 일에 관여하면, 외부에서 오는 유혹의 영향을 받게 되어, 평생 거기서 벗어날 수 없을 것이다. 그는 이어서, 연구에 종사하려면, 반드시 사소해 보이는 부분도 똑똑히 관찰하고(見小曰明), 고정관념을 고수하지 말아야 하고(守柔曰强), 객관을 유지하고(用其光), 계속하여 새로운 지식을 알아야

(復歸於明), 잘못을 범하는 유감이 없다(無遺身殃)고 말한다. 이렇게 하는 것을 일컬어, 자연을 따른다고 한다.

노자는 처음부터 끝까지 미리 준비해야 뒷걱정(後患)을 피할 수 있다고 주장한다(제8편 59장과 64장 참조). 그가 여기서 그의 과학과 학문하는 태도를 말했는데, 이는 이 책 제1장 "항상 객관을 유지하면, 그 놀라움을 발견할 수 있다"는 그의 가르침과 완전히 하나로 관통한다.

인생철학의 요점

노자의 인생철학은 크게 두 부분으로 나뉠 수 있다. 한 부분은 사람이 자연환경에 대하여 어떻게 감당하고 대처하느냐에 대한 것이다. 그는 대자연은 자기가 없고, 사사로움이 없고(제4편 51장 참조), 함이 없고(제8편 37장), 사람이 성공한 뒤에 그 공을 자처하지 않는 것을 포함하여, 만물을 돕기 때문에(제1편 34장), 사람은 마땅히 자연에서 배우고, 도덕 품성의 최고 기준에 도달해야 한다. 또 다른 부분은 사람과 사람이 어떻게 함께 어울려 살아가느냐에 대한 것으로, 이 편(제9편)의 주제이기도 하다. 그는 전란의 시대를 사는 사람들이 무익한 공론에 빠져있는데, 마땅히 중심을 지켜야 한다(제5장)고 주장한다. 모든 일은 극단으로 치닫게 되면 안 되고, 마땅히 적당한 지점에서 멈추어야 한다(제12장). 위를 향하여 총애를 구하지 않고, (지도자는) 아래를 향하여 마땅히 솔선수범해야 한다(제13장). 사람들과 함께 어울려 사는 것은 마땅히 도를 따르고 덕을 행해야 하고, 마땅히 자신감을 갖고, 상호 신뢰를 구축해야 하며(제23장), 겸허하고 객관을 유지하여 도를 거스르지 않고, 무리하게 추구하지 말아야 한다.(제24장) 탁월한 성취를 이루는 것은 반드시 타고난 능력과 엄격한 훈련으로 효과를 거둘 수 있으므로, 이것은 결코 우연히 이루어지는 것이 아니다. 각자는 마땅히 한평생 경험과 역사의 경험을 통하여 배워야 한다(제27장). 그는 개인의 수양과 처세에 대하여, 자기 자신을 아는 것이 현명한 것이고(自知之明), 자기 자신을 이기는 것이 강한 능력이 있는 것이고(自勝之能), 스스로 만족할 수 있으면 늘 부유하다고 느끼고, 자신감과 과단성을 지니고, 중심을 잃지 않으면 오래 지속되고, 죽어서도 사람들이 잊지 않아 영생하고(제33장), 탐욕적인 애착과 재물을 쌓아두는 것을 피해야 한다(제44장)고 생각한다. 그는 개연적인 사고와 동시에 우연히 발생하는 것 같은 것이 삶의 여정에서 늘 동반되는 것이라고 생각하는데, 그것은 개연성이 예측할 수 없는 미래를 반영하고 있다며, 이는 논란의 여지 없는 현실이라고 생각한다. 그의 출발점은 과학적이다(제50장).

끝으로, 그는 세상에 새로운 지식을 널리 보급하는 과정에서 한계에 직면할 때, 마땅히 이미 얻은 원리를 지켜야 하고, 외부의 영향으로부터 간섭을 받지 않아야 한다고 제안한다. 사소한 부분도 자세히 살피고, 고정관념을 고수하지 않고, 객관적으로 새로운 지식을 이해하면, 잘못하여 생길 수 있는 유감을 피할 수 있다. 그는 이것이 바로 자연의 도에 따르는 것이라고 생각한다(제52장).

참고 자료

한어(漢語)
1. 馮友蘭, 中國哲學史, 北平, 1933, 北京增訂版, 1947.
2. 司馬遷, 史記 (百衲本二十四史) 上海商務印書館縮印明刊本.
3. 王弼, 老子注, (百衲本二十四史) 上海商務印書館縮印明刊本.
4. 呂不韋, 呂氏春秋, 四部叢刊, 上海商務印書館縮印明刊本.
5. 劉安, 淮南子, 四部叢刊, 上海商務印書館縮印明刊本.
6. 胡適, 中國古代哲學史, 台北, 1958修訂本.
7. 任繼愈, 老子今譯, 上海古籍出版社, 1978修訂本.
   附錄馬王堆漢墓1973出土老子帛書兩份.
8. 墨子, 四部叢刊, 上海商務印書館縮印明嘉靖刊本.
9. 孟子, 四部叢刊, 台灣商務印書館.
10. 莊子, (南華眞經) 四部叢刊, 上海商務印書館縮印明嘉靖刊本.
11. 荀子, 四部叢刊, 上海商務印書館印古逸叢書本.
12. 韓非子, 四部叢刊, 上海商務印書館縮印刊本.
13. 孫子, 上海商務印書館縮印江南圖書館明嘉靖刊本.
14. 論語, 四部叢刊, 台灣商務印書館.
15. 春秋, 四部叢刊, 上海商務印書館縮印刊本.
16. 朱自清, 經典常談, 生活·圖書·新知三聯書店, 北京, 1982.

영어(英語)
1. Needham, Joseph, Science and Civilization in China, Vol. 2: History of Scientific Thought, Cambridge University Press, 1956.
2. Cheng, David H., On Lao Tzu, Wadsworth Philosophers Series, Wadsworth/Thomson Learning, Inc., California, 2000.
3. Fung Yu-lan, A History of Chinese Philosophy, Peiping, 1933 Tr. by Bodde, D., Vol 1, Allan & Unwin, London, 1937. Vol. 2, Princeton University Press, 1953.
4. Chan, Wing-Tsit, The Way of Lao Tzu, New York, Macmillan Publishing Company, 1963.
5. Blakney, R.B., The Way of Life/Lao Tzu, New York, New American Library, 1955. Note: The author considers Lao Tzu as one of the Chinese Mystics.
6. Senzaki, N. and Mccandles, R. Buddhism and Zen, New York, The Wisdom Library, 1953.
7. Bernstein, J., Three Degrees Above Zero, Charles Scribner's Sons, New York, 1984.

감사의 글

　탕더강(唐德剛) 박사가 마치 구름이 흘러가듯 물이 흘러가듯 자연스레 써 내려간 훌륭한 서문 가운데 "노자를 평면에서 바라보면 산등성 같아 보이고, 측면에서 바라보면 산봉우리 같아 보인다"고 했는데, 과연 정곡을 찌른 말이라 하지 않을 수 없다. 진지카이(金繼開) 선생은 컴퓨터과학 전문가로서, 업무시간 외에 그의 부인 황훼메이(黃惠美)여사와 함께 미국 뉴저지주에서 교포 자녀들의 중국 전통 교육에 힘쓰고 있다. 이렇듯 바쁜 가운데 이 책의 디자인을 맡아 주었고, 또한 첨단 기술을 이용하여 원고를 싱가포르로 전송해서 인쇄하여, 마침내 이 책이 나올 수 있었다. 한촨위안(韓川元) 선생은 세계과학기술출판사(世界科技出版公司) 중국어 부문 편집자로서, 이 책의 출판을 위하여 애정을 갖고 열심히 애써주었는데, 쉽지 않은 일을 맡아주어서 대단히 감사하다.
　청관야오(程觀堯) 선생이 소장하고 있는 청지(程及)선생의 화폭에 그려진 주제가 도(道)인데, 그것은 노자 철학과 밀접한 관계가 있다. 다행히 두 분의 특별한 허락을 받아, 그것을 이 책의 표지로 사용하였다. 저자로서 이 모든 분에게 충심으로 감사드린다.

역자 후기 – 노자는 단순한 '형이상학자'가 아니다

(1)

몇 년 만에 한 번씩 거처를 옮긴다. 그때마다 의례적으로 하는 일이 하나 있다. 그것은 이런저런 기회에 내 손에 들어와 서가에 꽂힌 책 가운데, 오랫동안 자리를 차지하고 제대로 활용하지 않은 책들을 불가피하게 솎아내는 일이다. 처음에는 그 책을 처음 손에 넣었을 때의 아릿한 기억과 미련 때문에 다소 주춤했다. 그러나 거처를 옮기는 횟수가 늘어나며, 과거와 달리 좀 더 과감히 정리하는 습관이 점차 몸에 배었다. 그런 가운데, 솎아내지 않고 지금까지 오랫동안 나와 벗해온 책 가운데 한 권이 바로 이 책 《老子思想新釋》이다.

예전에 한때 이 책을 우리말로 번역하려는 생각을 한 적이 있다. 그러나 당시에 당면한 일을 처리하고, 다른 일에 몰두하다 보니 그만 지나가 버렸다. 그런데 돌이켜보니, 당시에 이 책을 꼭 번역하지 않으면 안 될 내적 동기나 외적 요구가 아마도 그리 강하지 않았었던 것 같다. 그 뒤 제법 많은 시간이 흐른 지금 이 책을 번역하기로 마음먹은 것은 2022년 대선이 끝나고 한 달여 지난 뒤다.

우리가 아무런 근심과 걱정 없이 평화롭게 산 적이 있었는지는 여전히 의문이지만, 그 어느 때와 다른 모종의 걱정과 근심이 더 깊어진다. 한국의 정치지형이 바뀐 것은 물론, 평화의 위협과 함께 삶의 현장에서 민생은 갈수록 더 힘들어진다. 거기에 더하여 강대국 러시아가 약소국 우

크라이나를 침공하여 무고한 양민들이 겪는 전쟁의 참상과 그 전쟁의 여파가 점차 세계 곳곳에 미치는 현실과, 그 전쟁의 이면에서 작동하는 각국의 이해관계는 물론이려니와 변화하는 국제질서의 주도권을 두고 벌어지는 힘 있는 나라들의 힘겨루기 상황을 지금 우리가 여실히 목도하고 있다. 교통과 통신이 발달한 오늘날 지구촌 어느 한 모퉁이에서 겪는 문제는 곧 지구촌 전체의 문제라는 것을, 우리는 매일 생생히 체험하고 있다. 각자 처한 환경과 입장에 따라서 인식의 차이 혹은 관점의 차이가 다소 있을 테지만, 내가 보기에, 지금 우리는 난세(亂世)를 산다.

(2)

이 책의 본문을 통하여 체감할 수 있듯이 노자(老子)가 살던 그 시대는 분명히 난세였다. 이른바 중원(中原)을 중심으로 일어난 나라(邦)와 나라 사이의 패권 전쟁이 해를 거듭하며 만연하고, 백성의 삶은 도탄에 빠지고, 미래가 암울한 상황에서, 이른바 책사들은 저마다 자신을 등용해 줄 패권 경쟁에 뛰어든 군주들을 찾아나서고, 각종 병서(兵書)가 저들의 이목을 사로잡는 시대에 출현한 노자의 책(도덕경)은 이러한 상황을 타개하려는 전혀 새로운 관점과 전망을 제시한 것이다. 그런 한편으로 좀 더 예민하고 세심하게 오늘날 나라 안팎의 환경과 당면한 정세를 두루 살펴보면 — 물론 노자가 당시 삶의 자리에서 겪은 상황과 다소 다른 점이 없지 않음에도 — 우리는 대체로 그 시대와 크게 다르지 않은 상황에 처한 것으로 보인다. 만일 노자의 삶의 자리가 태평성세를 구가하는 시대 상황이었으면, 굳이 고민할 거리도 없었을 테고, 어떤 문제의 해결책과 새로운 전망을 제시하기 위하여 굳이 저술할 필요도 없었을 것이다. 그러고 보면, 노자의 책은 과연 난세의 산물이다.

  타이완(台灣)에서 살며, 지난날 서점을 순례하던 시절, 서점에서 노자의 책(도덕경)이 진열되어 있는 곳을 둘러보면, 나름 개성 있는 표지로 눈길을 끄는 책들이 있어 펼쳐보게 된다. 그런데 디자인도 편집도 잘 되어 있지만, 내용이 다소 진부해 보이는 판본들이 적지 않았다. 물론 그 가운데서 그래도 눈길이 한 번 더 가는 경우가 없지 않았지만, 대체로 기존의 해석의 틀을 크게 넘어서지 못했다. 그런 가운데 눈에 띈 것이 바로 정홍(鄭鴻)이 저술한 이 책이다.

  중국의 역사와 고전, 특히 노자에 대하여 깊은 식견을 지닌 저자가 과학자로서 한평생을 살아오며 몸에 밴 실사구시(實事求是)의 자세와 방법론에 따라서, 과학적으로 들여다보고 분석하고 종합한 '노자 사상'을 통하여, 독자는 지금으로부터 25세기 전에 중원에서 살았던 노자가 당시 자신의 삶의 현장에서 직면한 제반 상황과 문제를 어떻게 인식하고, 그 상황을 타개하고 바꾸기 위하여 무엇을 고민하고, 어떠한 방안과 전망을 제시했는지 볼 수 있다.

  저자는 노자(도덕경) 81장 전체를 주제별로, 그리고 유기적이고 통합적으로 재구성(재배열)하여, 노자 사상의 전모를 새롭게 드러냈다. 어쩌면 이렇게 81장 전체를 재구성하는 지난한 과정이 본문 해석을 위하여 사전에 진행된 또 하나의 의미 있는 해석의 과정임에 틀림없다. 아마도 그는 이를 위하여 분명히 많은 시간과 품을 들였을 것이다.

  독자는 이 책 앞부분에 실린 〈들어가며〉와 〈노자 개관〉을 통하여 중국 역사에서 차지하는 노자의 위치와 그의 영향력을 포함하여, 이 책의 구성과 성격에 대하여 기본적인 이해를 도모할 수 있다. 그리고 이 책을 숙독하다 보면, 나도 모르는 사이에 이 책에 몰입이 되어, 또 하나의 노자의 입장에서, 어느새 그와 같이 사유하고, 고민하고, 당면한 문제의 원인을 진단하고, 그가 제시하는 처방까지 함께 하는 각별한 경험을 하게 될 것이다. 또한 그것은 지금으로부터 25세기 전의 노자의 삶의 자리인 중원에서 한때 있었던 과거사에 그치지 않고, 21세기를 사는 우리가 오늘날 국내외적으로 당면하고 있는 현실 상황을 여실히 비추어 볼 수 있는 거울이기도 하다.

(3)

한편, 노자의 책을 오랜 전통에 따라서, 도덕경(道德經)으로 높여 불러 왔는데, 과연 책의 핵심 내용을 잘 압축한 제목이 아닐 수 없다. 그런데 이 책의 저자도 토로하듯이 도(道)의 원리를 이해하는 것은 어려운 일이다. 우선 여기서 도는 만물의 근원으로서 가장 고귀한 것이며, 쓰이는 맥락에 따라서 하나(一)·자연(自然)·우주(宇宙) 혹은 무(無)와 거의 동의어로 여겨지는 형이상학 관념이다. 그러나 그것을 그렇게 표기한 말(언어 개념)에 갇히면, 그때의 '도'는 더 이상 '도'가 아니라고 한다. 이것은 노자의 형이상학의 궁극 개념으로 쓰인 '도'가 잠시도 멈추어 있지 않고 쉼 없이 움직여 변화하기 때문에, 정지되고 고정된 언어로 규정할 수 없고, 다만 직관을 통하여 어느 정도 납득할 수 있는 것으로 이해할 수 있다. 그러나 그럼에도 어떻게든 그것을 나름대로 이해해 보려는 노자 연구자들이 굳이 추론한 결과, '도'는 만물 곧 모든 존재를 근본적으로 가능하게 하는 근원으로 보고, 반면에 그 '도'로 인하여 생겨나고 존재하는 '현상'(양태)을 통해서, 그 제반 현상의 근거를 유추하여, 그것에 굳이 이름을 붙여 '도'라고 하는 것이다.

이처럼 너와 나를 포함하여 존재하는 모든 것을 '도'의 산물로 본다. 이러한 '도'가 자기를 돌보지 않고 쉼 없이 만물을 낳고 기르면서도 그것을 자기의 공적으로 내세우지 않으니, 그것은 마땅히 할 일을 한 것인 양, 혹은 내세울 것도 내세우지 않을 것도 없는 양, '스스로 그러한' 있는 그대로의 모습(自然)이 바로 사람이 본받아야 할 모범이고, 그것을 모범으로 삼아 '도'와 가까워지고, 같아지는 것을 '덕'(德)이라고 한다. 바꾸어 말하면, 이와 같이 '도'가 낳은 만물을 부양하는 그 '덕'을 쌓고 실현해 가는 모범이 바로 '도' 혹은 '자연'이라는 것이다. 그러고 보면 노자의 책(도덕경)은 '형이상학'과 덕을 함양하는 행위의 지침을 주는 일종의 '윤리학'을 하나로 관통하였다. 이러한 전제에서 노자는 위대한 형이상학자이고 우리의 인위적 현실의 삶을 '도(자연)의 표준'에 의거하도록 하는 인간의 행위의 지침(규범)을 제시한 윤리학자이기도 하다.

항간에서 일부 오해하는 것과 달리, 이런 까닭에 노자를 단순히 출세간의 형이상학 담론가로 한정할 수 없고, 그저 세상을 관조하고 방관하는 은둔자로 규정할 수 없다. 실제로 그의 사상과 철학은 세간과 거리를 둔 출세간의 학문이 아니라, 그가 확립한 형이상학의 기반 위에서, 도의 이치에 따라 현실에 참여하도록 하는 실천 사상이고 철학이다. 지금으로부터 무려 25세기 전 중원에서, 그는 자신이 당면한 시대의 정치와 사회의 문란과 사람들이 겪는 고통의 문제의 원인을 파악하는 데 그치지 않고, 그 해결을 위하여 문제의 원인에 대한 해답을 충실히 제시하고, 그것이 현실에 적용되도록 제안하고 권고하고 호소하는데, 그 울림은 21세기를 사는 지금도 여전하다.

노자의 책에 대한 정홍의 해석의 특징은 노자를 바라보는 기존의 해석의 틀을 그대로 답습하지 않고, 기존의 것과 전혀 다른 각도에서 다른 관점을 취하여 노자의 책을 재구성한 점이다. 이렇게 기존의 관점과 '다른' 것을 일러서 '새로운' 관점이라고 하는데, 이것은 익숙한 관습적 사고와 해석의 틀에 매이지 않는 사유의 개방성이 있어서 가능한 일이다. 이 책 《老子思想新釋》을 저술하여 출간할 당시(2000년 7월) 그의 나이 팔십임에도 불구하고, 그는 만년에 이처럼 노자 연구에서 나름 '새로운 해석의 지평'을 연 뒤에도, 자신의 해석을 절대화하지 않고, 여전히 미래 지향적인 입장에서, 이 책 〈들어가며〉의 말미에 다음과 같이 자신의 바람을 밝힌다: "이 책이 세상에 모습을 드러내어, 심오한 내용을 알기 쉽게 표현한 노자 사상이 널리 알려지고, 나아가 학자들의 연구와 토론이 이루어져서, 좀 더 발전적이고 건설적인 비평이 이루어지기를 희망한다."

2023년 봄을 기다리며
타이완 먀오리 퉁뤄苗栗 銅鑼에서
양재오 삼가 쓰다